Marc Rackelmann · Make Love

MARC RACKELMANN

MAKE LOVE

Das Männerbuch

Mit Fotografien von
Stefanie Moshammer, Olaf Blecker,
Monika Höfler, Vitali Gelwich
und Infografiken von Ole Häntzschel

Kein & Aber

Kreativ-Direktion: Andreas Wellnitz
Gestaltung und Satz: Isabel Latza
Coverbild: Heji Shin
Infografiken: Ole Häntzschel / Mitarbeit: Jo Anna-Flavia Schmidt / Recherche: Ida Thiemann
Litho: twentyfourseven Mediaservice, Berlin
Druck und Bindung: Kösel, Krugzell

ISBN 978-3-0369-5773-9
Auch als eBook erhältlich

www.keinundaber.ch

Inhalt

Vorwort

NOCH EIN SEXRATGEBER – ECHT JETZT?

Auf verschiedene Weisen beschäftige ich mich schon fast mein ganzes Leben mit dem Thema Sexualität: als sexuell tätiges männliches Wesen – erst mit mir selbst, später mit anderen –, in meinem Studium, dann in der Beratungsarbeit mit Jugendlichen und Erwachsenen und heute als Psycho-, Paar- und Sexualtherapeut.

Lange fragte ich mich, wieso das, was ich in der Sexualität erlebte, oft so anders war als das, was mir in Büchern, Zeitschriften, Bildern und Filmen präsentiert wurde. Ich erlebte Sex als manchmal wunderbarer, manchmal schwieriger, auf jeden Fall vielschichtiger als das, was ich darüber zu lesen bekam. Die vielen gut gemeinten Ratschläge in den Ratgebern halfen mir meist nicht weiter. Ich zog daraus den Schluss, dass mit mir etwas nicht stimmte. Zu meiner Erleichterung lernte ich durch die Arbeit mit vielen Menschen im Laufe der Jahrzehnte, dass ich mit dieser Ansicht nicht alleine war. Ja, mehr noch – niemand, den ich kennenlernte, fand sich und seine Sexualität in dem vorherrschenden Bild wieder. Bei praktisch allen gab es den einen oder anderen schwierigen Aspekt. Mir wurde klar: Diese Aspekte gehören offenbar dazu.

Heute weiß ich: Wir bekommen sehr vereinfachte und geschönte Vorstellungen davon vermittelt, wie »richtiger Sex« aussieht. Und wir versuchen, zumindest in jüngeren Jahren, diesen Bildern zu entsprechen. Viele dieser Bilder sind jedoch nicht nur unrealistisch, sie sind verrückt: »Ein richtiger Mann kann und will eigentlich immer«, »Frauen stöhnen vor Lust, wenn man sie an den richtigen Stellen stimuliert« und »Wenn man sich liebt, ist Sex kein Problem«.

Diese falschen Annahmen können einen immensen Leistungsdruck erzeugen und uns den Spaß am Sex komplett verderben. Wenn wir mit unseren Erwartungen und unserem Stress alleine bleiben, kann Sex – auch mit Partner – zu einer ganz schön einsamen und frustrierenden Angelegenheit werden.

Ratgeber à la: »Wie Sie garantiert jeder Frau den Orgasmus ihres Lebens verschaffen!« oder: »Nie wieder schlechter Sex!« füllen ganze Bücherregale und erzeugen die Vorstellung: Guter Sex ist nur eine Frage der richtigen Technik. Sexrubriken sind ein unverzichtbarer Bestandteil in Frauen- wie Männerzeitschriften. Die dort gegebenen Tipps lauten meist (leicht verkürzt): Der Mann solle seiner Frau doch mal Blumen mitbringen und ihr Komplimente machen. Frauen wird empfohlen, ab und zu etwas Erotisches anzuziehen und sich nicht so darüber aufzuregen, wenn er mal wieder Zahnpasta im Waschbecken hinterlassen hat. Man solle sich Zeit zum Sex nehmen, den G-Punkt stimulieren, gelegentlich miteinander reden, ab und an etwas Neues ausprobieren, auch im Bett mal miteinander lachen und überhaupt sich einfach mal locker machen.

Sollten Sie in einer Beziehung leben – und der meiste Sex findet in Beziehungen statt –, haben Sie vermutlich festgestellt, dass es in Ihrer Beziehung sexuelle Flauten gab oder gibt, auch wenn Sie im Blumenladen Stammkunde sind und zu Hause ein Schrank voller Reizwäsche steht. Manchmal können diese Phasen Jahre dauern. Auch das ist normal.

Alle Paare kommen irgendwann in eine sexuelle Krise – und oft auch wieder heraus. Alle Männer bekommen es früher oder später mit der einen oder anderen sexuellen Schwierigkeit zu tun, egal ob es sich dabei um vorzeitigen Samenerguss, Erektionsprobleme oder Lustlosigkeit handelt. Unsere Sexualität wandelt sich unser ganzes Leben hindurch und wir müssen damit Schritt halten. Manchmal stolpern wir dabei.

Es ist normal, dass nicht alles reibungslos verläuft.

Es ist normal, dass es nicht normal ist.

Wenn wir also nicht mehr versuchen, »normalen Sex« haben zu wollen (und normal zu sein), können wir uns den wichtigeren Fragen zuwenden: Wie sieht meine eigene, individuelle Sexualität aus? Wie reagiert mein Körper und auf was? Was sind meine eigenen Rhythmen und was ist mein eigenes Tempo? Wie nah und intim darf eine sexuelle Begegnung für mich sein? Kann ich meine sexuelle Reaktionsweise beeinflussen? Wie kann ich meine Erlebnisfähigkeit vertiefen? Wie kann ich meinen Beziehungssex vor dem langsamen Ableben bewahren? Und: Was zeichnet einen

guten Liebhaber aus – langer Penis, Stehvermögen und technisches Know-how?
Sex ist bei uns Menschen mehr als ein »natürlicher Trieb«, er ist auch mehr als zwei Orgasmen. Wir drücken uns über unsere Sexualität als Menschen aus und treten mit ihr auf unsere eigene Art und Weise in Beziehung. Wir können mit unserer Sexualität jemanden lieben oder verachten. Wir können uns Bestätigung oder Entspannung holen. Wir können Matratzensport betreiben oder unsere Körper können im Bett miteinander verschmelzen. Wir können uns beim Sex anöden oder in ekstatische Zustände geraten. Wir können dabei die schönsten und die schrecklichsten Erfahrungen machen.
Wir werden unsere Sexualität nur dann verstehen, wenn wir sehen, wie verwoben sie mit dem Rest unseres Lebens ist. Unser Penis ist ohne uns nicht lebensfähig. Er ist mit uns verbunden und zeigt, was in uns vor sich geht. Sein Träger ist ein Mann mit seinem Körper, seinen Erfahrungen, seiner Art zu fühlen, seinen Überzeugungen, seinen Ängsten, seinen Vorlieben, seiner Art in Beziehung zu treten.

Im ersten Teil des Buches werden wir sehen, wie unsere Sexualität in unserem Körper verankert ist. Ich möchte Ihnen zeigen, wie genau Ihre Sexualität mit Ihrer Art zu fühlen, Ihrem Körper und Ihrer persönlichen Geschichte zusammenhängt, und ich werde Ihnen konkrete Möglichkeiten nennen, wie Sie auf Ihre Sexualität Einfluss nehmen können. Da sich Ihre Sexualität nicht von Ihnen trennen lässt, kann es sein, dass Sie auf diesem Wege noch andere Aspekte von sich selbst erweitern: die Art, wie Sie Ihr persönliches Mannsein mit Leben füllen, wie Sie mit sich selbst und Ihrem Körper umgehen, und die Art, wie Sie mit anderen in Beziehung treten. Ich werde Ihnen einige Männer und Paare vorstellen, die meine Praxis wegen weit verbreiteter sexueller Schwierigkeiten aufgesucht haben. Sie können so ganz konkret nachvollziehen, wie die Sexualität von den verschiedenen Ebenen unseres Seins beeinflusst wird und welchen Weg diese Ratsuchenden aus ihren Schwierigkeiten gefunden haben.

Alle Darstellungen basieren auf realen Fällen aus meiner Praxis. Um die Anonymität zu wahren, habe ich manche Teile verändert oder mehrere ähnliche Fälle miteinander vermischt.
Im zweiten Teil des Buches wird es darum gehen, welche Mechanismen auf unsere Sexualität in einer Paarbeziehung einwirken und wie Sie damit umgehen können.
Ist Sex an sich schon komplex, wird es hier noch einmal ein gutes Stück komplizierter. Sex in Beziehung ist Sex für Fortgeschrittene.

Die Liebe, Liebesbeziehungen und Sexualität faszinieren mich schon mein ganzes Leben.
Schon immer wollte ich verstehen, wie das alles funktioniert und miteinander zusammenhängt. Auf meinem Weg bin ich einigen Ansätzen und Ideen begegnet, die mir bei der Klärung dieser Fragen sehr weiterhalfen.
Eine große Entdeckung waren für mich die Ansätze des Arztes, Naturforschers und Urvaters der Körperpsychotherapie WILHELM REICH. Reich, ein Schüler SIGMUND FREUDS, hatte ein umfassendes Modell für das Zusammenspiel von Körper, Emotionen und Sexualität entwickelt. Er konnte erklären, auf welchem Wege sich gemachte Erfahrungen in unserem Körper und unserer Seele gleichermaßen niederschlugen. Seine Entdeckungen führten über viele Jahrzehnte wissenschaftlich zwar eher ein Nischendasein. Dennoch hatten seine Arbeiten einen großen Einfluss auf das Feld der Psychotherapie. In seiner Nachfolge gründeten sich eine Vielzahl von körperpsychotherapeutischen Schulen – als bekannteste die Bioenergetik ALEXANDER LOWENS –, die seine Ideen mit Erfolg für die therapeutische Arbeit nutzten. Heute kommt keine psychosomatische Klinik mehr ohne körperpsychotherapeutische Angebote aus. Neuere Forschungsergebnisse auf den Gebieten der Neurologie, der *Embodiment*(= Verkörperungs)-Forschung, der Entwicklungspsychologie, der Säuglingsforschung, der Traumatherapie und natürlich der Sexualtherapie bestätigten Reichs Verständnis der Zusammenhänge von Körper, Seele und Sexualität in vielen Punkten und erweiterten sie um neue Aspekte.
Ich konnte als Klient in meiner Therapie am eigenen Leib erleben,

wie sich mein Selbstgefühl, meine Sexualität und meine Fähigkeit, in Beziehung zu sein, positiv veränderten, als ich immer mehr meinen eigenen Körper zu bewohnen begann, anstatt ihn lediglich als Tragegestell für meinen Kopf zu nutzen. In meiner Praxis als Körperpsychotherapeut kann ich diese Veränderungen immer wieder auch bei meinen Klientinnen und Klienten beobachten.

In diesem Buch wird gelegentlich von der Sexualtherapie *Sexocorporel* die Rede sein, in der ich mich seit einigen Jahren fortbilde. Im *Sexocorporel* wird, angelehnt an Reichs Entdeckungen, auf physiologisch erklärbare Weise der Zusammenhang von Muskelspannung, Erregungsaufbau und Emotionen zur Behandlung von Sexualstörungen genutzt. In den Fallgeschichten werden Sie viele Vorgehensweisen dieses Ansatzes erkennen, doch in meine Arbeit fließen noch andere Elemente mit ein, sodass mein Vorgehen nicht immer typisch für diese Methode sein mag.

Mein Verständnis der sexuellen Dynamik in Paarbeziehungen ist maßgeblich von den Ansätzen David Schnarchs geprägt, dem wohl einflussreichsten Paar- und Sexualtherapeuten unserer Zeit. Schnarch erforscht, welche Kräfte auf unsere Sexualität einwirken, wenn sie in einer Beziehung stattfindet. Seine Erkenntnisse fügen sich nahtlos in die Sichtweise dieses Buches ein: Unsere Sexualität ist ein Teil und ein Ausdruck unserer Persönlichkeit. Sie ist mehr als ein automatisch ablaufender, biologisch vorgegebener Trieb. Wenn wir menschliche Sexualität verstehen wollen, müssen wir alle Ebenen berücksichtigen: die körperliche, die seelische und die zwischenmenschliche.

Ich stelle Ihnen hier meinen Versuch vor, diese unterschiedlichen Forschungsergebnisse, Ansätze und Erfahrungen zu einem Gesamtbild der menschlichen Sexualität zusammenzufügen. Dank dieser Ergebnisse können wir heute die menschliche Sexualität umfassender verstehen, als das noch vor zwanzig Jahren möglich gewesen ist.

Meine Sicht auf die menschliche Sexualität ist auch das Ergebnis von vielen Jahren praktischer Tätigkeit als Körperpsychotherapeut, Paar- und Sexualtherapeut.

Und nicht zuletzt greife ich auf meine persönlichen Erfahrungen als sexueller Mann und Beziehungspartner zurück. Alles, was ich Ihnen hier präsentiere, hat sich in meiner therapeutischen Praxis bewährt und ist am eigenen Leib und in der eigenen Beziehung erprobt.

Was Sie in diesem Buch nicht finden werden, sind Sex-Stellungen und technische Anleitungen. Die gibt es anderswo zuhauf. Falls Sie sich dafür interessieren sollten, bitte ich Sie, auf einen der vielen entsprechenden Ratgeber auszuweichen.

Wir bewegen uns als sexuelle Männer zuweilen durch sehr forderndes Terrain. Verstehen Sie dieses Buch als eine Art Reiseführer durch dieses oft unbekannte und aufregende Land. Das Buch kann nicht verhindern, dass es auch mal schwierig wird, aber es kann dazu beitragen, eine schwierige Situation besser einzuordnen und leichter zu meistern.

Ich wünsche Ihnen eine gute Reise und anregende Lektüre!

EIN WORT AN MEINE SCHWULEN LESER

Schwule Männer haben sich schon daran gewöhnen müssen, sich in einer heterosexuell geprägten Welt zurechtzufinden. Ich befürchte, mein Buch macht von dieser Zumutung keine Ausnahme. Die meisten, wenn auch nicht alle, Fallbeispiele in diesem Buch handeln von heterosexuellen Männern oder Paaren und ich benutze überwiegend den Begriff »Partnerin«. Wenn es Ihnen gelingt, über diese Einseitigkeit großzügig hinwegzusehen und an die entsprechenden Stellen »Partner« oder »Mann« setzen, werden Sie das Buch sicher mit Gewinn lesen können. Das meiste gilt ebenso für schwule Männer und schwule Beziehungen.

EIN WORT AN MEINE LESERINNEN

Auch wenn dieses Buch für Männer geschrieben ist, werden die meisten Ratgeber ja doch von Frauen gelesen, schon gar, wenn es um Sex und Beziehungen geht. Ich hoffe, Sie finden, dass ich der weiblichen Seite gerecht wurde und dass für Sie die eine oder andere neue oder hilfreiche Information dabei ist.

WENN SIE DIESES BUCH VON IHRER PARTNERIN GESCHENKT BEKOMMEN HABEN

Womöglich noch mit der Bemerkung: »Das solltest du mal lesen!«, dann kann es sein, dass Ihre Bereitschaft, dem Buch eine Chance zu geben, dadurch ziemlich herausgefordert wird. Die wenigsten Männer lassen sich gerne sagen, was gut für sie sein soll. Wenn Sie das hier lesen, haben Sie jedoch zumindest schon einen Blick hereingeworfen. Ich würde mich freuen, wenn Sie es sich erlauben könnten, noch ein wenig darin herumzuschmökern, um schließlich selbst zu entscheiden, ob das Buch etwas für Sie ist.

WAS DIESES BUCH KANN UND WAS NICHT

Die hier gegebenen Informationen und Übungen sind nach bestem Wissen und Gewissen erstellt. Die Übungen werden Ihnen bei richtiger Durchführung vermutlich einen Nutzen bringen, zumindest aber nicht schaden. Dennoch behalten Sie natürlich die volle Verantwortung für sich selbst. Tun Sie nichts, was sich für Sie nicht richtig anfühlt.

In manchen Lebenssituationen reicht das Lesen eines Ratgebers nicht aus. Wenn Sie an bestimmten Punkten für sich und mit diesem Buch nicht weiterkommen, empfiehlt sich der Besuch eines Sexual- oder Paartherapeuten oder eines entsprechenden Arztes.

Um das Buch lesbar zu halten, sind Verallgemeinerungen nicht immer vermeidbar. Sollten Sie bei der Lektüre gelegentlich denken, dass es bei Ihnen aber ganz anders ist, ignorieren Sie einfach den Teil, der für Sie nicht stimmt, und nehmen Sie sich das heraus, mit dem Sie etwas anfangen können.

1.

Pioniere einer neuen Männlichkeit

MANN-O-MANN

Der Ruf der »Männlichkeit« hat in den vergangenen Jahrzehnten ganz schön gelitten.

Die öffentlichen Bilder von Männlichkeit bewegen sich heute zwischen Männern als orientierungslosen Witzfiguren, Gewalttätern, den grauen Herren an den Schalthebeln der Macht und waschbrettbäuchigen Fußballern, die Werbung für Rasierschaum machen. Ich weiß nicht, wie es Ihnen geht – ich habe Schwierigkeiten, mich in diesen Bildern wiederzufinden.

Was zeichnet einen »modernen Mann« aus?

Die Leitbilder von Männlichkeit sind heute anspruchsvoll und widersprüchlich: Wir sollen einfühlsam und partnerschaftlich, aber auch zupackend und selbstsicher sein; gute Väter und erfolgreich im Beruf; sensibel, aber keine Weicheier – »schnurrender Kater und penetrierender Tiger«, wie der Sexualforscher VOLKMAR SIGUSCH meint.

Wir versuchen als Männer einen Weg durch dieses Dickicht der Anforderungen zu finden, der irgendwie zu uns passt. Es ist nicht zu vermeiden, dass wir dabei manchmal nicht wissen, wo es gerade langgeht. Wie könnte es anders sein, denn wir sind Pioniere auf dem Weg zu einer neuen Männlichkeit. Wir haben dafür keine Vorbilder. Wir entwickeln gerade gemeinsam ein modernes Mannsein, das es vorher nicht gegeben hat. Wir versuchen eine Art von Männlichkeit zu leben, die anders ist als die unserer Väter und Großväter.

> Ich glaube, ein Mann will von einer Frau das Gleiche wie eine Frau von einem Mann: Respekt.
>
> CLINT EASTWOOD

In Deutschland gab es nach dem Zweiten Weltkrieg einen kollektiven Bruch mit den Männlichkeitsidealen der Nazis: »Hart wie Kruppstahl, zäh wie Leder, flink wie'n Windhund.« Diese entstellte Idee von Mannsein wurde danach gleichgesetzt mit Männlichkeit an sich. Die Männlichkeit war diskreditiert. Mann müsste also einfach alles weglassen, was uns Männer von Frauen unterscheidet, und wir wären bessere Menschen. Ein frauenbewegter Slogan aus meiner Jugendzeit lautete: »Weniger Mann ist mehr Mensch!« Zeitweise wurde mit dem Männlichkeitsmodell »Softie« herumexperimentiert. Der sanfte, gutmütige, feminine Mann.

Das Modell konnte sich allerdings nicht durchsetzen – es war zu langweilig und darüber hinaus unsexy. Ein Mann, der sein Mannsein leugnet, kommt in seinem Leben meist nicht weit und ist für Frauen zudem nicht sonderlich attraktiv.

Nein, ein Mann ist nicht einfach eine Frau mit einem Penis und der Neigung zur Glatzenbildung.

Der amerikanische Psychologe David Deida hat sich viel mit der Frage beschäftigt, was es bedeutet, sexuell wie spirituell ein »ganzer Mann« zu sein. Er meint: »Es ist an der Zeit, sich über das Macho-Ideal – nur Rückgrat und kein Herz – hinauszuentwickeln. Es ist aber auch an der Zeit, sich über das sensible Softie-Ideal, nur Herz und kein Rückgrat, hinauszuentwickeln.«

Ich möchte mit Ihnen in diesem Buch erkunden, wie diese Verbindung aussehen kann und was das für unsere Sexualität bedeutet.

Erfreulicherweise haben wir uns von diesen simplen Polaritäten – Nazi / Softie – ein gutes Stück weiterentwickelt, auch wenn es nach wie vor Anhänger eines traditionell patriarchalen Männerbildes gibt und es für einen Mann häufig immer noch schwieriger ist, zugunsten der Familie weniger zu arbeiten oder sich ganz der Familie zu widmen. Zumindest in Städten ist es heute nichts Besonderes mehr, wenn man Männer mit einem Baby vor dem Bauch oder auf dem Spielplatz sieht. Viele Männer brechen sich auch keinen Zacken mehr aus der Krone, wenn Sie den Geschirrspüler ausräumen oder die Wäsche aufhängen.

> Je mehr sich die Männer den Wünschen der Frauen anpassen, desto weniger können die Frauen mit ihnen anfangen.
> CAMILLE PAGLIA

Männer trauen sich heute eher zu weinen und sie machen bei Bedarf eine Psychotherapie. Zugleich »stehen sie ihren Mann« in ihrem Leben und versuchen den Spagat zwischen Karriere und Familie, öffentlichem Männerbild und gelebter eigener Männlichkeit. Oft bleiben Zweifel, ob wir alles richtig machen und ob die anderen nicht die »richtigeren« Männer sind als wir. Ein anderes Mannsein als das unserer Vorväter ist heute vielfach gelebte Realität. Dass das noch lange nicht perfekt ist und es noch viel zu entwickeln gibt – geschenkt.

Auch beim Sex sind die Ansprüche gewachsen. Früher hat Mutti oder Großmutti eben im Dunkeln mit Vati oder Großvati ihre ehelichen Pflichten erfüllt. Sex war oft eine recht schnelle, freud-

und anspruchslose, nicht selten auch traurige Angelegenheit. Heute hingegen wollen und sollen wir gute und einfühlsame Liebhaber sein, die ihre Partnerinnen glücklich machen. Bei diesen Ansprüchen ist der Stress vorprogrammiert.

Steht er, also bin ich: Ein zu Erektionen fähiger Penis ist für die meisten von uns ein Teil unserer Identität als Männer. Zugleich machen alle Männer früher oder später die Erfahrung, dass ihr Penis manchmal (oder dauernd) nicht so will wie sie – mal steht er nicht, wenn er soll (oder er steht, wenn er nicht soll) oder er kommt zu früh oder gar nicht. Ein eigenwilliger Kerl.
Um diesen eigenwilligen Kerl besser verstehen zu können, nehmen wir ihn im ersten Kapitel einmal genauer unter die Lupe. Was ist ein Penis, wie ist er aufgebaut und wie funktioniert er? Da sich das männliche Geschlechtsorgan nicht unabhängig von seinem Träger verstehen lässt, werden wir uns anschließend mit dem komplexen Zusammenspiel von Körper, Psyche und Sexualität befassen.

Männer sind Menschen, bei denen Pubertät und Midlife-Crisis ineinander übergehen.
GRAF FITO

Stefanie Moshammer

Als ich sieben Jahre alt war, haben wir in der Schule ein Spiel gespielt. Die Mädchen mussten den Buben die Hosen hinunterziehen. Je mehr Hosen, desto besser. Ich war die Anführerin. Die Lehrerin hat mich nach der Pause zum Direktor geschickt. Was ich als Spaß empfand, war auf einmal unangenehm und peinlich.

Kurz darauf bekam ich ein Geschenk von meinen Eltern: *Das Buch vom Körper*. Mir war klar, dass sie mir den männlichen Körper nahebringen wollten. Das fand ich komisch.

Und nun: *Make Love – Das Männerbuch*. Männer? Hach, Männer sind wunderschön und stets ein Mythos. Wie PLATON sagt: »Schönheit ist Ausdruck der Wahrheit.« Aber Wahrheit ist für jeden etwas anderes.

Für mich als Fotografin und als Frau ist es die Neugier, das Fremde, aber auch das Erforschen. Wo Anziehung und Verlangen auf Entdeckung und Enthüllung stoßen. Die Bildstrecke ist eine Zusammenstellung zu diesen Themen. Die Weiblichkeit dient mir als Instrument, das Männliche zu erforschen. Ich kann es nicht verstehen. Aber das macht nichts. Vielmehr geht es um Liebe, und dabei spielt Männlichkeit nur die zweite Rolle.

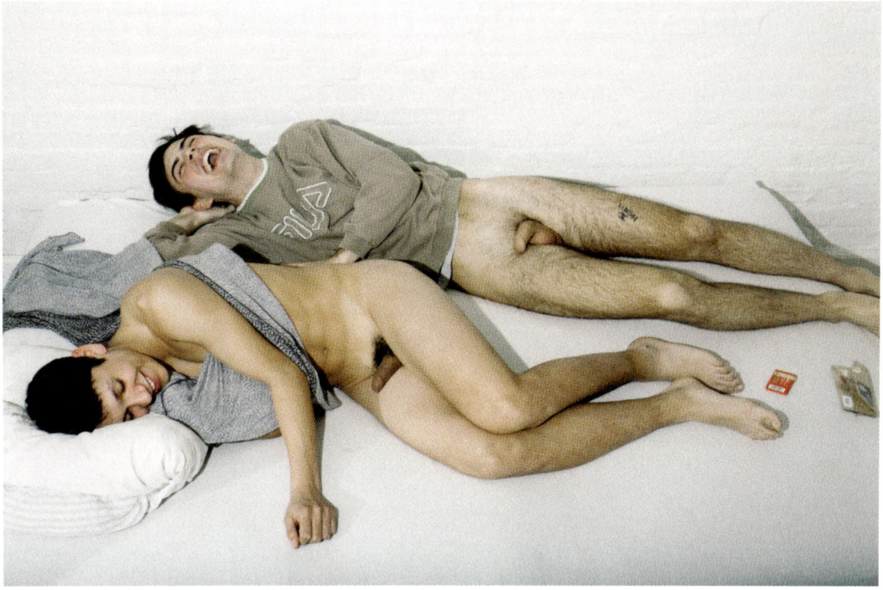

YOU ARE ONLY A REBEL FROM THE WAIST DOWNWARDS,

HE TOLD HER.

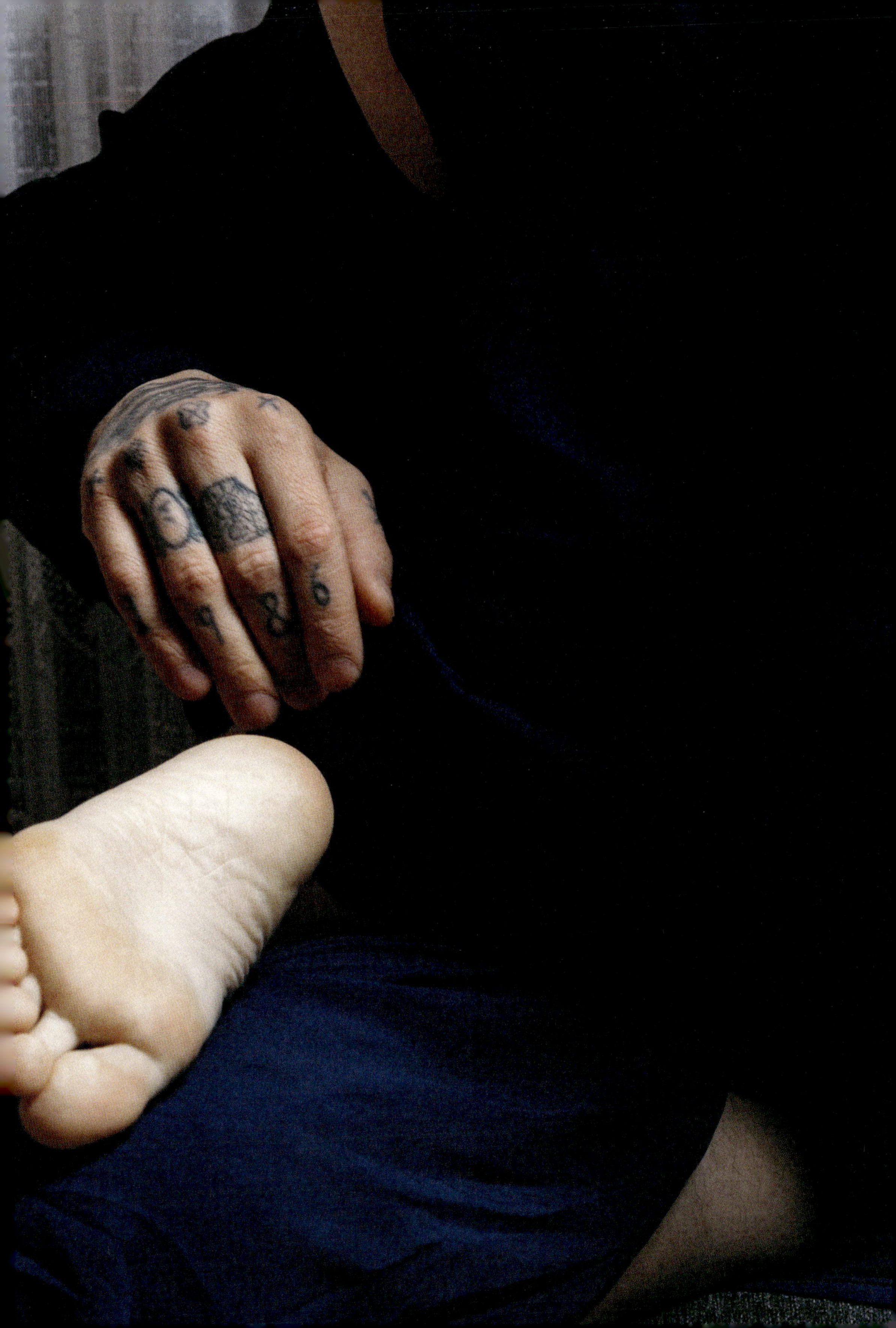

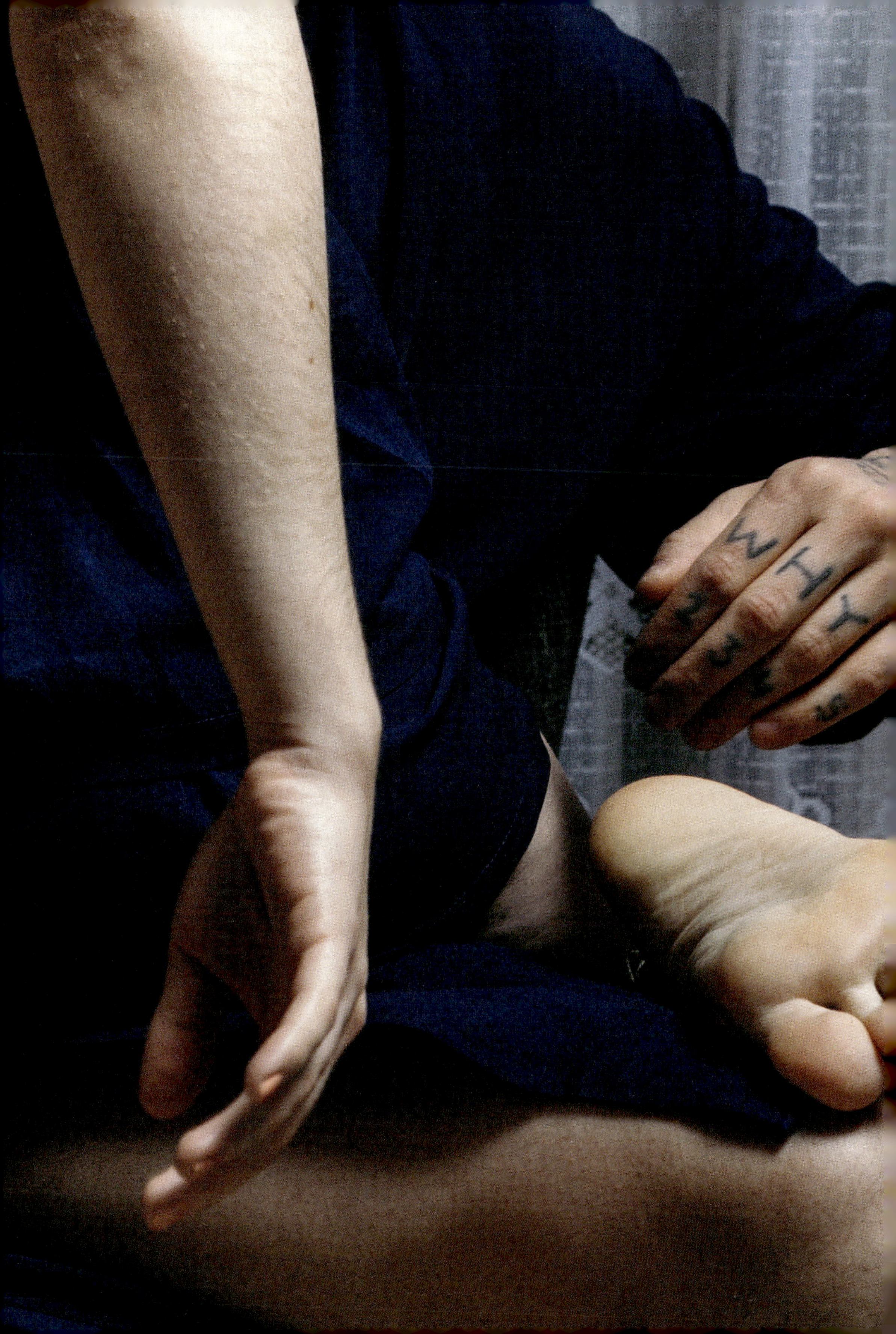
WHY

IT WILL
END IN
TEARS

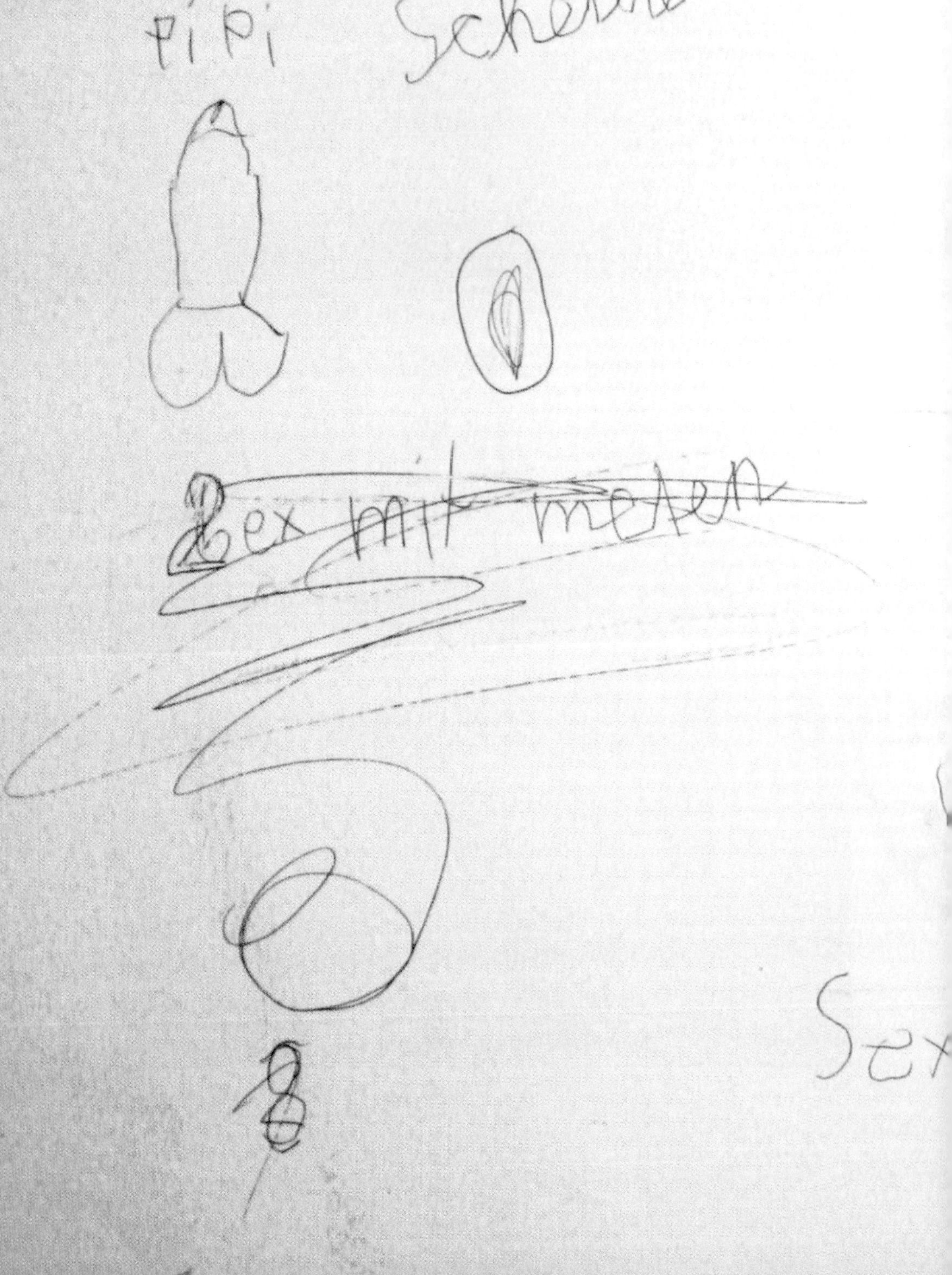
Pipi
Scheide
Sex

it LeidisUnd Byb

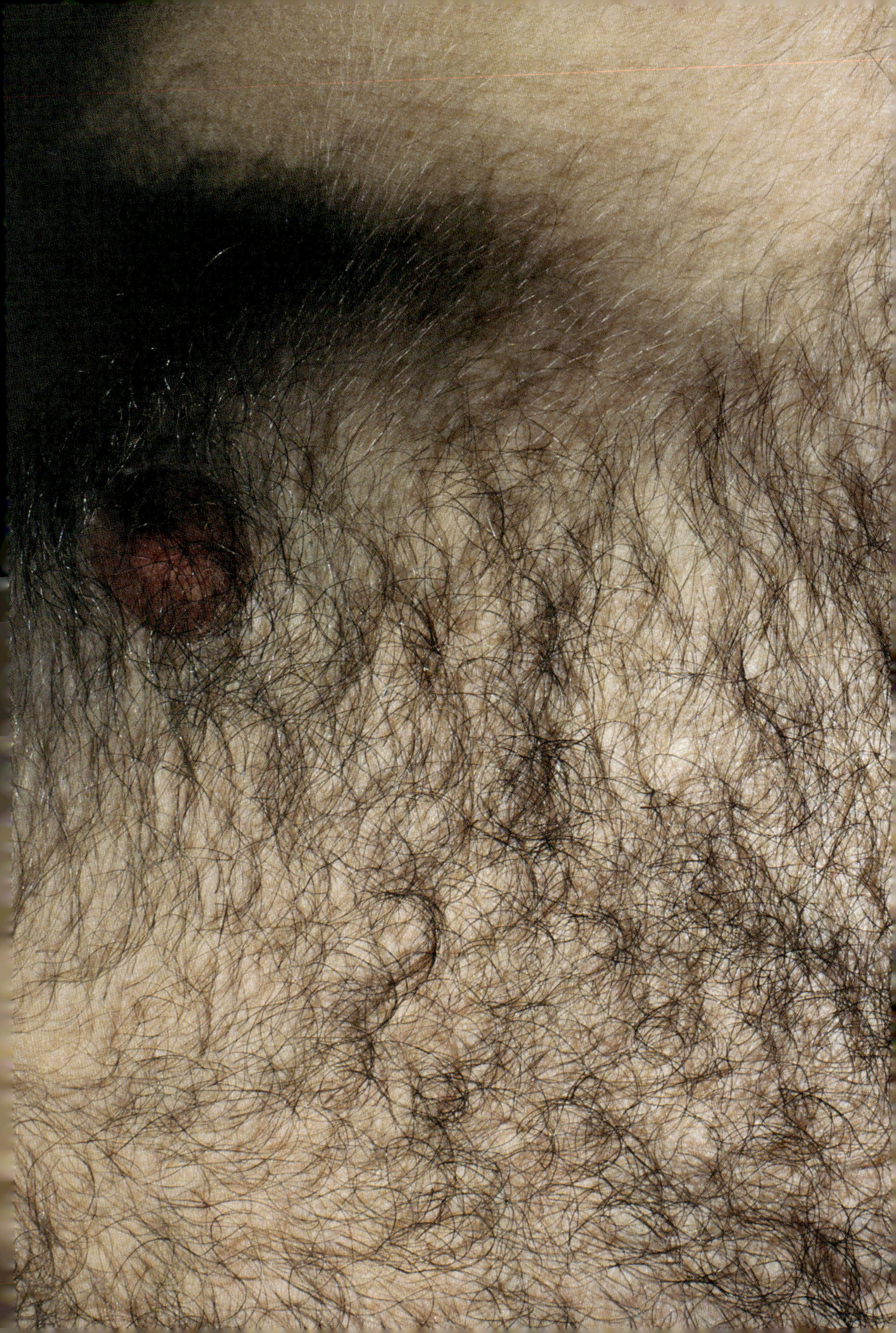

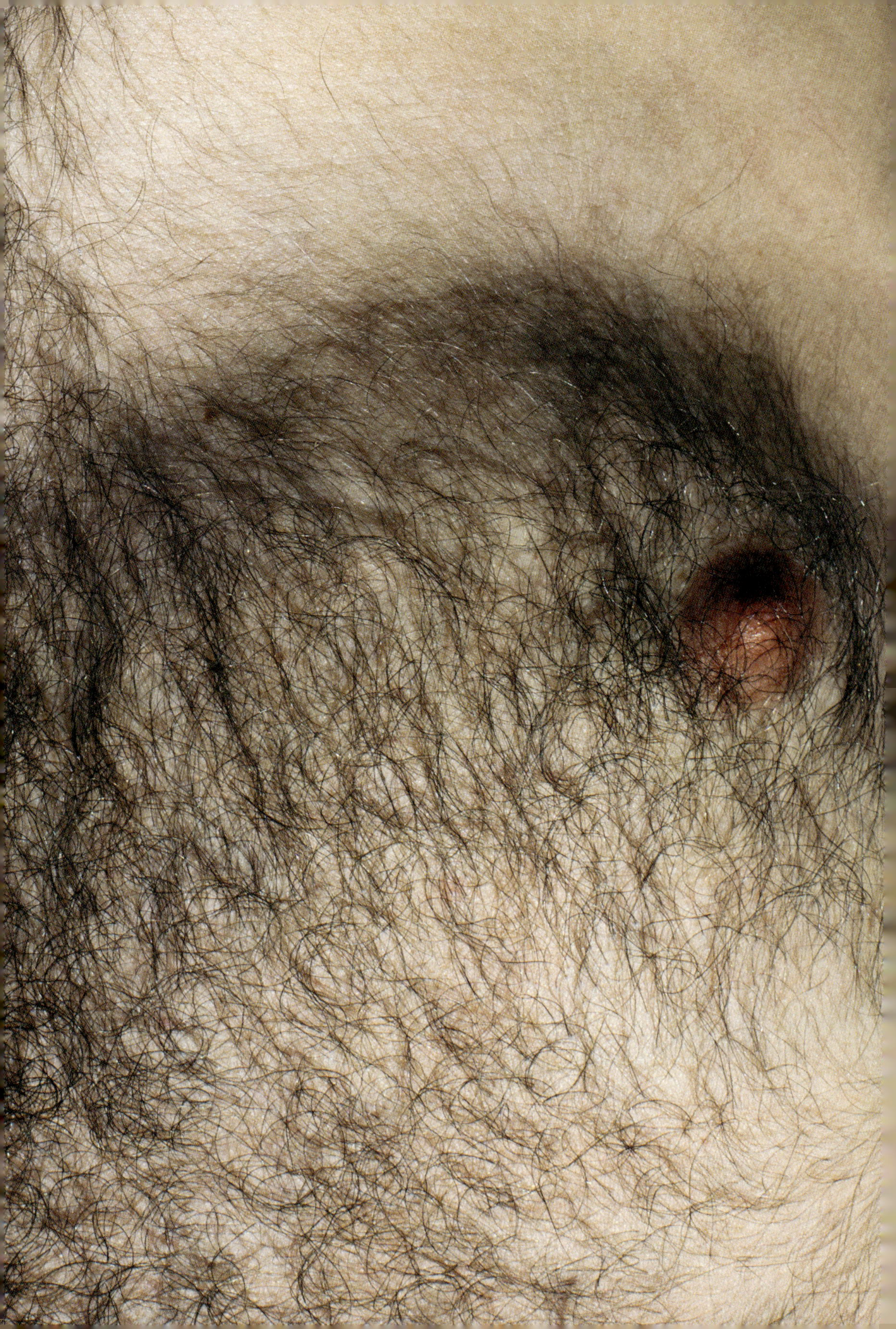

Moonshine
Pouch Short
470-009
Classic Bikini
Zipper Thong
PAK-826
Pouchless Brief
PAK-801
Micro Prolong Thong
PAK-834
Pull Tab Thong
Follow Us
47

TRUE

LOVE
DOC

2.

Penis, Hoden & Co

ANATOMISCHE BASICS

»Wenn Sonne scheint auf Penis – scheen is'!«
VOLKSMUND

Äußerlich ist der Penis unterteilt in den Schaft, die sensible Eichel mit der Vorhaut und dem Vorhautbändchen. In der Eichel liegen 4000 Nervenendigungen (in einer Klitoris sind es 8000), mehr als an jeder anderen Stelle des Körpers!
Wie ein Baum hat auch ein Penis eine »unterirdische« Wurzel, die Peniswurzel. Diese befindet sich zu ungefähr einem Drittel der Gesamtlänge in den Muskeln des Beckenbodens. Der Beckenboden spielt beim Aufbau und der Steuerung der Erregung eine zentrale Rolle – dazu später mehr.
Der Penis besteht innen zum größten Teil aus den beiden Schwellkörpern, links und rechts der Harnröhre. An seiner Unterseite verläuft ein weiterer Schwellkörper, der *Harnröhrenschwellkörper* (in der Eichel heißt er *Eichelschwellkörper*). Die Schwellkörper sind übrigens keine Muskeln, wie viele glauben, sondern zwei schwammartige Behälter aus Bindegewebe, die sich bei einer Erektion mit Blut füllen. Tatsächlich arbeiten die Muskeln im Penis die meiste Zeit daran, das Füllen der Schwellkörper mit Blut zu verhindern, indem sie diese zusammenpressen. Bei einer Erektion entspannt sich die Muskulatur im Penis und die Schwellkörper füllen sich mit Blut. Medikamente wie *Viagra*, *Levitra* oder *Cialis*, sogenannte PDE-5-Hemmer, sorgen für eine Entspannung dieser Muskulatur und können so Erektionen verstärken. Bei einer Erektion drücken die mit Blut gefüllten Schwellkörper auf die dünnen Venen im Penis und verringern so das Abfließen des Blutes aus dem Penis. Die Erektion bleibt erhalten.

Der Mensch hat 199 Knochen, der Mann 200.
THOMAS GOTTSCHALK

Männer haben nachts Erektionen, während sie träumen (daher die »Morgenlatte«). Die nächtlichen Erektionen treten übrigens unabhängig vom Inhalt der Träume auf (na ja, fast – bei Albträumen bleibt die Erektion aus). Warum das so ist, weiß man nicht genau.

DIE MÄNNLICHEN GESCHLECHTSORGANE

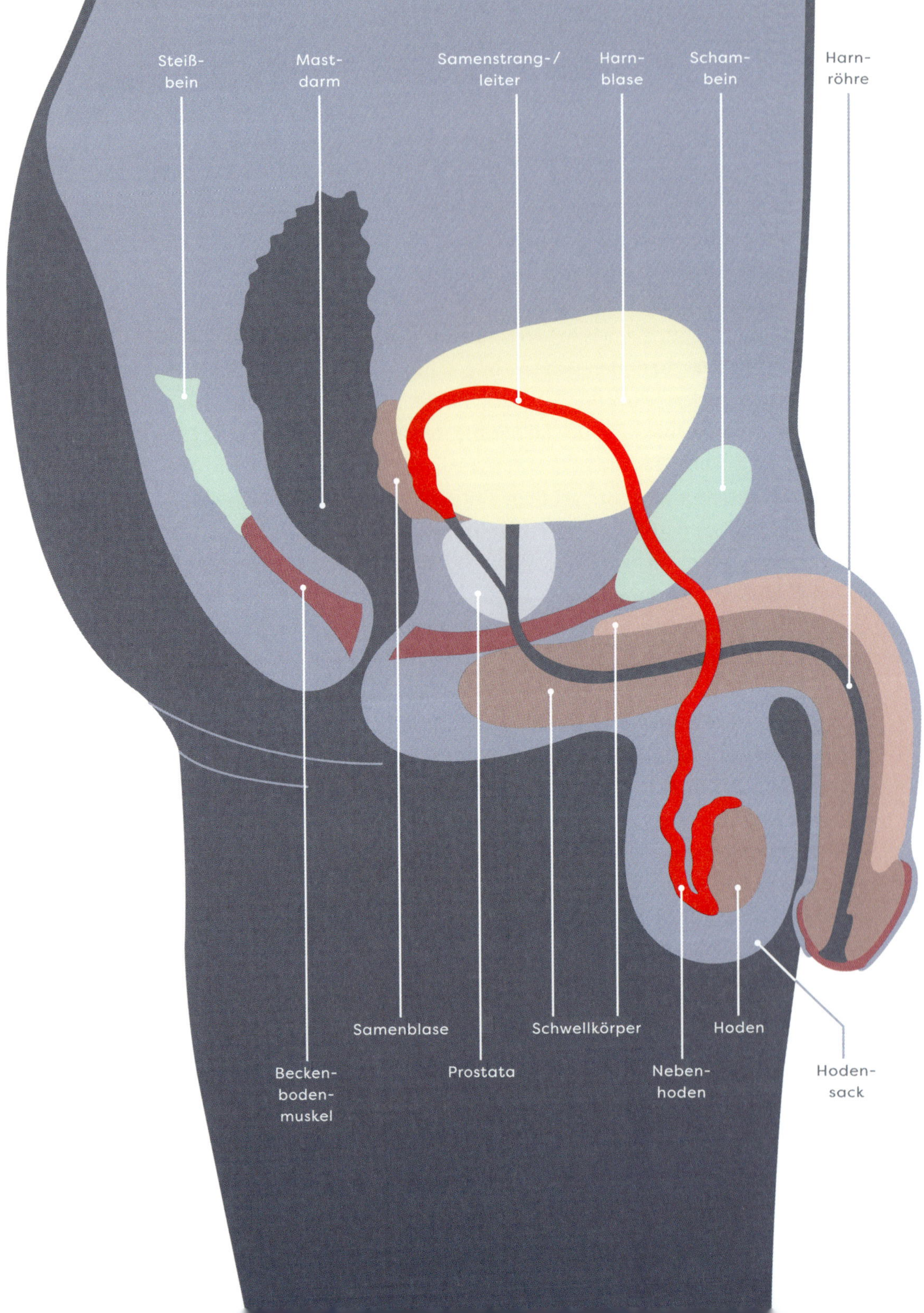

Es wird vermutet, dass der Körper hier eine Art Systemtest durchführt. Wenn ein Mann beim Sex unter Erektionsstörungen leiden sollte, aber im Schlaf Erektionen bekommt, ist das ein sicherer Hinweis darauf, dass die Ursache seiner Erektionsstörung keine organische ist – wie bei einer Diabeteserkrankung, bei Verletzungen oder nach manchen Operationen. Sie werden später erfahren, was Sie bei nicht organisch bedingten Erektionsstörungen tun können.

Auch Frauen reagieren mit Anzeichen sexueller Erregung, während sie träumen: die Schamlippen und die Klitoris schwellen an und die Vagina wird feucht. Da das weniger augenfällig ist als eine Erektion, wird diese Reaktion oft nicht wahrgenommen und ist daher weniger bekannt.

Im Hodensack befinden sich die beiden Hoden, in denen die Spermien produziert werden. In den Hoden werden pro Sekunde (!) 1000 Samenzellen hergestellt, das sind pro Tag etwa 90.000.000. Bei einem Samenerguss gehen etwa 80–500.000.000 Samenzellen ab. Das entspricht der Bevölkerung Deutschlands oder gar der gesamten EU! In den Hoden wird außerdem das männliche Geschlechtshormon Testosteron erzeugt, das für die Ausprägung der männlichen Geschlechtsmerkmale (Muskelentwicklung, tiefere Stimme, Steuerung der Sexualfunktion usw.) verantwortlich ist.

Sex ist einer der neun Gründe für die Wiedergeburt. Die anderen acht sind unwichtig.
HENRY MILLER

Außen liegende Hoden haben beim Fußballspielen, beim Nahkampf oder beim Geräteturnen deutliche Nachteile. Für die Spermienproduktion haben sie einen entscheidenden Vorteil: Da die Samenzellen sich bei einer Umgebungstemperatur von 34–35 °C am wohlsten fühlen, wäre es ihnen im Körper zu warm. Bei höheren Temperaturen ist die Beweglichkeit der Spermien eingeschränkt (das geht uns ja auch so). Wenn wir Fieber haben, senken sich die Hoden daher noch ein wenig mehr ab, bei Kälte zieht sich der Hodensack zusammen und die Hoden kommen näher an den Körper.

In den auf den Hoden liegenden Kanälen der Nebenhoden warten die fertigen Spermien auf ihr Schicksal. Anders als von manchen Männern befürchtet, muss übrigens kein Mann Angst haben, dass ihm »die Eier platzen« oder das Sperma zu den Ohren rauskommt, wenn er längere Zeit keinen Orgasmus hatte. Die Samenzellen machen nur einen sehr kleinen Teil des Ejakulats aus (3–5 Prozent) und nicht genutzte Samenzellen werden einfach vom Körper wieder abgebaut oder in einem nächtlichen Samenerguss entsorgt. In der im Unterbauch liegenden Samenblase wird ein Sekret hergestellt, das 70 Prozent des Ejakulats ausmacht.

Der Mann ist leicht zu erforschen, die Frau verrät ihr Geheimnis nicht.
IMMANUEL KANT

DIE PROSTATA UND DER MÄNNLICHE G-PUNKT

In der unterhalb der Harnblase liegenden Prostata wird weitere Samenflüssigkeit dazugemischt. Das etwa walnussgroße Organ spielt beim Orgasmus eine entscheidende Rolle. In der Prostata laufen Harnröhre und Samenleiter zusammen und dort wird entschieden, ob uriniert oder ejakuliert wird. Durch rhythmisches Zusammenziehen entleert die Prostata im Orgasmus ihr Sekret schlagartig in die Harnröhre und schleudert das nun fertig gemischte Ejakulat hinaus. Ihre rhythmischen Kontraktionen machen einen wichtigen Teil des männlichen Lustempfindens aus. Die Prostata kann vom Anus aus mit dem Finger ertastet und stimuliert werden, was von vielen Männern als lustvoll empfunden wird. Man spricht hier auch vom männlichen G-Punkt.

Wenn Sie sich auf die Suche machen wollen: Vom Anus aus etwa fünf bis sieben Zentimeter entfernt im Enddarm, in Richtung Bauchdecke (Gleitmittel bitte nicht vergessen), kann man die Prostata als härteren Knubbel fühlen. Bei älteren Männern vergrößert sich die Prostata häufiger, was zu Schwierigkeiten beim Urinieren führen kann, wenn die vergrößerte Prostata die Harnröhre zusammendrückt. Forschungen belegen, dass eine Prostata, die mindestens zwei Mal in der Woche im Orgasmus trainiert und entleert wird, elastischer und gesünder bleibt. Eine Studie zeigte, dass sich Prostatakrebs umso seltener entwickelt, je häufiger die Befragten zwischen ihrem 20. und 50. Lebensjahr ejakulierten. Das ist doch mal eine Krebsvorsorge, die uns gefällt!

Alle Männer sind eitel – vor allem jene, die es nicht zugeben.
SEAN CONNERY

REFLEXZONEN DES PENIS

Sie kennen möglicherweise die Reflexzonen an den Füßen oder an den Händen aus der Akupressur oder der Akupunktur. Der Penis verfügt in asiatischen Gesundheitslehren, wie dem chinesischen Taoismus, ebenfalls über Reflexzonen (die Vagina übrigens auch). Die Taoisten raten daher, nicht nur einzelne Bereiche des Penis zu stimulieren, weil das zu einer Überstimulation der betreffenden Organe führen könne. Bemerkenswert erscheint mir, dass sich die Reflexzone des Herzens mitten im sensibelsten Teil unseres Penis befindet. Führt nicht für viele von uns der Weg zu unserem Herzen über unseren Penis?

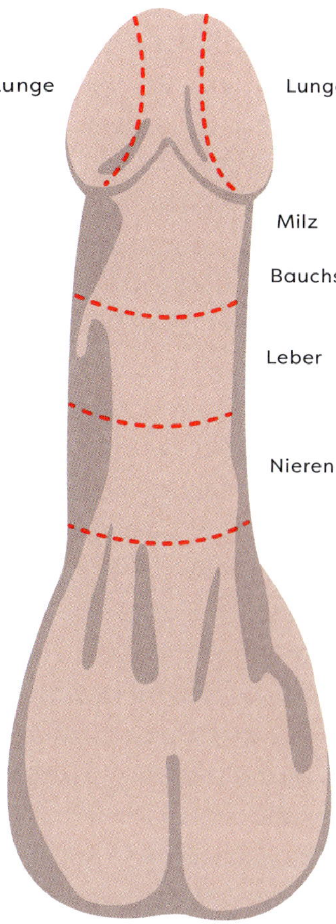

QUELLE: http://www.acupressure.com/lovers/Articles/genitalReflex.htm

GRÖSSENWAHNSINN!

»Das männliche Glied gilt als der Mercedes unter den Geschlechtsorganen. In erregtem Zustand erreicht ein normal gewachsenes männliches Glied eine Länge von 60 Zentimetern und ein Gewicht von ungefähr 3 Kilo. Aber selbst ein Glied von nur 40 Zentimetern kann bei feuchter Witterung noch zeugungsfähig sein. Das männliche Glied kann exakt 950 Mal ejakulieren, das entspricht ziemlich genau einem halben Eimer.«

WALTER MOERS, *SCHÖNER LEBEN MIT DEM KLEINEN ARSCHLOCH*

»Habe ich eine große Nase, Mama?« »Hör auf, immer nur an Sex zu denken!«
DAS LEBEN DES BRIAN

Falls Sie jetzt verunsichert den Zollstock holen wollen: MOERS macht sich hier natürlich über die typische Männerangst lustig, zu kurz gekommen zu sein. 66 Prozent der Männer sind mit der Größe ihres Penis unzufrieden.
Doch wie groß ist er nun wirklich?
Wissenschaftler sind auch oft nur Männer, deshalb haben sie 2015 eine Weltkarte der Penisgrößen erstellt und damit die Frage der Fragen detailliert beantwortet. Hier die Ergebnisse:
Die durchschnittliche Länge eines erigierten deutschen Penis beträgt 14,48 cm (schlaff: 9,9 cm). Die Schweizer kommen auf 14,25 cm (9,7 cm) , die Österreicher auf 14,69 cm (11,7 cm). Durchschnittlich heißt, dass die meisten deutschen Penisse irgendwas zwischen 13 und 16 cm messen, aber auch Ausreißer nach unten und oben sind normal. Wie Sie der Statistik entnehmen können, finden wir die kürzesten Penisse in Asien: In Thailand, mit durchschnittlich 9,43 cm (6,9 cm), gibt es die kleinsten. Die längsten, wie Sie wohl vermutet haben, gibt es in Afrika: Die Penisse im Sudan messen durchschnittlich 17,95 cm (11,4 cm). Wie Sie sehen können, sind selbst die durchschnittlichen afrikanischen Penisse auch noch nicht die Dinger, die man in manchen Pornofilmen zu sehen bekommt. Die 30-cm-Monstercocks muss man mit der Lupe suchen. Die Träger dieser Extrempenisse rufen bei den meisten

Frauen auch eher Angstschweiß als eine feuchte Vagina hervor. Die Penisgröße spielt für die weit überwiegende Mehrzahl der Frauen (94 Prozent) eine sehr untergeordnete Rolle. Sehr viel bedeutsamer ist, wie ein Mann mit seinem Penis – und natürlich mit seiner Partnerin – umgeht. Völlig bedeutungslos ist die Größenfrage aber auch für Frauen nicht. Bei einer Studie stellte sich heraus, dass Frauen sich Fotos von großen Männern mit größeren (schlaffen) Penissen länger ansahen und diese sexuell attraktiver fanden. Ab einer gewissen Penisgröße kehrt sich der Effekt aber wieder um. Eine Vagina ist durchschnittlich 6–12 cm lang, in Erregung länger. Wenn der Penis so lang ist, dass er beim Sex an den Muttermund (der Eingang zur Gebärmutter) stößt, wird das von vielen Frauen als schmerzhaft empfunden. Männern mit einem sehr langen Penis, die dieses Problem mit ihren Partnerinnen haben, wird daher oft empfohlen, ein Tuch um den Penisschaft zu legen, damit der Penis nicht so tief eindringen kann. Der derzeit längste Penis der Welt gehört einem Mexikaner und ist 48,2 cm lang. (Wenn Sie es nicht glauben, es gibt bei YouTube ein Video). Er hat, wenig überraschend, keinen Sex, kann nicht arbeiten und kämpft für einen Behindertenausweis.

Von einem Mikropenis spricht man, wenn der Penis erigiert beim Erwachsenen nicht mehr als 7 cm (schlaff 2,5 cm) misst.

Bei stark übergewichtigen Männern verkürzt sich der Penis. Hier spricht man von einem eingegrabenen Penis. Dabei drückt die Fettschicht des Bauches auf die Haltebänder des Penis und zieht ihn so nach innen. Übergewichtige Männer können also leicht etwas für einen größeren Penis tun – abnehmen. 10 kg weniger bringen bis zu 1,5 cm mehr.

> Zuerst schuf der liebe Gott den Mann, dann schuf er die Frau. Danach tat ihm der Mann leid, und er gab ihm den Tabak.
> MARK TWAIN

Die einfachste Methode, Ihrem Penis optisch mehr Geltung zu verschaffen, ist die Intimrasur, ganz gleich, ob Sie nur kürzen oder komplett rasieren. Auch ein kleinerer Baum ist auf einer Lichtung eben besser zu sehen als im hohen Gebüsch. **Die stärksten Größenunterschiede findet man bei schlaffen Penissen, in erigiertem Zustand nimmt die Differenz ab. Die kleineren (sogenannten »Blut-Penisse«) legen im Stehen sehr viel mehr zu als die größeren »Fleisch-Penisse«.**

Selbst manche Träger von überdurchschnittlich großen Penissen machen sich Sorgen, er könnte zu klein sein. Das liegt nicht zuletzt auch an mangelnden Vergleichsmöglichkeiten. Wann bekommt der durchschnittliche Heteromann schon den steifen Penis eines anderen Mannes zu sehen, um mal wirklich zu sehen, was ansteht? In natura wohl eher selten, bleiben also die Pornofilme. Jedoch hat das, was wir dort über Sex und über Penisgrößen lernen, mit dem echten Leben ungefähr so viel zu tun wie *Stirb langsam* mit Polizeiarbeit oder *Der Bergdoktor* mit dem Alltag von Ärzten.

Es ist bemerkenswert, dass die Genitalien selbst, deren Anblick immer erregend wirkt, doch fast nie als schön beurteilt werden.
SIGMUND FREUD

Wo die Länge tatsächlich wichtig ist: beim Durchhaltevermögen. Die durchschnittliche Verweildauer des Penis in der Vagina beträgt um die fünf bis sechs Minuten. Das ist für viele Frauen deutlich zu kurz, um den Sex zu genießen. Dazu später mehr.

Sehr viel wichtiger als die Größe des Penis ist also sein Besitzer – wie er seinen Körper und seinen Penis bewohnt und belebt und was er damit tut.

Es gibt übrigens keinen Anhaltspunkt am Körper eines Mannes, aus dem man auf die Größe seines Penis schließen kann. »Wie die Nase eines Mannes, so auch sein Johannes« ist Quatsch. Auch mit der Größe der Hände oder Füße gibt es keinen Zusammenhang.

PENISVERGRÖSSERUNG

Haben Sie meine Ausführungen noch nicht ausreichend beruhigt und machen Sie sich immer noch Gedanken darum, wie Sie Ihren Penis vergrößern können? Dann lassen Sie uns kurz schauen, welche Möglichkeiten es gibt.

Die Größe des Penis ist genetisch festgelegt und lässt sich mit Sport, guter Ernährung oder Pillen nicht verändern. Im Unterschied zu Nase und Ohren wächst er auch im Alter nicht.

Würde man 8–12 Stunden täglich ein Gewicht an seinen Penis hängen, hätte das auf Dauer einen längenden Effekt (wahrscheinlich nicht nur auf den Penis, sondern auch auf das Zeitempfinden). Nur werden Sie vermutlich nicht mit einem Gewicht an Ihrem Gemächt zur Arbeit gehen wollen.

Im Internet erhältliche Dehnwerkzeuge (»Penis Extender«) wollen eine Längung herbeiführen, indem der Penis, wie auf einer Streckbank, dauerhaft in ein Geschirr eingespannt wird. Diese Werkzeuge bringen meist jedoch nicht den gewünschten Effekt, können den Penis ernstlich verletzen und seine Erektionsfähigkeit schädigen.

Bei der operativen Penisvergrößerung werden die Bänder, die den Penis im Bauch halten, durchtrennt, sodass sich der Penis mehr nach außen strecken kann. Das bringt um die 1–2 cm im schlaffen Zustand. Die Operation birgt aber einige Risiken und sie ist teuer. Es kann neben Schmerzen, Wundheilungsstörungen und Entzündungen danach zu Einschränkungen der Empfindsamkeit und der Erektionsfähigkeit kommen und der Penis kann beim Sex instabiler werden. Durch mögliche Narbenbildung kann der Penis sogar schrumpfen und kleiner werden als vor dem Eingriff.

Rilke sprach zu Rudolf Steiner: »Keiner ist so klein wie meiner!« Tröstend meinte Steiner: »Rainer, meiner ist noch etwas kleiner!«
ROBERT GERNHARDT

Verschiedentlich werden manuelle Dehn- und Streckübungen für den Penis empfohlen. Diese schaden zumindest nicht, wenn man sie umsichtig anwendet.

Eine dieser Methoden zur Penisvergrößerung möchte ich Ihnen vorstellen – die arabische Penismassage, *Jelq* (von *jelq* = melken). Falls Sie also selbst Hand anlegen möchten:

DIE ARABISCHE PENISMASSAGE JELQ

Angeblich wurde diese Technik jungen arabischen Männern einige Jahre vor der Hochzeit (zwischen 13 und 17 Jahren) von ihren Vätern beigebracht. Sie soll bei regelmäßiger Anwendung eine Penisverlängerung und einen gesteigerten Penisumfang bewirken. Das regelmäßige »Melken« presst mehr Blut in den Penis als bei einer normalen Erektion. Dadurch sollen die Blutgefäße im Penis erweitert werden, was den Penis angeblich dauerhaft größer werden lässt. Ein Effekt soll erst nach Monaten des Übens auftreten. Wissenschaftlich untersucht wurde diese Methode noch nicht. Selbst wenn der Effekt sich nicht in mehr Zentimetern niederschlagen sollte, freut sich Ihr Penis über die regelmäßige Zuwendung.

Wenn Sie sie ausprobieren wollen, halten Sie sich bitte unbedingt an die folgenden Hinweise!
Wärmen Sie den Penis zunächst auf, z. B. unter der warmen Dusche,

mit einer – nicht zu heißen! – Wärmflasche oder einer Kompresse. Die Wärme befördert die Blutzirkulation und entspannt die Gefäße. Benutzen Sie für die Massage immer ein gutes Massageöl ohne künstliche Duftstoffe oder ein Gleitmittel.

Der eingeölte Penis wird dabei bei einer leichten bis mittleren Erektion massiert. Wenn Sie die Massage bei einer vollen Erektion durchführen, kann das das Gewebe des Penis schädigen. Sollte Ihre Erektion während der Massage zu hart werden, drücken Sie für eine Weile fester oder Sie machen eine Pause, bis sie wieder etwas abgeklungen ist.

Nach der Aufwärmphase beginnen Sie, indem Sie mit Daumen und Zeigefinger einen Ring um den unteren Schaft des Penis legen. Unter mittlerem Druck ziehen Sie diesen Handring nun nach oben zur Eichel hin. An der Eichel stoppen Sie. Nun wechseln Sie die Hand und fahren für die nächsten 5–10 Minuten in einer weichen, gleichmäßigen Bewegung mit abwechselnden Händen fort. Üben Sie mindestens jeden zweiten Tag, bis zu fünf Mal in der Woche.

Anna: »You know what they say about men with big feet.«
William: »No, I don't, actually. What's that?«
Anna: »Big feet ... large shoes.«
NOTTING HILL

Lassen Sie uns das Größenthema mit einer kleinen Geschichte abschließen:
Auf dem Klo einer Kneipe stehen ein Deutscher und ein Schwarzafrikaner zufällig nebeneinander und pinkeln. Der Deutsche wagt einen neugierigen Blick an seinem Nebenmann hinunter und bleibt beeindruckt hängen. Nach kurzem Zögern fasst er sich ein Herz und sagt: »Darf ich Sie mal was fragen? Ich wollte schon immer wissen, wie es kommt, dass Afrikaner so große Penisse haben. Ist das genetisch bedingt?«
Der Schwarze lacht und antwortet: »Ach was, das hat einen ganz anderen Grund: In Afrika bekommen die Jungen von klein auf einen Strick an den Penis, mit einem dicken Stein dran. Damit laufen wir dann den ganzen Tag herum und spielen. Das machen wir so lange, bis er die gewünschte Länge hat. Dann kommt der Stein ab.«
»Sehr interessant!«, sagt der Deutsche. »Glauben Sie, das könnte bei mir auch noch funktionieren?«
»Probieren geht über studieren«, antwortet der Schwarze lachend.

Einige Monate später treffen sich die beiden zufällig in der Kneipe wieder. Der Afrikaner geht freudig winkend auf den Mann zu: »Jetzt bin ich aber neugierig – haben Sie's ausprobiert?«
»Ja«, antwortet der Deutsche.
»Und – hat's funktioniert?«
Der Deutsche druckst etwas herum: »Na ja, Teilerfolg – schwarz ist er schon.«

Was zählt, ist nicht
die Länge des
Zauberstabs, sondern
der Zauber im Stab.
JIM CARREY

3.

Vagina, Klitoris & Co

WEIBLICHE SEXUALITÄT – EINE SCHWIERIGE GESCHICHTE

»Zwischen den Schamlippen liegt die Vagina.
Sie ist innerlich gelagert und weitgehend unerforscht.
Man vermutet, dass sich dort eine Art geheime
Kommandozentrale verbirgt, die das Schicksal des
Universums steuert, oder so, man will das alles
aber auch gar nicht so genau wissen.«

WALTER MOERS, *SCHÖNER LEBEN MIT DEM KLEINEN ARSCHLOCH*

Walter Moers übertreibt hier natürlich ein wenig (was den Teil mit der geheimen Kommandozentrale angeht, bin ich mir allerdings nicht so ganz sicher). Richtig ist: Der Penis spielte in der (überwiegend von Männern betriebenen) Forschung immer schon eine größere Rolle als die weiblichen Geschlechtsorgane.

Die Wissenschaft setzt nur fort, was wir schon als Kinder erleben: Jungs spielen mehr mit ihrem Penis und haben eher einen positiven Bezug zu ihm als Mädchen zu ihrer Vagina. Übrigens entstehen durch dieses neugierige Erforschen des eigenen Körpers neuronale Verbindungen im Gehirn – wir lernen, wie wir uns Lust verschaffen können. Wenn wir unsere Geschlechtsorgane nicht mit unseren eigenen Händen erfühlt haben, können diese Lustzentren im Gehirn kaum entstehen.

Sicher erleichtert die äußere Position des Penis seine Erforschung im Vergleich zu den versteckter liegenden Organen der Frauen. Doch es ist nicht nur die Anatomie, die bei Männern und Frauen den Bezug zu ihrem Geschlecht geprägt hat. Über viele Jahrhunderte ist die weibliche Lust entweder ignoriert, verteufelt, geleugnet oder unterdrückt worden. Eine eigenständige weibliche Sexualität gab es in unserer von Männern dominierten Geschichte offiziell lange nicht. Die Sexualorgane der Frau waren dazu da, dem Mann Vergnügen zu bereiten und Kinder zu gebären, basta.

Wie könnte eine Frau da nicht neidisch auf uns sein?

DIE WEIBLICHEN GESCHLECHTSORGANE

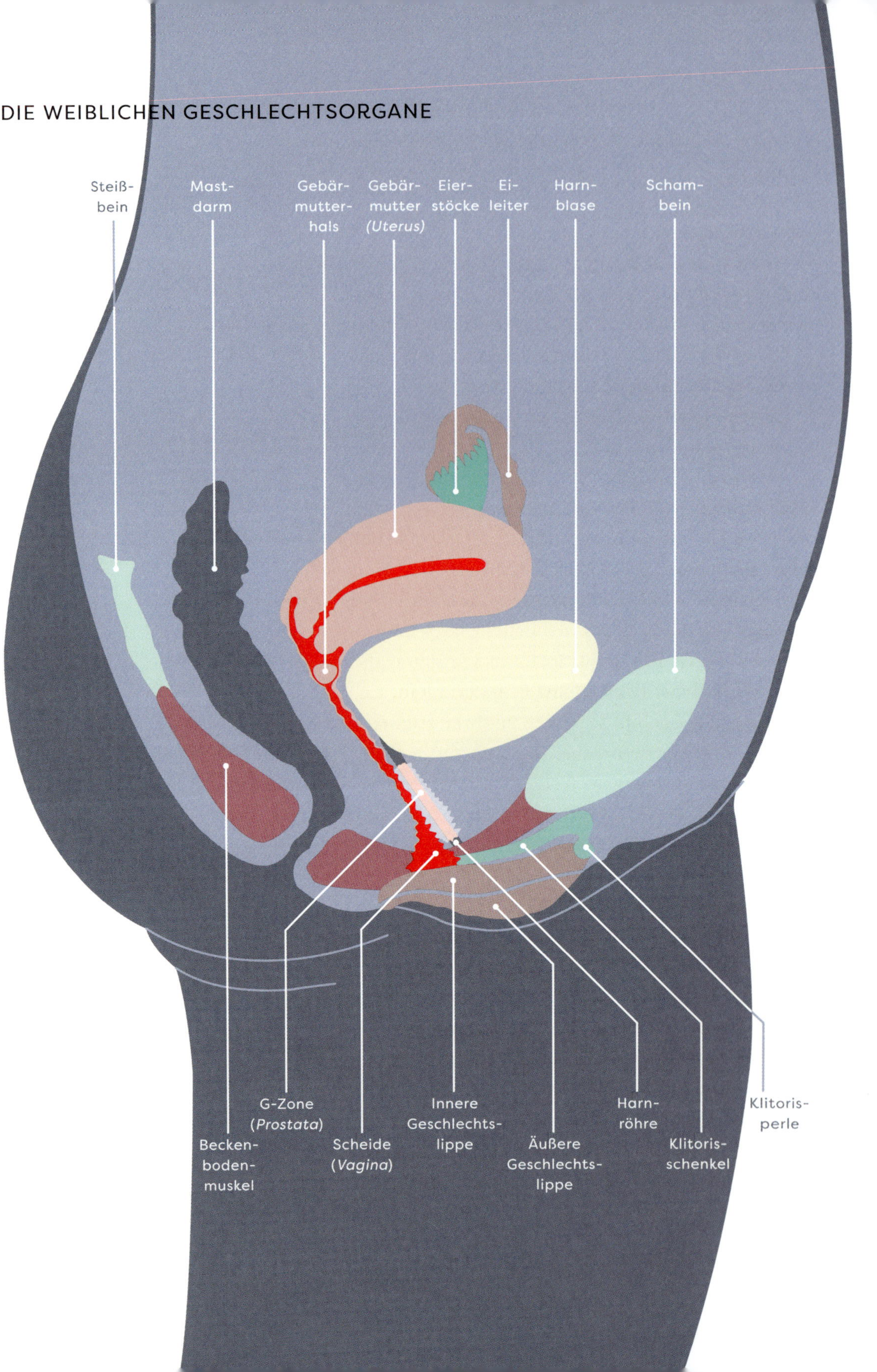

Genau, dachte sich auch SIGMUND FREUD und erfand den »Penisneid« der Frau. Für mich eine der kuriosesten Annahmen der Psychoanalyse.

Wäre die Psychoanalyse von einer »SIEGLINDE FREUD« ins Leben gerufen worden, hätte sie mit derselben Berechtigung vom »Gebärneid« der Männer sprechen können. Dieser würde Männer dazu zwingen, ihre fehlende Gebärfähigkeit mit geistigen Schöpfungen oder dem Bau von Hochhäusern auszugleichen. Tatsächlich wurde der Begriff in den 1920er-Jahren von der Psychoanalytikerin KAREN HORNEY erfunden.

Wenn in manchen Kulturen junge Mädchen mit erwachsenen Männern verheiratet werden, wenn jungen Frauen die Klitoris herausgeschnitten wird, wenn eine sexuell aktive Heranwachsende ein »Flittchen« ist, ein ebenso aktiver Junge aber ein »toller Hecht«, dann wird uns schnell klar, wie schwer es eine eigenständige weibliche Sexualität in weiten Teilen unserer Welt und in großen Teilen unserer Geschichte hat. Frauen, die sich mit Empfängnisverhütung auskannten, wurden im Mittelalter als Hexen verbrannt.

Wenn Frauen unergründlich erscheinen, liegt es meist an dem geringen Tiefgang der Männer.
KATHARINE HEPBURN

Ich schicke diese Betrachtungen nicht voran, damit wir uns als Männer schuldig fühlen, sondern damit wir einordnen können, wo wir heute mit der sexuellen Gleichberechtigung stehen. Und welche Verantwortung wir als Männer dafür tragen, dass diese alte Verwundung, die die Männerherrschaft, das Patriarchat, kollektiv den Frauen und ihrer Sexualität zugefügt hat, heilen kann.

Dass auch wir Männer aus der Geschichte in unserer Sexualität beschädigt hervorgegangen sind, ist auf den ersten Blick weniger offensichtlich. Das Patriarchat fördert die Trennung von Mann und Frau, es trennt die Lust von der Liebe, das Becken vom Herzen, es trennt den Kopf vom Körper und es trennt uns von der Natur.

Der Schaden, den diese jahrhundertelange (teilweise jahrtausendelange) Unterdrückung und Leugnung weiblicher Lust anrichtete, ist immens. Wir erleben ihre Folgen bis heute und sie kann auch unsere Lust zu zweit beeinträchtigen. Es ist nicht selbstverständlich, dass die Frau, mit der wir ins Bett gehen, ihren Körper und ihre Lust genau kennt und selbstbewusst sagen kann, was ihr beim Sex Spaß macht. Für viele junge Frauen sind die sexuellen Rollenvorbilder die Frauen aus den Pornos. Viele glauben, dass mit ihnen etwas nicht stimmt, wenn sie beim penetrativen Sex nicht spontan und laut stöhnend einen Orgasmus bekommen – so wie die Frauen anscheinend in den Filmen. Dann wird der Orgasmus eben gefakt (ebenfalls wie bei den Frauen in den Filmen).

Viele kommen erst viel später drauf, dass nicht sie es sind, mit denen etwas nicht stimmt, sondern dass es an den unrealistischen Vorbildern liegt. In unseren Breiten hat sich in den letzten Jahrzehnten in dieser Hinsicht dank der Frauenbewegung glücklicherweise einiges getan. Frauen wenden sich heute selbstbewusster ihrem Körper zu und beginnen ihn zu entdecken und von innen zu »bewohnen« – statt nur auf seine Außenwirkung bedacht zu sein. Die meisten Männer wünschen sich heutzutage (zumindest in unseren Breiten), dass ihre Partnerinnen den Sex ebenfalls genießen, und begrüßen dieses gewachsene Selbstbewusstsein. Dennoch wird in unserer Kultur insgesamt die eigenständige Lust von Frauen nicht geehrt und gefördert, schon gar nicht bei Frauen, die die vierzig überschritten haben. Dabei beschreiben viele Frauen, dass sie mit vierzig und später erst als sexuelle Wesen erblühen.

Liebe: nur ein schmutziger Trick der Natur, um das Fortbestehen der Menschheit zu garantieren.
WILLIAM S. MAUGHAM

Wenn ein Mädchen bei uns seine erste Menstruation bekommt, wird selten von seiner Mutter das Geschenk seiner Fruchtbarkeit gefeiert, so wie es bei vielen indigenen Stämmen der Fall ist. Das Mädchen wird wahrscheinlicher eine sorgenvolle Belehrung darüber bekommen, dass es nun mit den Jungs aufpassen muss und wie es einen Tampon gebraucht. Peinlich! Auch heute noch wissen viele Mädchen (und Frauen) nicht, wie sie »da unten« aussehen und wie sie sich selbst Lust bereiten können. Oder sie ekeln sich vor dem eigenen Geschlecht, das sie kaum oder gar nicht kennen.

Ein Mann und eine Frau sitzen nebeneinander im Flugzeug. Die Frau sagt: »Ich komme gerade von einem internationalen Frauenkongress. Dort wurde mit ein paar alten Vorurteilen aufgeräumt. Nicht die Franzosen sind die besten Liebhaber, sondern die Polen, und nicht die Italiener haben die längsten Penisse, sondern die Indianer.« Darauf der Mann: »Entschuldigung, ich vergaß, mich vorzustellen. Gestatten, Winnetou Kowalski.«
ANONYM

Kennen Sie einen Mann, der sich vor seinem Penis ekelt?

Und wie lautet noch mal das schlimmste Schimpfwort für eine Frau?

Noch mal, liebe Männer: Kein Grund für uns, in Sack und Asche zu gehen. Eher eine Erinnerung an unser belastetes geschichtliches Erbe und ein Ansporn, unsere Partnerinnen und unsere Töchter darin zu unterstützen, sexuell selbstbestimmte und selbstbewusste Wesen zu sein und zu werden.

Letztlich profitieren wir alle davon, wenn Frauen wie Männer selbstbewusste, lust- und liebesfähige Wesen sind.

Weil die weibliche Sexualität für viele Männer noch so geheimnisvoll und mythenumrankt ist wie das Bermudadreieck oder das Ungeheuer von Loch Ness, wollen wir uns ihr hier etwas ausführlicher widmen.

WIE HEISST DAS DA UNTEN NOCH MAL?

Auch die Bezeichnungen für das weibliche Geschlecht spiegeln diesen zwiespältigen Umgang mit der weiblichen Sexualität wider: neben den umgangssprachlich üblichen Bezeichnungen – wie Muschi, Möse, Pussy (um nur die freundlicheren zu nennen) –, gibt es noch die neutralen: Scheide oder in Latein: *Vagina*. Wenn wir heute umgangssprachlich Vagina sagen, meinen wir meist das äußerlich sichtbare Geschlecht und den innen liegenden Vaginalkanal. Offiziell wird das äußere Geschlecht jedoch *Vulva* genannt, nur das innere Vagina. In der ursprünglichen Bedeutung beschrieb *Vulva* (lat. für Gebärmutter, aber auch Kelch und Schale) das zentrale innere Organ der Frau, also genau andersherum als in der heutigen Verwendung. Da Frauen Leben schenken können, wurde früher dieser innere Bereich als etwas Heiliges betrachtet.

Ich werde in diesem Kapitel zwischen *Vulva* (außen) und *Vagina* (innen) unterscheiden, in den anderen Kapiteln werde ich *Vagina* umgangssprachlich gebrauchen.

Bei Erektion denke ich immer an Ikea-Regale: Hoffentlich hält's fünf Minuten.
HARALD SCHMIDT

Manche der offiziellen Begriffe für unsere Geschlechtsorgane sind tatsächlich unschön und betonen das Peinliche der sexuellen Anatomie, wie das *Schambein* oder die *Schamlippen*. Einige Frauen schlagen vor, stattdessen vom »Lustbein« und den »Venuslippen« oder den »Geschlechtslippen« zu sprechen. Ich finde diese Alternativen ansprechend, bleibe aber hier, um der besseren Verständlichkeit willen, mit einem leisen Seufzer, bei den gebräuchlichen Bezeichnungen.

AUFBAU DER WEIBLICHEN GESCHLECHTSORGANE

Äußerlich ist die Vulva zu sehen, bestehend aus den äußeren und den inneren Schamlippen, der Klitoris, am oberen Ende der Schamlippen, dem Scheideneingang und dem Venushügel, oberhalb der Schamlippen. Unterhalb der Klitoris befindet sich der meist kaum sichtbare Ausgang der Harnröhre. Zwischen Vulva und Anus befindet sich der Damm (*Perineum*). Form und Größe der Vulva sind von Frau zu Frau sehr unterschiedlich. Penisse unterscheiden sich ja auch in Form und Größe.

Die Vagina ist ein dehnbarer, muskulöser Schlauch, der vom Scheideneingang bis zum Muttermund (dem Eingang zur Gebärmutter) reicht. Bei erwachsenen Frauen misst die Vagina in nicht erregtem Zustand 6–12 cm. Im Normalzustand berühren sich die Wände der Vagina. Bei Erregung wird die Vagina stärker durchblutet und die Vaginalwände sondern ein körpereigenes Gleitmittel ab. Die Vagina weitet und längt sich und lässt so einen Innenraum entstehen. Auch die Gebärmutter wird stärker durchblutet und richtet sich in freudiger Erwartung auf.

Die Vagina passt sich flexibel den in ihr befindlichen Objekten an – vom kleinen Penis bis zu einem Baby. Die (glatte) Vaginalmuskulatur reagiert unwillkürlich, also ohne willentliche Anweisung der Frau. Der gefürchtete Scheidenkrampf (*Vaginismus*) geht auf das Konto der unwillkürlichen, glatten Muskulatur. Hier sagt die Vagina klar: »Ich bin damit nicht einverstanden!« (Wie es möglich ist, dass unser Körper seinen eigenen Willen haben kann, wird uns im folgenden Kapitel interessieren).

Die Vagina ist aber auch von willkürlich steuerbaren, quergestreiften Muskeln umgeben, die mit den Muskeln des Beckenbodens zusammenhängen. Wenn eine Frau gelernt hat, ihre Beckenbodenmuskulatur zu kontrollieren, kann sie auch mit ihrer Vagina bewusst »zugreifen« und den Penis umschließen, was beim Sex für beide sehr lustvoll sein kann. Für viele Frauen ist es eine Entdeckung, dass ihre Vagina ein aktives Organ ist.

Die Vagina besitzt im hinteren Teil kaum berührungsempfindliche Nerven (eine Geburt wäre sonst noch viel schmerzhafter). Die Nervenendigungen in der Scheidenwand, der Beckenbodenmuskulatur und dem Anus sind jedoch empfänglich für Vibration, Druck und Dehnung. Mit schneller Reibung können sie gar nichts anfangen. Der sensible und berührungsempfindliche Teil der Vagina befindet sich im vorderen Drittel und am Scheideneingang, hier sitzen 90 Prozent der berührungsempfindlichen Nervenendigungen der Vagina. Auch dieser Teil ist viel empfänglicher für langsame Bewegungen als für schnelle Reibung.

DER G-PUNKT

Der sogenannte *G-Punkt* ist eigentlich eine G-Fläche. Das »G« steht für seinen Entdecker, den deutschen Arzt Ernst Gräfenberg, der den G-Punkt in den 1950er-Jahren beschrieben hat. Der G-Punkt befindet sich etwa fünf Zentimeter vom Scheideneingang entfernt, an der Vorderwand der Scheide, also Richtung Schambein. Dieses Gebiet lässt sich leicht mit einem Finger ertasten, die Scheidenwand fühlt sich hier geriffelt an. Was wir hier fühlen können, ist die Unterseite der weiblichen Prostata, die die Harnröhre umschließt und die, ähnlich der männlichen Prostata, ein Sekret produziert, das beim Orgasmus der Frau ausgestoßen wird (meist in geringen, manchmal aber in größeren Mengen – die berühmte weibliche Ejakulation).

Frauen können sich über die kleinste Kleinigkeit freuen, zum Beispiel über einen kaum haselnussgrossen Brillanten.
JACK LEMMON

Ob der G-Punkt als sexuell ansprechbare Zone überhaupt existiert, ist in der Wissenschaft umstritten. Anscheinend finden es manche, aber durchaus nicht alle, Frauen sexuell erregend, hier stimuliert zu werden. Manche Frauen spüren bei Anregung des G-Punktes eher das Bedürfnis, aufs Klo zu gehen. In den meisten Anatomielehrbüchern taucht der G-Punkt nicht auf.

Wenn ein Schwuler seine Homosexualität verbirgt, dann sollte man das schon öffentlich machen.
DIRK BACH

Beim penetrativen Sex wird dieser Bereich am stärksten stimuliert, wenn der Mann von hinten in die Frau eindringt.

DIE KLITORIS, DIE PERLE UNTER DEN GESCHLECHTSORGANEN

Die Klitoris (der Kitzler) spielt beim Lustempfinden der Frau die größte Rolle. Sie ist das einzige Organ beim Menschen, das ausschließlich für die Lust da ist (der Penis hat ja noch weitere Funktionen).

Die Klitoris ist die sensibelste Stelle am ganzen Körper. Sie ist in nicht erregtem Zustand meist von einer kleinen Kapuze bedeckt. Mit 8.000 Nervenendigungen weist sie doppelt so viele auf wie der Penis. Erinnern Sie sich, dass wir zwei Drittel der Penislänge nicht sehen können, weil sie im Körper verborgen sind? Bei der Klitoris ist das Verhältnis von sichtbarem und unsichtbarem Teil noch beeindruckender. Stellen Sie sich vor, wir hätten erst jetzt entdeckt, dass der Penis nicht nur aus der Eichel besteht, sondern auch noch einen Schaft und eine Wurzel hat. Bei der Klitoris ist genau das der Fall: Wenn wir von der Klitoris reden, meinen wir meist nur die sichtbaren 10 Prozent, die Perle oberhalb der kleinen Schamlippen. Tatsächlich sehen wir hier nur die Spitze des Lustbergs, wie die australische Urologin HELEN O'CONNELL erst in den 1990er-Jahren nachweisen konnte. Sie zeigte, dass die Klitoris, ausgehend von der Perle, sich in zwei langen Schenkeln um den Scheideneingang herumschmiegt. Ein weiterer Teil des Klitorisgewebes reicht bis zu 9 cm in den Körper hinein und berührt genau am G-Punkt die Wand der Vagina.

Es gibt wahrscheinlich mehr Frauen, die von Richard Gere gewürgt werden wollen, als von mir geküsst.
THOMAS GOTTSCHALK

Um die wahre Größe der Klitoris erfahrbar zu machen, wurde für den Sexualkundeunterricht an französischen Schulen ein Klitoris-Modell entwickelt, das sich mit jedem 3-D-Drucker ausdrucken lässt.

Wie beim Penis füllen sich bei sexueller Erregung die Schwellkörper der gesamten Klitoris mit Blut. Die Klitoris erigiert. Die vielen Gemeinsamkeiten mit dem Penis kommen nicht von ungefähr. Wenn man sich die Entwicklung eines Embryos ansieht, sind die Geschlechtsorgane in einem frühen Entwicklungsstadium bei Jungen und Mädchen zunächst identisch. Erst ab ungefähr der neunten Schwangerschaftswoche beginnen sie sich auseinanderzuentwickeln. Was bei den Jungen dann durch die Ausschüttung des männlichen Sexualhormons Testosteron zur Eichel wird, entwickelt sich bei den Mädchen zur Klitoris.

Weil die Klitoris so sensibel ist, ist die direkte Berührung an dieser Stelle für viele Frauen erst angenehm, wenn sie bereits erregt und feucht sind und auch dann kann die Klitoris noch leicht überstimuliert werden, was schnell schmerzhaft werden kann. Monotones Rubbeln an dieser Stelle wäre ein sicheres Mittel, sich als schlechter Liebhaber zu outen. Die meisten Frauen schätzen es, wenn der Partner mit den Fingern (Öl oder Gleitmittel verwenden, falls die Vulva noch trocken sein sollte) oder der Zunge die ganze Vulva erkundet und dabei gelegentlich die Klitoris mit einbezieht. Da Sie nun ja wissen, wie weit sich das Reich der Klitoris in die Vulva und die Vagina hinein erstreckt, erreichen Sie die Klitoris auch dann, wenn sie in langsamen, kreisenden Bewegungen die kleinen und großen Schamlippen und den Scheideneingang erkunden. Weil sich die Wahrnehmung von Frau zu Frau sehr stark unterscheidet, ist es immer ratsam, mit seiner Partnerin über ihre Empfindungen ins Gespräch zu kommen. Sie kann Ihnen genauer Auskunft darüber geben, ob, wann, welche und wie viel direkte Stimulation der Klitoris für sie angenehm ist.
Männer neigen in sexuellen Dingen gelegentlich zu übergroßer Zielstrebigkeit. Falls Sie zu diesen Männern zählen sollten, möchte ich Ihnen folgende einfache Grundregel über die sexuelle Erregung der Frau ans Herz legen. Sie entstammt der Sexualkundeszene aus MONTY PYTHONS letztem Film: *Der Sinn des Lebens*:

Was bedeutet es, wenn ein Mann eine Stirnglatze hat?
Er kann gut denken.
Was bedeutet es, wenn ein Mann oben eine Glatze hat?
Er kann gut bumsen.
Was bedeutet es, wenn ein Mann ganz kahl ist?
Er denkt, er kann gut bumsen.
ANONYM

Lehrer: »Zwei Arten, wie man sie zum Fließen bringen kann – Watson?«
Schüler: »An der Klitoris reiben, Sir?«
Lehrer: »Was ist denn verkehrt an einem Kuss, warum nicht mit einem einfachen Kuss anfangen?«

LUST UND LEID
EINE KLEINE GESCHICHTE DER KLITORIS

Die Klitoris, als eigenständiges Lustorgan der Frau, wurde im Laufe der Jahrhunderte mehrfach von der Wissenschaft (genauer: von männlichen Wissenschaftlern) entdeckt, um dann wieder aus den Anatomielehrbüchern zu verschwinden. Später sorgte man dafür, dass sie gar keine Erwähnung mehr fand.

In dieser wechselvollen Geschichte spiegelt sich ganz offensichtlich die Feindseligkeit einer von Männern betriebenen Wissenschaft gegenüber der weiblichen Lust wider. Bemerkenswert erscheint mir, dass die weibliche Lust mal mit vorgeblich theologischen und mal mit vorgeblich wissenschaftlichen Argumenten abgewehrt oder unterdrückt worden ist.

Die alten Griechen betrachteten die Klitoris als unvollkommene Version des Penis oder sahen sie als Wächterin am Eingang der Gebärmutter.

Vieles habe ich vergessen. Aber eines weiß ich genau: Mick und ich hatten niemals Sex miteinander!
KEITH RICHARDS

Im 16. Jahrhundert wurde die Klitoris durch die Wissenschaft vom italienischen Arzt GABRIELE FALLOPPIO »wiederentdeckt«. Sein Zeitgenosse und Rivale MATTEO REALDO COLOMBO kam ihm jedoch mit einer Veröffentlichung zuvor. In seinem 1595 erschienenen Hauptwerk *De re anatomica*, beschrieb COLOMBO sie als »kleines, sehr hübsches Organ«, das bei der sexuellen Erregung der Frau eine große Rolle spiele.

Doch die beiden konnten sich nicht wissenschaftlich durchsetzen. FALLOPPIOS und COLOMBOS Zeitgenosse ANDREAS VESALIUS bezeichnete die Klitoris als »nutzlosen Teil im Unterschied zu den Organen«. Seiner Ansicht nach war die Klitoris nur eine »zu beobachtende Fehlbildung«. Wie konnte es anders sein, wo die Klitoris doch sonst keinen Nutzen hatte?

Diese Ansicht sollte lange Zeit herrschende Lehrmeinung bleiben. Für die katholische Kirche war eine Frau, die Lust empfand, des Teufels. Sie musste gezähmt und unterdrückt werden. Der Arzt und katholische Ordensbruder FRANÇOIS RABELAIS sagte im 16. Jahrhundert über die weibliche Sexualität (und die Klitoris): »Die Natur hat ihr an einem versteckten Ort inwendig ein Tier in den

Körper gesetzt, ein Glied, dergleichen ein Mann nicht hat.« RABELAIS' Auffassungen kehrten ein paar Jahrhunderte später im weißen Kittel der Wissenschaftlichkeit wieder.

DIE »HYSTERIE« UND IHRE THERAPIE

Im 19. und Anfang des 20. Jahrhunderts wurden bei Frauen verstärkt »Hysterie«, Epilepsie, Hypersexualität, Masturbation und andere Formen des Wahnsinns diagnostiziert. Nach zeitgenössischen Schätzungen litten in den USA in der zweiten Hälfte des 19. Jahrhunderts nahezu drei Viertel aller Frauen an Hysterie. Der Begriff stammt vom altgriechischen Wort für Gebärmutter: *hystéra*. Die Symptome der Hysterie waren recht unspezifisch. Sie beschrieben allgemein eine erhöhte nervöse Spannung und emotionale Labilität bei Frauen. Diese Krankheit, von der natürlich nur Frauen befallen werden konnten, ist schon von PLATON und HIPPOKRATES beschrieben worden. Die alten Griechen vermuteten, dass die Gebärmutter, wenn sie nicht regelmäßig mit Samen gefüttert würde, im Körper suchend herumwandern und sich schließlich verzweifelt am Gehirn festbeißen würde.
In der Therapie dieser Erkrankung ging man sehr gegensätzliche Wege.
Zunächst zu einer sehr unerfreulichen Variante:
Der englische Arzt ISAAC BAKER BROWN sah in seinem 1866 erschienenen Werk über die »Heilbarkeit verschiedener Formen des Wahnsinns, der Epilepsie, Katalepsie und Hysterie bei Frauen« die Reizung der sensiblen Klitoris als Übeltäterin. Seine Therapie: ihre operative Entfernung (*Klitoridektomie*) – teilweise gegen den Willen oder ohne Wissen der Frauen.

Die große Frage, die ich trotz meines dreißigjährigen Studiums der weiblichen Seele nicht zu beantworten vermag, lautet: »Was will eine Frau eigentlich?«
SIGMUND FREUD

Das Verfahren fand weite Verbreitung. Vermutlich inspiriert von den Erfahrungen in den afrikanischen Kolonialgebieten, in denen traditionell Klitorisentfernungen bei jungen Mädchen durchgeführt wurden (und vielerorts bis heute werden), wurde zu Beginn des 20. Jahrhunderts in England und den USA bei unzähligen Frauen die Klitoris entfernt – und um auf der sicheren Seite zu

sein, nicht selten die Gebärmutter und die Eierstöcke gleich mit. In amerikanischen Psychiatrien wurden solche *Klitoridektomien* noch bis 1935 bei Patientinnen durchgeführt. Diese Behandlungsmethode verschwand dann wieder und bleibt bis heute ein kaum fassbarer Schandfleck der Medizingeschichte.
Dr. Baker Brown wurde übrigens später aus der Ärzteschaft ausgeschlossen. Jetzt raten Sie einmal, warum. Ihm wurde vorgeworfen, dass er die Ehemänner der von ihm verstümmelten Frauen nicht um Erlaubnis gefragt hatte.
Nach Schätzungen von UNICEF sind heute noch weltweit ca. 200 Millionen Frauen und Mädchen von Genitalverstümmelungen betroffen.

Nun zur erfreulicheren Variante in der Therapie der Hysterie im späten 19. und beginnenden 20. Jahrhundert:
Ärzte hatten herausgefunden, dass bei den Frauen mittels manueller Genitalmassage ein *hysterischer Paroxysmus*, eine Art Krampfanfall, ausgelöst werden konnte. Dieser entspannte die Frauen und brachte ihre Symptome zum Verschwinden. Es ist heute kaum vorstellbar, aber die Ärzte haben ihren Patientinnen schlicht mit der Hand Orgasmen verschafft. Da das Ganze außerhalb eines regulären Geschlechtsverkehrs stattfand, hatten die Ehemänner lange nichts dagegen einzuwenden. War ja kein Sex. Die Frauen rannten den Ärzten die Bude ein, welche aufpassen mussten, keinen Tennisarm zu bekommen.

Kinderschokolade
macht den
Schniepel gerade.
VOLKSMUND

Der amerikanische Arzt George Taylor konnte den Ärzten ihre Arbeit bald deutlich erleichtern. Er erfand 1869 den »Manipulator« – einen Tisch, auf den sich die Patientin mit dem Gesicht nach unten legen musste, während ihr Geschlecht durch einen dampfbetriebenen Stab massiert wurde. In manchen Arztpraxen lagen oft mehrere Frauen gleichzeitig nebeneinander und wurden so therapiert. Funktionierte sehr gut, war aber etwas sperrig, das Gerät. 14 Jahre später, das Dampfzeitalter ging seinem Ende entgegen, erfand der Engländer Joseph Mortimer Granville dann den ersten elektrischen, batteriebetriebenen Vibrator, den »Percuteur«. Er wurde begeistert angenommen und ging als »Granvilles Hammer« (der ein wenig so aussah wie eine Bohrmaschine mit Schleifaufsatz) in die Geschichte ein. Die (leider etwas laue) Filmkomödie *In guten Händen* (orig. *Hysteria*) basiert auf dieser Geschichte. Der amerikanische Arzt Samuel Spencer Wallian berichtete damals, das Gerät löse »in fünf bis zehn Minuten« ein Problem, für das der behandelnde Arzt früher »eine Stunde akribischer Handarbeit« benötigt hätte.

In rascher Folge kamen nun neuere Modelle auf den Markt, die als »medizinische Massagegeräte« bald in keiner Arztpraxis und später in keinem von Frauen bewohnten Haushalt mehr fehlen durften. Die Firma Sears, Roebuck & Co brachte 1918 gar einen Vibrator auf den amerikanischen Markt, der an ein Universalküchengerät angeschlossen werden konnte. Mittels eines Adapters konnte frau dieses Gerät als Mixer, Aufschäumer, Ventilator oder eben – wenn alles getan war – als Vibrator nutzen. Beworben wurden die elektrischen Entspannungshelferlein in Handarbeitszeitschriften mit Slogans wie: »All die Freuden der Jugend werden in Ihnen pochen.« Doch Ende der zwanziger Jahre hatte es sich ausgepocht – die Anzeigen verschwanden schlagartig aus den Zeitschriften.

Die Historikerin Rachel Maines, die zur Geschichte des Vibrators geforscht hat (*The Technology of Orgasm*), hat die Gründe hierfür herausgefunden: Zum einen waren die Geräte damals zunehmend in Sexfilmen aufgetaucht, womit den Ehemännern klar wurde, was ein *hysterischer Paroxysmus* in Wirklichkeit ist. Zum anderen wuchs durch die Arbeiten eines jungen Hysterie-Forschers das Wissen um die weibliche Sexualität. Dessen erstes Buch war 1895 unter dem Titel *Studien über Hysterie* erschienen. Sein Name war: Sigmund Freud. Das Buch hatte er zusammen mit dem Arzt Josef Breuer verfasst. Freud hatte eine »Redekur« entwickelt, um die Hysterie und andere Störungen zu behandeln. Er nahm an, dass sich in der Hysterie psychische Probleme körperlich ausdrückten. Freuds neue Methode, die Psychoanalyse, gestand den Frauen immerhin eine eigene Sexualität zu. Dennoch war auch Freud kein wirklicher Freund der Klitoris. Ein klitoraler Orgasmus erschien ihm als unreif. Eine reife Frau habe vaginale Orgasmen. Belegen konnte Freud diese Annahme nicht. Sie schien eher der Haltung zu entspringen: Ein wirklicher Orgasmus muss durch einen eindringenden Penis verursacht werden. Wenn meine Frau nicht zum Höhepunkt kommt, liegt es an ihrer Unreife und nicht an meinen Fähigkeiten als Liebhaber.

Rückblickend war Freuds Methode zur Behandlung der Hysterie zwar sicherlich deutlich menschenfreundlicher als die von Baker Brown und Konsorten. Ob sie allerdings mit »Granvilles Hammer« mithalten konnte?

Übrigens: Die früheste uns bekannte Überlieferung eines Vibrators stammt von Kleopatra: Sie soll eine mit Bienen gefüllte Papyrustüte zur Stimulation ihrer Klitoris benutzt haben.

DER WEIBLICHE ORGASMUS

Der Orgasmus der Frau ist, wissenschaftlich gesehen, so unerklärlich wie die Brustwarzen des Mannes. Die Wissenschaft ist sich nicht sicher, welche Funktion er eigentlich erfüllt.

Dass er Spaß macht und für Frauen eine wichtige Motivation ist, sexuell aktiv zu werden, gilt für viele Wissenschaftler nicht. Für die Fortpflanzung scheint der Orgasmus nicht notwendig zu sein. Zwar zuckt die Gebärmutter im Orgasmus und es wurde vermutet, dass der Muttermund so die Samenzellen einsaugen kann, doch andere Studien betonen, dass die Gebärmutter sich im Orgasmus vom Penis wegbewege, was eine Befruchtung eigentlich unwahrscheinlicher mache.

Früher hatten schöne Frauen automatisch dumm zu sein. Heute können auch schöne Männer dumm sein.
THÉOPHILE GAUTIER

Selbst die Frage, wie ein Orgasmus bei einer Frau aussieht, scheint nicht so ganz eindeutig zu beantworten zu sein. Zwar kommt es bei den meisten Frauen im Orgasmus zu rhythmischen Kontraktionen von Vaginal- und Beckenbodenmuskulatur, wie beim Mann, doch manche Frauen berichten von einem orgasmischen Erleben ohne diese Kontraktionen. Bei einigen Frauen kommt es im Orgasmus zum Ausstoß von Sekreten (»weibliche Ejakulation«), bei anderen kaum oder überhaupt nicht.

Erwiesen ist, dass ungefähr zwei Drittel aller Frauen beim penetrativen Sex ohne zusätzliche Stimulation der Klitoris nicht zum Orgasmus kommen. Wenn Frauen masturbieren, tun sie das deshalb seltener durch das Einführen von Gegenständen, wie Vibratoren oder länglichem Gemüse, sondern häufiger durch das Streicheln und Reiben ihrer Vulva und Klitoris.

Während Männer nach dem Orgasmus eine – je nach Alter unterschiedlich lange – Pause einlegen müssen, bevor sie erneut bereit sind, können Frauen mehrere Orgasmen hintereinander erreichen. In einer Studie der BERLINER CHARITÉ aus dem Jahr 2004 gaben 56,9 Prozent der Frauen an, beim Geschlechtsverkehr mehrere Orgasmen zu erleben.

In einer anderen Studie aus dem Jahr 2005 wurden über 4000 amerikanische Frauen zwischen 19 und 83 Jahren befragt, ob und wie häufig sie bei der Selbstbefriedigung und beim Geschlechtsverkehr einen Orgasmus erlebten. Nur 14 Prozent kamen beim Geschlechtsverkehr immer, 16 Prozent dagegen nie zum Höhepunkt. 32 Prozent erlebten höchstens jedes vierte Mal beim Geschlechtsverkehr einen Orgasmus. Bei der Selbstbefriedigung erreichten 34 Prozent der Frauen immer einen Orgasmus, 14 Prozent hingegen nie.

Manche Frauen brauchen länger als ihr Partner, um zum Orgasmus zu kommen, manche kommen ziemlich schnell und unkompliziert. Viele benötigen eine direkte Stimulation der Klitoris, andere reagieren beispielsweise sehr stark auf ein Streicheln und Reiben ihrer Brustwarzen. Mir hat eine Frau einmal erzählt, wie sie zum Höhepunkt gekommen ist, als ihr Partner ihre Wange gestreichelt hatte, und von einer anderen habe ich gehört, dass sie von einem Orgasmus überrascht worden ist, als ihr jemand die Schultern massiert hatte! Auch spontane Orgasmen beim Sport oder beim Yoga sind nicht unüblich.

Sex ist nur schmutzig, wenn er richtig gemacht wird.
WOODY ALLEN

Nein: orales Verhütungsmittel.
JOAN VICHERS

Für eine Frau ist also ein Orgasmus völlig ohne Klitoris möglich. In einer Studie konnte gezeigt werden, dass Frauen mit kompletter Querschnittslähmung nur über die Stimulation der Vagina zum Orgasmus kommen konnten, ohne dass ihre Klitoris berührt wurde. Der Grund: die Nervenbahnen der Klitoris zum Gehirn verlaufen über das Rückenmark. Bei einer Querschnittslähmung ist diese Verbindung unterbrochen. Vagina und Gebärmutter sind jedoch auch über den Vagusnerv mit dem Gehirn verbunden. Der verläuft an der Vorderseite des Körpers und bleibt auch bei einer Querschnittslähmung intakt. Der Name *Vagus* kommt übrigens nicht, wie man meinen könnte, von Vagina. Er leitet sich von lat. *vagari* ab (»umherschweifen« wie in *Vagabund*), weil der Vagus ein sehr weit verzweigtes Verbreitungsgebiet hat. Mehr über den Vagus gibt es im Abschnitt über das Autonome Nervensystem (Seite 211 ff).

Nicht wenige Frauen entwickeln erst als Erwachsene die Fähigkeit, einen Orgasmus zu erreichen. Sie kennen ihren eigenen Körper besser und lassen sich weniger davon leiten, was von ihnen erwartet wird, als davon, was ihnen Lust bereitet. Viele Frauen berichten, dass ihr sexuelles Erleben im Laufe ihres Lebens immer differenzierter wird und immer weniger auf einen Orgasmus ausgerichtet ist.

Ich liebe Hotels, in denen ich ohne Aufsehen morgens um vier einen Zwerg, einen Bären und vier Frauen aufs Zimmer mitnehmen kann.
LEONARD COHEN

Manche beschreiben, dass sie auch im hinteren Bereich der Vagina eine eigene, feine Lust empfinden können, die von der Klitoris unabhängig ist.

In einer Studie der BERLINER CHARITÉ wurden Frauen gefragt, was beim Partnersex für sie besonders wichtig war. Für uns Männer wohl erstaunlich, steht hier der Geruch des Partners an erster Stelle, gefolgt von der Stimmung, der Hygiene des Partners, der Stimulation der Klitoris und der Sicherheit vor Krankheiten. Auf den vorderen Plätzen lagen außerdem Offenheit und Vertrauen. Die Attraktivität des Partners, seine sexuelle Erfahrung oder verliebt zu sein waren hingegen weniger wichtig. Die Länge des Penis, »Dirty Talk« und Sex in der Öffentlichkeit spielten in der Befragung nur eine untergeordnete Rolle.

In meiner Jugend war die Luft noch sauberer und der Sex schmutziger.
JACK NICHOLSON

Für viele Frauen steht beim Partnersex der Orgasmus nicht an erster Stelle, sondern eher das Erleben von emotionaler Nähe und Intimität. Doch die Mehrzahl der Männer glaubt, dass der Sex erst dann gut war, wenn auch die Frau den Höhepunkt erreicht hat. Die Wiener Ärztin und Sexualtherapeutin ELIA BRAGAGNA erklärt dazu: »Entgegen dem Mythos, dass Sex nur gut ist, wenn er mit einem Orgasmus endet, geben 76 Prozent der Frauen an,

Ich gewöhnte mir beizeiten ab, nach der Traumfrau zu suchen. Ich wollte nur eine, die kein Albtraum war.
CHARLES BUKOWSKI

dass sie glücklich sind, auch wenn sie nicht immer einen Orgasmus erleben.«

Kein Wunder, dass geschätzte 90 Prozent (!) der Frauen gelegentlich oder regelmäßig einen Orgasmus vorspielen, um ihren Partner zu beruhigen. Sie tun es in der Regel so gekonnt, dass der Mann davon nichts merkt. Es besteht statistisch also eine sehr hohe Wahrscheinlichkeit, dass das auch Ihnen schon passiert ist.

In dem alten GENESIS-Song *Counting out Time* beschreibt ein junger Mann, wie er sich mit einem Lehrbuch auf seinen ersten Sex mit einer Frau vorbereitet. In diesem Buch sind alle erogenen Zonen durchnummeriert und wenn er sie nur in der richtigen Reihenfolge stimuliert, so hofft er, wird er seine Partnerin schon zum Orgasmus bringen. Wir können sicher sein, dass seine Partnerin mit diesem technischen Vorgehen nicht viel Freude hatte.

ZUSAMMENGEFASST

Die weibliche Sexualität unterlag und unterliegt vielen Mythen und Fehlannahmen. Lange wurde ihre bloße Existenz geleugnet, sie wurde unterdrückt, verteufelt und pathologisiert. Auch aufgrund unserer Männer- und Frauenbilder ist es für Frauen meist schwieriger, die eigene Sexualität zu entwickeln und sich als sexuell selbstbewusstes und aktives Wesen durchs Leben zu bewegen.

Weibliche Sexualität ist vielschichtig und komplex. Vieles ist weniger eindeutig und weniger augenfällig als bei Männern.

Eine befriedigende sexuelle Begegnung lässt sich für Frauen noch weniger als für Männer auf einen Orgasmus oder raffinierte sexuelle Technik reduzieren. Sehr viel bedeutsamer ist für viele Frauen die emotionale Qualität und der Rahmen der sexuellen Begegnung. In diesem Buch möchte ich mit Ihnen erkunden, wie Sex jenseits des Abhakens erogener Zonen aussehen kann. Im folgenden Kapitel werden Sie erfahren, wie unsere Sexualität in unserem Körper verankert ist, wie sich unsere eigene Geschichte auf Körper, Seele und Sex auswirkt und wie wir dieses Wissen nutzen können, um unsere erotische Erlebnisfähigkeit zu vertiefen.

Olaf Blecker

»Die Leute machen, und du schaust zu.
Es ist ganz natürlich, es ist ganz normal«, sage ich mir
vor dem ersten Shooting.
Für die Modelle ist die Situation aber erst mal gar nicht natürlich.
Für mich und meinen Assistenten eigentlich auch nicht.

Nach Postings und E-Mails gab es Vorgespräche.
Wo fotografieren wir? Was wird passieren? Wo sind die Grenzen?
Die letzte Frage kam auch zurück an mich:
Wie weit bin ich bereit, alles zu fotografieren?
Und es gibt alles.

Diese acht Männer und drei Frauen
haben aus eigener Freude an dieser Serie mitgearbeitet.
Ich habe versucht, mit dem Flow zu gehen.
Die Leute machen, und ich fotografiere.
Das ist nicht gestellt, nicht porno, die haben gerade Sex.

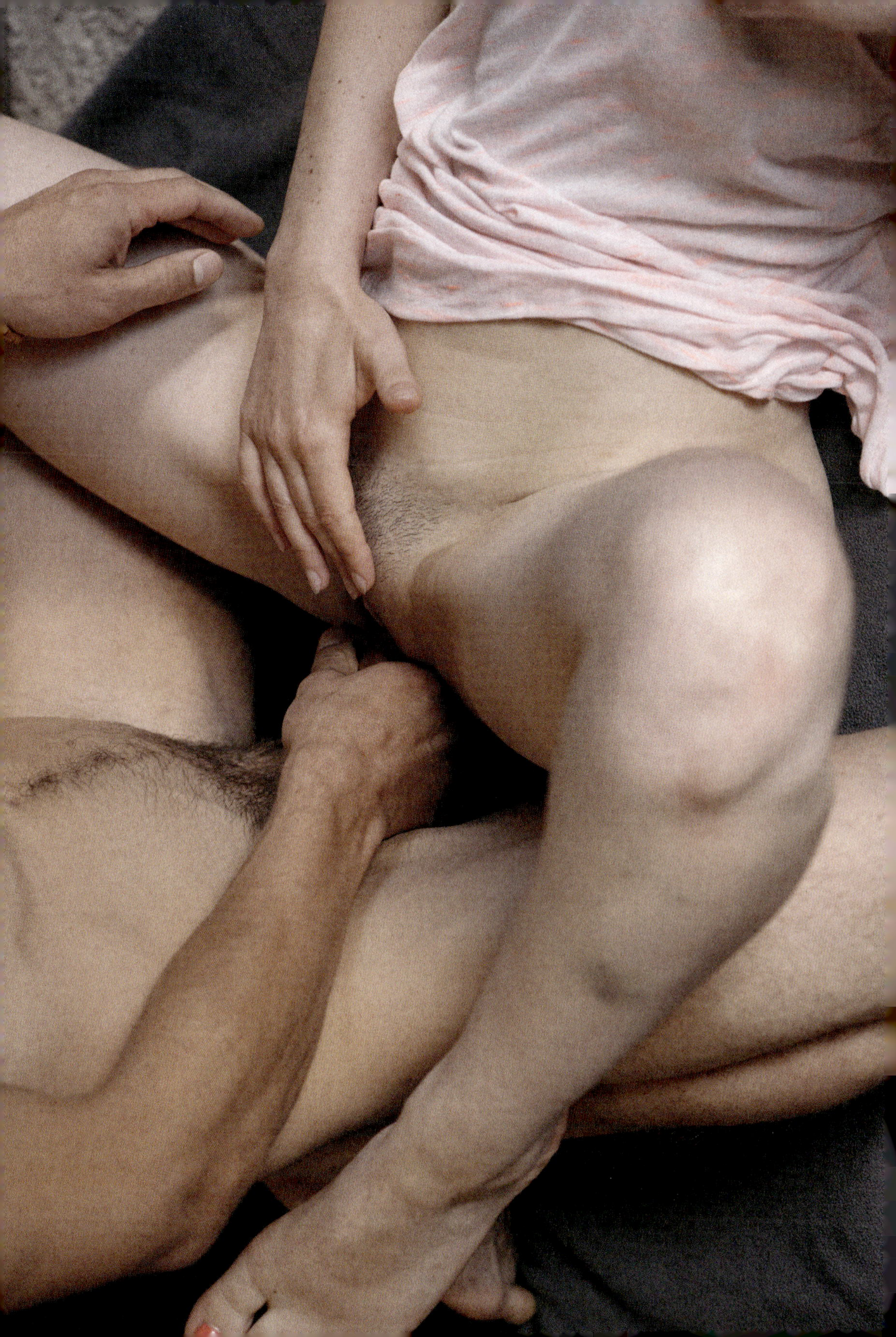

FRIENDS
FOREVER

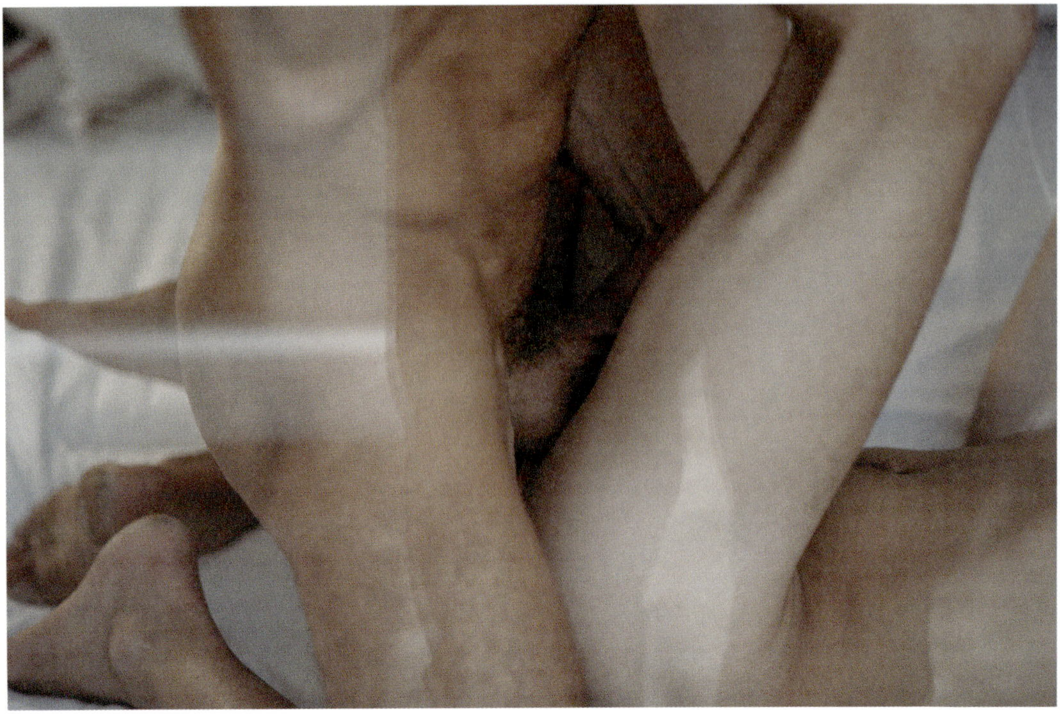

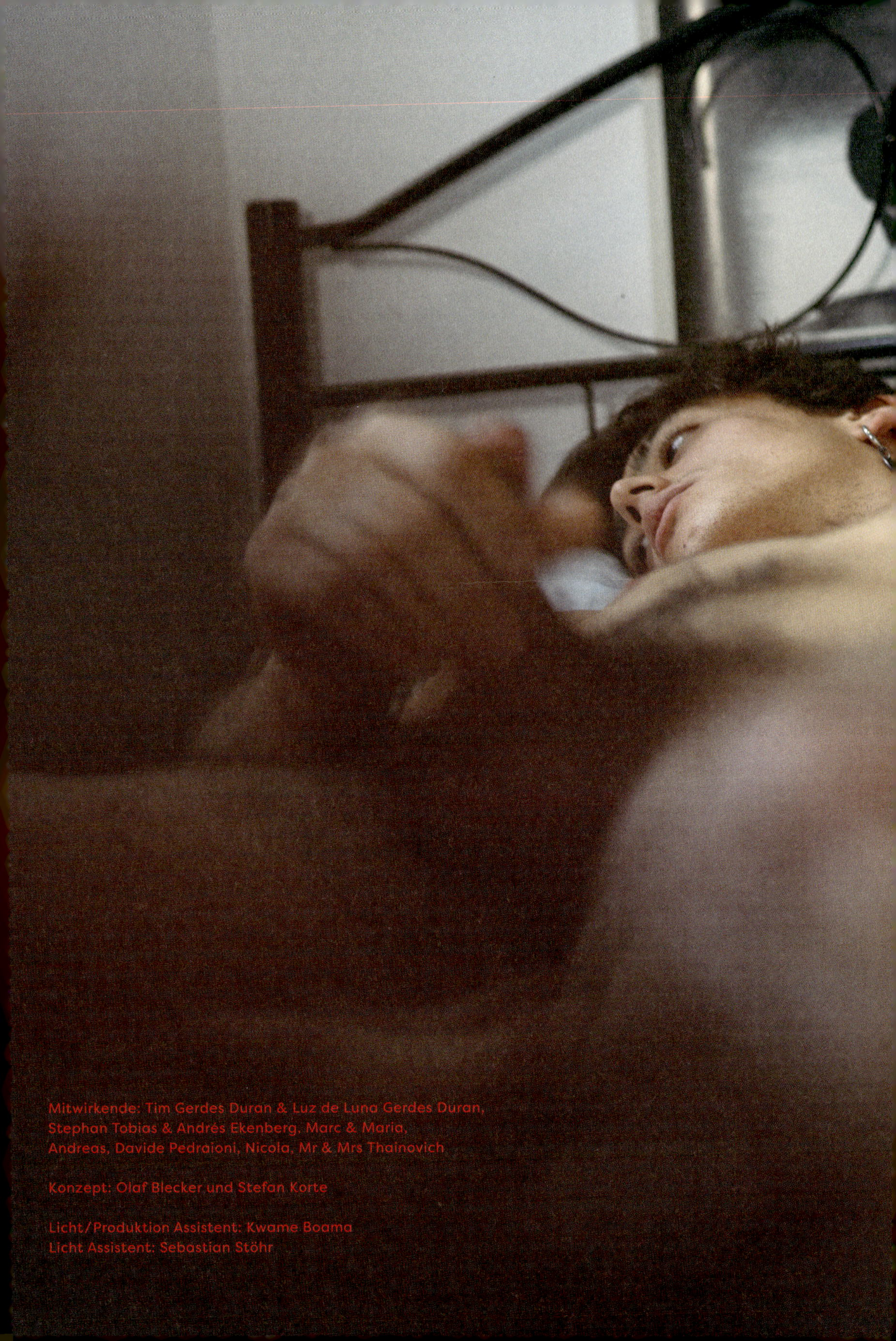

Mitwirkende: Tim Gerdes Duran & Luz de Luna Gerdes Duran, Stephan Tobias & Andrés Ekenberg, Marc & Maria, Andreas, Davide Pedraioni, Nicola, Mr & Mrs Thainovich

Konzept: Olaf Blecker und Stefan Korte

Licht/Produktion Assistent: Kwame Boama
Licht Assistent: Sebastian Stöhr

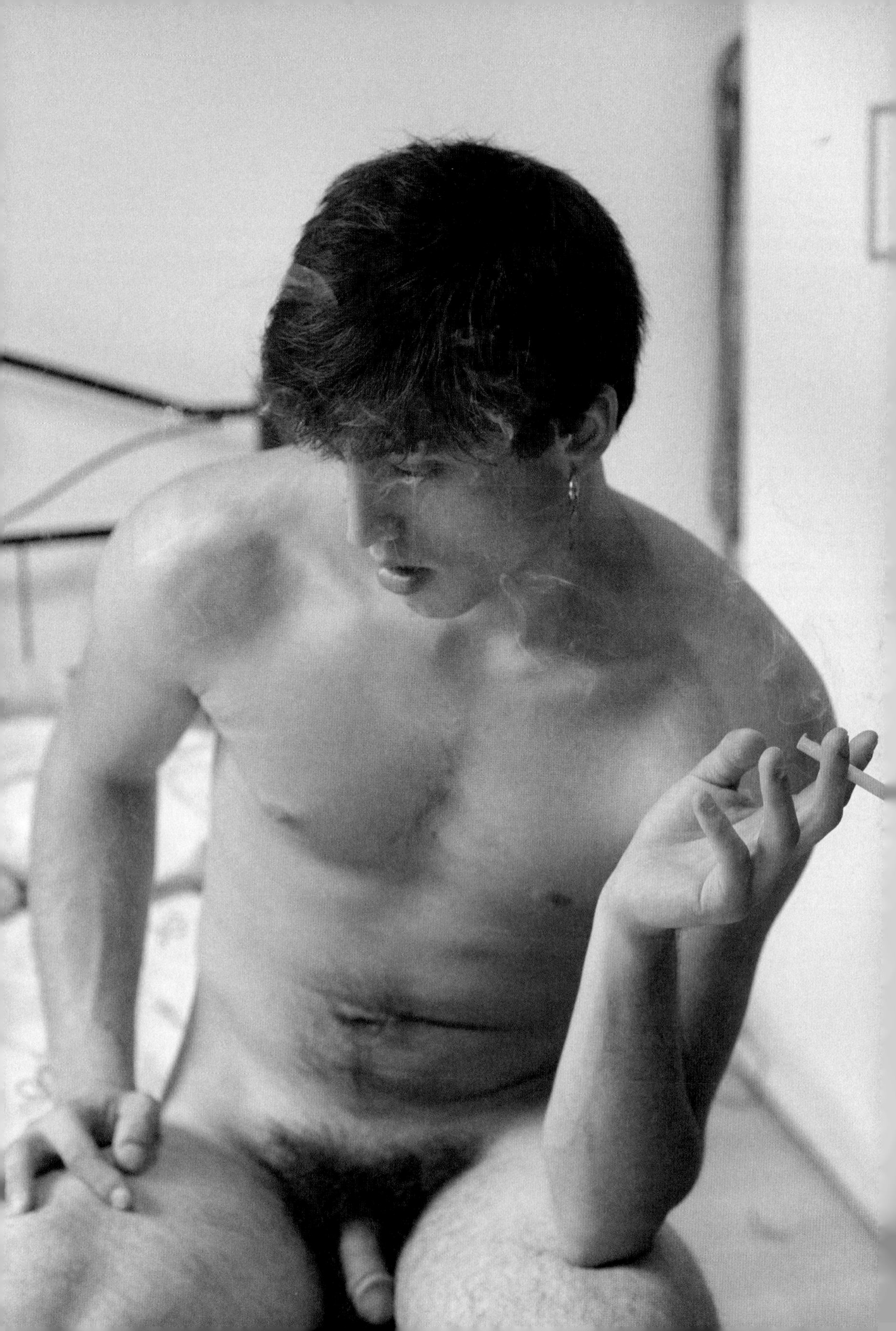

4.

Körper, Seele und Sex

WARUM UNSER PENIS SEINEN EIGENEN WILLEN HAT

»Der Penis gehorcht keineswegs dem Befehl seines Herrn. Der möchte ihn willentlich aufrichten oder schrumpfen lassen. Doch wenn sein Herr schläft, stellt sich der Penis von selbst auf. Demnach muss man ihm nach allem Ermessen wohl einen eigenen Willen zusprechen.«

LEONARDO DA VINCI

»Jedes Mal, wenn ich mit ihr schlafen wollte, ging meine Erektion weg. Ich war eigentlich immer total angespannt, wenn Sex anstand, und ich hab die ganze Zeit gedacht, hoffentlich lässt er mich diesmal nicht hängen! Ich war gerade 20, da heißt es doch immer, dass ein Mann in vollem Saft steht. Da hat man keine Erektionsprobleme. Das ist doch was für Opas! Ich dachte, mit mir kann was nicht stimmen. Ich war damals ziemlich verzweifelt und hätte mich am liebsten in ein Mauseloch verkrochen. Ich hab meinen Schwanz innerlich regelrecht beschimpft. Wie ein Auto, das nicht anspringt. Mir wurde erst später klar, dass ich da ja in einem alles andere als sexy Zustand gewesen bin. Wenn man so will, hat mein Schwanz nur die Wahrheit ans Tageslicht gebracht: Scheiße, ich hab Angst und fühle mich total ungeil! Heute finde ich es fast komisch, dass ich das Offensichtliche damals nicht gesehen habe – wenn ich so gestresst bin, wie soll da Lust aufkommen?« (Mann, 43)

Alle Männer machen früher oder später die ernüchternde Erfahrung: Mein Penis gehorcht nicht meinem Willen! Wir können ihn vielleicht innig bitten, dass er sich aufrichten möge, oder es ihm barsch befehlen – interessieren wird ihn das recht wenig.
Wie kommt es zu dem Gegensatz zwischen seinem und unserem Willen?
Und – wichtiger noch – wie bringen wir *seinen* und *unseren* Willen miteinander in Einklang?

Um diese Fragen beantworten zu können, lassen Sie uns einen Abstecher machen in das biologische Fundament unseres Seins. Am Ende dieses Kapitels werden Sie verstehen, wie unsere Sexualität, unsere Gefühle, unsere Lebenserfahrung und unser Körper zusammenhängen. Sie werden erfahren, wie Körper und Gehirn sich in ihrer Entwicklung genau auf die Welt einstellen, in die wir geboren werden, und wie das unser emotionales Reagieren prägt. Und natürlich werden Sie erfahren, wie Sie sich diese Zusammenhänge zunutze machen können, um mehr Freude in Ihre Sexualität zu bringen.

Der Mann, der uns in dem eingangs zitierten Beispiel von seinen unerfreulichen sexuellen Erfahrungen berichtete, musste erkennen, dass er sich selbst und seine Ängste übergangen hatte und darauf von seinem Penis hingewiesen wurde. Wieso der ihn so im Stich gelassen hatte, war ihm zunächst unverständlich. Schließlich erkannte er die Botschaft, die ihm sein Körper überbracht hat, als seine eigene Realität an. Er musste einsehen: »Ich habe Angst und bin nicht erregt, deshalb geht meine Erektion weg.« Bis dahin hatte er seinen Penis allein dafür verantwortlich gemacht. Man könnte auch sagen, dem Mann war bis dahin gar nicht bewusst, was in ihm eigentlich vorging. Ein Phänomen, das viele Männer kennen (und viele Frauen beklagen, wenn sie mit der Frage: »Wie geht es dir?« nur ein »Gut« oder »Müde« ernten).

Alle großen Verführer wissen, dass man Frauen erst die Augen öffnen muss, damit sie sie schließen können.
HENRY MILLER

Man kann von einer Frau alles bekommen, wenn man nichts von ihr haben will.
SERGE GAINSBOURG

Der Penis ist ein feiner Seismograf unseres Gefühlslebens. Er spiegelt unsere innere Wahrheit wider, die Wahrheit unseres Organismus. Diese Wahrheit kann sehr abweichen von der Wahrheit unseres bewussten Ichs. Der Penis ist verbunden mit dem Teil unseres Körpers und unseres Ichs, der nach seinen eigenen Gesetzen auf die Außenwelt reagiert und nicht unserem Wollen gehorcht.

Ich habe in meinen beiden früheren Ehen Pech gehabt. Die erste Frau verließ mich, die zweite tat es nicht.
WOODY ALLEN

Schauen wir uns genauer an, wie dieser seltsame Teil funktioniert, der seinen eigenen Willen zu haben scheint:

Wir können unseren Körper in zwei sehr unterschiedlich funktionierende Bereiche einteilen.

Da ist zum einen der Teil unseres Körpers, den wir willkürlich steuern können – etwa beim Gehen oder Greifen. Mit dem fühlen wir uns vertraut. Dies ist der Teil, den wir meinen, wenn wir sagen: »Ich«. Ich denke: »Ich habe Durst«, strecke meinen Arm aus, greife ein Glas und trinke.

Wenn es doch immer so einfach wäre!

Denn dieses Reich des willentlich Steuerbaren ist ziemlich überschaubar.

Den weitaus größeren Teil machen die Bereiche aus, die wir *nicht* direkt willentlich beeinflussen können – den Herzschlag, die Zellteilung, den Hormonhaushalt, den Blutdruck, die Verdauung, das Immunsystem, die sexuelle Erregung und noch ein paar Tausend weitere Funktionen. Diese Vorgänge laufen unwillkürlich ab, egal ob wir es merken oder nicht, ob wir wachen oder schlafen, ob wir es wollen oder nicht.

Wir können dabei von Glück sagen, dass diese Vorgänge ohne unser bewusstes Zutun stattfinden. Wir würden wahrscheinlich keine zwei Sekunden überleben, wenn wir unseren hochkomplexen Organismus bewusst steuern müssten. Das regelt der Körper schon von alleine.

Wenn wir beispielsweise beim Überqueren einer Straße im letzten Moment vor einem unbemerkt heranrasenden Auto zurückspringen, wird unser körpereigenes Alarmsystem aktiviert: Der Körper stößt augenblicklich Adrenalin aus, das Herz schlägt schneller, unser Wahrnehmungsfokus verengt sich, alle Energie geht in die Muskulatur, sodass wir wach und zielgerichtet auf die Situation reagieren können.

Wenn unser Körper eine Pause braucht, merken wir das, weil wir müde werden. Wenn er Flüssigkeit braucht, haben wir Durst. Wenn ein naher Angehöriger stirbt oder wir von unserer Partnerin verlassen werden, wird eine Trauerreaktion ausgelöst, die uns hilft, den Verlust zu verarbeiten.

Unser Organismus regelt das alles selbstständig. Er tut das in Abstimmung mit unserem *vegetativen* (oder *autonomen*) *Nervensystem*, dem *Stammhirn* (vereinfacht: zuständig für die körperlichen Grundfunktionen und das Überleben), dem *limbischen*

System (vereinfacht: zuständig für unsere Emotionen und Triebe) und dem *Großhirn* (vereinfacht: bewusste Wahrnehmung und Denken). Der Körper handelt nach seiner eigenen Logik, die unser Überleben sichern soll.

LERNEN FINDET IM GEHIRN UND IM KÖRPER STATT

Gehirn und Körper entwickeln sich von Beginn an in Wechselwirkung miteinander.
Wenn wir als Baby im Bauch unsere Hand bewegen, entstehen im Gehirn neuronale Verbindungen, die diese Erfahrung abbilden. Körper und Gehirn lernen also gleichzeitig: Ich habe eine Hand und die kann ich so und so bewegen. Sollte das Ungeborene wegen einer Fehlbildung gar keine Hand haben, würde diese Abbildung im Gehirn auch nicht entstehen. Unser Organismus lernt so, sich maßgeschneidert auf seine inneren Bedingungen und die Bedingungen seiner Umgebung einzustellen. Es ist also nicht so, dass bei der Entstehung von Körper und Gehirn lediglich stur ein genetischer Bauplan umgesetzt wird. Die Wechselwirkung mit der Umwelt spielt bei der Entwicklung eines Organismus eine viel größere Rolle als früher angenommen.
Die Bereiche, die die Geschlechtsorgane und die mit vielen Nervenendigungen ausgestatteten erogenen Zonen abbilden, nehmen überproportional viel Raum im Gehirn ein, weil aus diesen Zonen besonders viele Signale ankommen und verarbeitet werden müssen. Das Gehirn räumt also der Sinnlichkeit und der Lust einen relativ großen Platz ein. Diese Bereiche bilden sich umso deutlicher aus, wenn wir unsere Geschlechtsorgane sinnlich erfahren, indem wir sie beispielsweise selbst berühren. Das bedeutet im Gegenzug auch, dass die Lustzentren weniger gut entwickelt sind, wenn ein Mensch in einer lust- und körperfeindlichen Umgebung groß wird und es ihm oder (häufiger) ihr verboten wurde, sich selbst zu erforschen. Doch da wir unser ganzes Leben hindurch lernfähig bleiben – die Hirnforscher sprechen hier von *Neuroplastizität* –

können Hans und Hanna auch dann noch zu erotisch ansprechbaren Männern und Frauen werden, wenn es Hänschen und Hannilein verboten gewesen ist, die eigene Lust zu entdecken.

Unser Körper ist ein feiner Wahrnehmungsapparat und das Gehirn registriert diese Wahrnehmungen, setzt sie zu einem Ganzen zusammen und gibt ihnen eine Bedeutung. Wenn wir sagen: »Ich bin traurig«, verarbeiten wir eine Vielzahl von inneren Körperwahrnehmungen und geben ihnen einen Namen. Wir spüren vielleicht etwas Warmes, Schmelzendes in Brust und Bauch, ein Ziehen in der Kehle, einem Wärmestrom an den Augen. Dazu wissen wir, was im Außen »Trauriges« passiert ist, haben traurige innere Bilder und wir verstehen unsere Emotion als Reaktion auf etwas, das gerade geschieht, oder etwas, das geschehen ist.

WIR LERNEN IM BAUCH UNSERER MUTTER, WIE DIE WELT IST

Der noch ungeborene Mensch im Mutterleib fühlt seine unmittelbare Umgebung und lernt darüber, sich bestmöglich auf die Welt einzustellen, in die er hineingeboren wird. Für ein Baby im Bauch stellt die Gebärmutter die Welt dar. Wenn eine werdende Mutter entspannt ist, in einer glücklichen Beziehung lebt, gut für sich sorgt und sich auf ihr Kind freut, bekommt das Kind in ihrem Bauch von klein auf die Information: Die Welt ist ein sicherer und freundlicher Ort, meine Bedürfnisse werden erfüllt, ich habe meinen Platz und bin etwas wert. Sollten sich diese positiven Erfahrungen nach der Geburt fortsetzen, wächst dieser Mensch mit einem Urvertrauen, kann ein gesundes Selbstbewusstsein entwickeln und wird sich später leichttun, Beziehungen einzugehen.

Wenn andersherum die Bedingungen weniger gut sind – wenn die Mutter beispielsweise Stress mit ihrem Partner hat, sehr ängstlich ist oder depressiv, wenn sie mangelernährt ist oder ungewollt schwanger, dann hat auch das seine Wirkung auf den heranwachsenden Organismus. Hier lernt das Kind bereits im Mutterleib, dass die Welt ein unsicherer oder gar lebensgefährlicher Ort ist, in dem man ständig auf der Hut sein und alleine um sein Überleben kämpfen muss. Darauf stellt es sich ein, indem es beispielsweise ständig in Alarmbereitschaft ist, Menschen misstraut und versucht, alles alleine hinzubekommen. Das ist keine bewusste Entscheidung, das ist die beste Antwort unseres Organismus auf gemachte Erfahrungen.

Natürlich spielt es eine große Rolle, welche Erfahrungen das Kind dann nach seiner Geburt und in seiner Kindheit macht. Sollten die Erfahrungen nach einem »schweren Start« positiv sein, können frühere, schmerzhafte und beängstigende Erfahrungen leichter verarbeitet werden und müssen es später nicht beeinträchtigen. Nicht selten aber schlagen spätere Erfahrungen in bereits vor oder bei der Geburt entstandene »Kerben«, etwa wenn man einen »Verhütungsunfall« später wissen lässt, dass er nicht erwünscht war. Dieser Mensch wird mit der tiefen inneren Überzeugung durchs Leben gehen, dass er schuld am Unglück anderer ist, und er wird sich schwertun, selbstbewusst seinen Platz in seinem Leben einzunehmen.

DER KÖRPER ERINNERT SICH

Unterricht, wie er heute in der Schule praktiziert wird, bietet eine sehr ineffektive Form des Lernens, weil er unserem natürlichen Lernen nicht entspricht. Wir wissen aus der Hirnforschung, dass wir dann am besten lernen, wenn der Prozess mit einem emotionalen Erleben verknüpft ist.

Wenn ich hier davon spreche, dass wir schon im Mutterleib etwas lernen, ist ein anderes Lernen gemeint, als wir es von der Schule her kennen. Was wir hier lernen, ist kein vom Gehirn abrufbares Wissen. Die Erinnerung findet in Form von grundsätzlichen Haltungen und Lebensgefühlen statt. Nicht nur das Gehirn, auch unser Körper dient somit als »Speichermedium« für unsere Lebenserfahrungen. Einige Forscher diskutieren sogar, ob unsere Erinnerungen überhaupt im Gehirn abgespeichert werden oder ob das Gedächtnis nicht eher als Feld betrachtet werden kann (ähnlich einer *Cloud*) – und das Gehirn als eine Art Empfänger. Dieses sogenannte *verkörperte Lernen* ist primär ein emotionales Lernen. Wir betrachten Emotionen oft als etwas Unvernünftiges und Irrationales. Dabei sind Emotionen im Kern nichts anderes als angemessene biologische Reaktionen, die uns helfen, uns in der Welt zu bewegen: Wenn ich bedroht werde, bekomme ich Angst und ich fliehe, oder ich werde wütend, um die Bedrohung zu beseitigen, oder ich erstarre und gehe innerlich weg, wenn keines von beidem geht. Wenn mir etwas Wichtiges genommen wird, werde ich traurig. Faulige Nahrung, die mich krank machen würde, wenn ich sie esse, ekelt mich. Wenn mir etwas guttut, freue ich mich und fühle mich davon angezogen.

Ich bin ein geborener Bibliothekar mit einem Sexualtrieb.
DAVID BOWIE

Mitunter genügt schon eine stärkere Brille, um den Verliebten zu heilen.
FRIEDRICH NIETZSCHE

Der portugiesische Neurologe ANTÓNIO DAMÁSIO hebt in seinem Buch *Descartes' Irrtum* die große Rolle der Emotionen für unsere Fähigkeit, Entscheidungen fällen zu können, hervor. DAMÁSIO berichtet, dass Patienten, deren Gehirne in den Bereichen geschädigt waren, die für die Integration des kognitiven und des emotionalen Systems zuständig sind, nicht mehr dazu in der Lage waren, ihren Alltag zu bewältigen, selbst wenn ihr Verstand vollkommen normal funktionierte. Das bedeutet, dass erst unsere Fähigkeit, Emotionen zu fühlen, die Vernunft wirklich vernünftig macht.

Wir werden groß mit einem höchst individuellen Gefühl für die höchst individuelle Welt, in der wir heranwachsen. Je intensiver die emotionale Erfahrung, die wir machen, desto tiefer die Spur, die sie im Gehirn und im Körper hinterlässt. Dies Lernen über die Welt geht immer weiter und wird immer ausdifferenzierter. Das vielleicht Erstaunlichste dabei ist: Wir brauchen dazu noch nicht einmal ein Gehirn! Diese biologische Anpassungsfähigkeit an die unterschiedlichsten Lebensbedingungen lässt sich sogar bei einzelligen Organismen beobachten, die weder über ein Nervensystem noch über ein Gehirn verfügen. So »merken« sich einzellige Amöben, wo Nahrungsquellen sind oder von wo Gefahr droht. Sie zeigen damit ein zentrales Merkmal von intelligentem Verhalten. Wie genau diese Informationen bei Einzellern gespeichert werden, ist noch unklar, klar ist jedoch, dass es geschieht.

Kurz: Was wir erleben, schlägt sich sowohl in unserem Gehirn als auch in unserem Organismus nieder und prägt uns und unsere Sicht auf die Welt. Der Körper verfügt über eine eigene Intelligenz und eigene Speichermöglichkeiten für gemachte Erfahrungen. Wie geht nun dieses »Speichern« vor sich?

KÖRPER UND EMOTIONEN

> »Das ist gefährlich, lebensgefährlich – zu viel Gefühl!«
>
> IDEAL, *BLAUE AUGEN*

Wir spüren »Schmetterlinge im Bauch«, wenn wir verliebt sind; einen »Kloß im Hals«, wenn wir Traurigkeit unterdrücken, oder haben eine »Wut im Bauch«. Uns »stehen die Haare zu Berge«, wenn wir uns gruseln, oder wir »lassen die Schultern hängen«, wenn wir deprimiert sind. Lange bevor die Wissenschaft es erforscht hat, war den Menschen seit Jahrhunderten aus eigener Erfahrung klar: Emotionen finden (auch) in unserem Körper statt. Unser Gehirn setzt dann die Wahrnehmung eines körperlichen Zustandes, wie Herzrasen und Enge in der Brust, in die Emotion Angst um.
Als Kinder sind wir mit unserer sinnlichen Wahrnehmung und unseren Emotionen noch unmittelbar verbunden. Am deutlichsten ist das bei Babys zu sehen – sie reagieren hochsensibel auf die Außenwelt und das Geschehen in ihnen und drücken ihre inneren Zustände ohne Hemmungen aus. Als Babys sind wir noch pure Emotion – pure Lust, pure Freude, pures Leid, pure Wut.
Während wir heranwachsen, lernen wir unsere Emotionen besser zu kontrollieren. Das ist von Vorteil, weil ich dann meinen Vorgesetzten nicht gleich anbrülle, wenn ich mich über ihn ärgere, oder ich nicht gleich losweinen muss, wenn mein Auto einen Kratzer hat. Wenn es gut läuft, finden wir eine innere Balance, die es uns erlaubt, unsere Emotionen, wo nötig, zu kontrollieren, und wo es angebracht erscheint, ihnen Raum zu geben. Dann nutzen wir die Emotionen als Orientierungshilfe in der Welt.

Bei den meisten von uns lief es an der einen oder anderen Stelle jedoch weniger gut: Vielleicht wurden wir als Kinder lächerlich gemacht, wenn wir geweint haben, oder wir wurden auf unser Zimmer geschickt, wenn wir wütend wurden, oder wir hatten so viel Angst, dass wir von der Angst innerlich weggehen mussten, um nicht von ihr überflutet zu werden. Dann war es notwendig, dieses Gefühl dauerhaft zu unterbinden, und zwar nicht nur vor unseren Eltern, sondern auch vor uns selbst. Wir »vergessen« damit quasi, dass es diese Emotion in uns überhaupt gibt. Psychologisch ausgedrückt: Wir verdrängen es.

Will you love me in December as you do in May?
JACK KEROUAC

Wut, ich? Nein!

Wir haben unsere Emotionen dann mitunter so gut unter Kontrolle, dass wir sie selbst gar nicht mehr empfinden. Doch eine dauerhaft unterdrückte Emotion ist wie ein Schuldschein – eines Tages muss zurückgezahlt werden, mit Zinsen! Wir können uns darauf verlassen, dass unser Körper uns früher oder später darauf hinweisen wird, wenn wir einen Teil unserer Erfahrung eingesperrt haben, weil wir uns damals nicht anders zu helfen wussten. Eine Weile habe ich vielleicht Ruhe, doch irgendwann muss ich dem Gefühl, das ich damals aus gutem Grund unterdrücken musste, seinen Platz geben und es fühlen. Die Hinweise von Körper oder Seele bekommen wir leider nicht als Textnachricht – »Hey, na? Du, in uns ist alter Schmerz, den musst du dir dringend mal ansehen! LG Körper / Seele« –, sondern in der verklausulierten Gestalt von Depressionen, Rückenschmerzen, Magenbeschwerden, Erektionsstörungen und was Körper und Seele noch auf Lager haben, wenn sie uns deutlich machen wollen: Hier ist etwas im Busch!

Die wohl häufigste Äußerung nicht verarbeiteter emotionaler Erfahrungen ist ein starkes Gefühl, das nicht zum aktuellen Anlass zu passen scheint. Wenn mich beispielsweise ein an sich banales Verhalten meiner Partnerin übermäßig ärgert. Hier scheint der große Ärger irrational zu sein und bezogen auf die gegenwärtige Situation ist er das auch. Dennoch ist die Emotion nicht völlig verrückt und unerklärlich. Sie weist lediglich darauf hin, dass es noch eine alte Erfahrung in mir gibt, die ich noch nicht verdaut habe. Deshalb: Selbst wenn ich eine unangenehme Wahrheit vor mir selbst vielleicht längere Zeit versteckt halten kann, in einer Liebesbeziehung kommt sie schneller und unweigerlich ans Tageslicht.

Um Emotionen unterdrücken zu können, setzen wir unwillkürlich unseren Körper ein: Wir spannen bestimmte Muskelgruppen an, den Beckenboden, die Pobacken, die Bauchmuskulatur, das Zwerchfell, die Schultern, den Unterkiefer, den Hals und die Stirn, um nur einige der wichtigsten zu nennen. Und: Wir atmen flacher. Die Atmung ist unser »Dimmer« für emotionale Zustände.
Flache Atmung = wenig Gefühl, tiefe Atmung = mehr Gefühl. Achten Sie doch mal darauf, wie Sie in unterschiedlichen Situationen atmen. Was geschieht, wenn Sie tiefer atmen?
Wir alle haben gelernt, wie wir beispielsweise Traurigkeit und Tränen unterdrücken können: schlucken, Bauch und Kiefer anspannen, flach atmen. Wenn wir das wiederholt gemacht haben, automatisiert sich dieser Vorgang: Wir halten damit dauerhaft die Emotion im Körper fest und speichern sie in Form von An- und Verspannung. Und schwups, können wir das Gefühl nicht mehr fühlen.
Wenn Sie möchten, können Sie sich jetzt selbst einmal fragen, welche Muskelgruppen bei Ihnen vielleicht häufig oder im Augenblick angespannt sind. Reagiert Ihr Körper, während Sie dieses Kapitel lesen? Spannen Sie gerade bestimmte Muskeln an? Atmen Sie flach oder tief? Nutzen Sie Ihren ganzen Atemraum oder atmen Sie vorrangig in Brust oder Bauch? Gibt es eine emotionale Reaktion auf das eben Gelesene? Hat Sie etwas berührt oder geärgert? Verstehen Sie, wieso Sie so reagieren?
Häufig bekommen wir von unserem Körper Resonanz, wenn etwas seine – unsere – Wahrheit berührt.
Verspannungen sind eben nicht nur das Produkt von mechanischen Fehlbelastungen (wie Rückenschmerzen vom Arbeiten am Schreibtisch), sondern oft der körperlich wahrnehmbare Teil einer Reaktion auf vergangene oder gegenwärtige emotional schwierige Situationen.
Im Prozess des Erwachsenwerdens häufen die meisten von uns ein gerüttelt Maß an körperlicher und seelischer Anspannung in sich

an. Neben dem Heranwachsen in einer Familie, in der bestimmte Gefühle vielleicht tabu waren, macht es unser Erziehungs- und Schulsystem oft nicht gerade besser. Durch die einseitige Förderung kognitiver Fähigkeiten und den Zwang, Leistung zu erbringen, und zugleich die Vernachlässigung von emotionalem, sozialen und sinnlichem Lernen, werden wir eher noch mehr von uns, unserem Innenleben und unserem Körper entfremdet. Wir verstehen uns schließlich selbst immer weniger. Wir wissen nicht mehr, was in uns vor sich geht.

Ich war nicht wirklich nackt. Ich hatte nur keine Kleider an.
JOSEPHINE BAKER

Wir lernen vielleicht in Sexualkunde in der Schule, wie ein Kind entsteht und wie ein Kondom benutzt wird, aber nicht, wie man mit den starken Gefühlen umgeht, die in der Liebe und beim Sex auftauchen. Wir lernen nicht, auf die Signale unseres Körpers zu achten und sie ernst zu nehmen. Wir lernen nichts über den Zusammenhang von Atmung, Körperspannung und Erregung, über die Verbindung von Körper, Gefühl, Liebe und Sex. Ein überholtes und reduziertes Verständnis von Mannsein (»Männer können immer, sind leistungsbereit, stark, schmerzunempfindlich«, usw.) trägt für uns Männer seinen Teil dazu bei, uns von unserem tieferen Kern zu entfremden. Viele Männer haben dadurch das Gefühl für sich selbst verloren. Manche beschreiben das als ein Gefühl von innerer Unruhe, Leere und Sinnlosigkeit oder als ob ihnen ihr Kompass abhandengekommen ist.

Die Seele einer Frau,
der Magen einer Sau,
das Inn're einer
Leberworscht, bleibt
auf ewig unerforscht.
VOLKSMUND

Männer gehen mit ihrem Auto mitunter liebevoller und achtsamer um als mit ihrem Körper. Beim Auto sehen Männer sofort ein, dass es regelmäßige Pflege und Wartung braucht, um damit fahren zu können. Doch in ihrer Sexualität setzen viele Männer das reibungslose Funktionieren ihres Körpers einfach voraus, ohne ihm genug Beachtung zu schenken. Wie können wir erwarten, dass beim Sex alles wie am Schnürchen klappt, solange wir unseren Körper ignorieren?

SPANNUNG

Nach dem bisher Gesagten verwundert es also nicht, dass die meisten Menschen in unserer Kultur mit einer zu hohen Grundspannung umherlaufen. Männer verfügen über mehr Muskelmasse als Frauen. Das Männlichkeitshormon Testosteron sorgt bei ihnen von Natur aus für einen generell höheren *Muskeltonus*. Wir Männer sind also anfälliger für hohe Körperspannung als Frauen. Eine hohe Körperspannung signalisiert dem Gehirn und dem Hormonsystem: »Ich bin im Stress!« Stresshormone werden ausgeschüttet, was die Fähigkeit zur sinnlichen Wahrnehmung herabsetzt. Ein angespannter Muskel ist weniger sensibel und damit weniger sinnlich ansprechbar als ein entspannter. Das ist beim Fußballspielen ein gewünschter Effekt – nicht jedoch beim Sex.

Der hohe Muskeltonus ist dem sinnlichen Erleben beim Sex sehr abträglich – ich spüre weniger, atme flacher, bin weniger mit mir selbst und mit meinem Sexualpartner in Verbindung. Ich bin leichter ablenkbar und komme mehr ins Denken.

Ein angespannt-abwesender Mann würde beim Sex von seiner Partnerin vielleicht gefragt werden: »Sag mal, wo bist du eigentlich gerade?« – vorausgesetzt, sie ist aufmerksam und traut sich, es anzusprechen. Wenn sie seine Abwesenheit durchwinkt (der Vollständigkeit halber sei erwähnt, dass natürlich auch viele Frauen gerne in sich »verschwinden«), kann es passieren, dass da zwei miteinander Sex haben, während der eine an eine Pornoszene denkt, um sich selbst bei Laune zu halten, und die andere an das morgige Elterngespräch in der Schule (das gibt es natürlich auch in der umgedrehten Variante).

Ich bin sehr altmodisch. Ab und zu trage ich sogar Unterwäsche.
SHARON STONE

Stell dir vor, wir haben Sex und keiner geht hin.

HINGABE UND PRÄSENZ

Was glauben Sie, antworten die meisten (erwachsenen) Frauen, wenn sie gefragt werden, was sie an Männern sexy finden?
Großer Penis, Muckis, Geld?
Nein, auf einem der vorderen Plätze landet: männliche Präsenz. Präsenz ist die Fähigkeit zur Hingabe an das, was gerade geschieht. Vielleicht kennen Sie diesen Zustand, wenn Sie Ihrem Hobby nachgehen, Sport treiben, am Motorrad schrauben, einen Text schreiben, ein spannendes Buch lesen oder eine aufregende Liebesnacht verbringen. Wir vergessen die Zeit und gehen ganz in dem auf, was wir tun. Doch wenn wir mit unserer Partnerin Zeit verbringen, vor allem, wenn wir schon ein bisschen zusammen sind, ist unsere Aufmerksamkeit oft nicht ungeteilt. Wir hören nur halb zu, schauen aufs Handy und denken an das, was noch zu erledigen ist. Wir sind dann nicht präsent.

Die Fähigkeit zur Hingabe und zur emotionalen Präsenz ist für Männer oft nicht das, was ihnen zum Mannsein als Erstes einfiele. Dabei ist sie nicht nur die Schlüsselkompetenz des guten Liebhabers, sondern letztlich das Geheimnis einer glücklichen Lebensführung. Es ist eine grundlegende Haltung, die alle Lebensbereiche durchdringt. Bin ich ganz bei dem, was ich tue? Bin ich mit Leib und Seele dabei?
Es gibt kaum etwas, womit Männer ihre Frauen zuverlässiger auf die Palme bringen können als mit Zerstreutheit und Abwesenheit. Frauen spiegeln uns Männern oft über eine gesteigerte Reizbarkeit und Genervtheit, wenn wir nicht bei uns sind, so tun als ob und auf mehreren Hochzeiten gleichzeitig tanzen, weil wir niemanden vor den Kopf stoßen wollen. Im Bett ist ein innerlich abwesender Mann der Abtörner schlechthin.
Kinder haben noch die Fähigkeit, sich im Spiel vollständig dem Augenblick anzuvertrauen und dabei alles um sich herum zu vergessen. Wenn wir erwachsen geworden sind, haben wir diese Gabe oft eingebüßt.
Vielleicht hatten Sie auch schon einmal das Gefühl, dass das Leben

wie hinter einer Glaswand stattfindet, als ob wir nur Zuschauer im eigenen Leben sind. Wir glauben dann oft, die Stärke des Reizes erhöhen zu müssen, damit er uns erreicht. Wenn wir unsere Sinne immer mehr, immer schnelleren und immer stärkeren Reizen aussetzen, besteht die Gefahr, dass wir abstumpfen. Und wenn man schließlich jeden »Thrill« schon ausprobiert hat und einen nichts mehr »kickt«, wird es langweilig, wie in dem Song *Boring* der Frauencombo THE PIERCES:

»Sexy boy, girl on girl, ménage à trois - boring
Marijuana, Cocaine, Heroin – boring!
Nothing thrills us anymore, no one kills us anymore.
Life is such a chore, when it's – boring!«

In unserem modernen Multitasking-Leben sind die Momente kostbar, in denen wir uns ganz einer Tätigkeit widmen, ganz mit dem verschmelzen, was wir tun. Zugleich sind das die Momente, in denen wir ganz da sind und uns eins fühlen. Eins mit uns selbst, eins mit unserer Tätigkeit und eins mit der Welt – egal ob beim Sex, im Gespräch mit Freunden oder bei der Arbeit.

Wir werden es dereinst auf unserem Totenbett sicher nicht bereuen, dass wir zu wenig mit unserem Smartphone gespielt haben. In dem heute längst vergriffenen Männerbuch *Hingabe – über den Orgasmus des Mannes* aus den 1980er-Jahren wird beschrieben, was die Fähigkeit zur Hingabe beim Sex und zur Hingabe an das Leben gemeinsam haben:

»[...] Orgasmen haben eine Menge mit der Fähigkeit zur Hingabe zu tun, und die kennt man von vielen Situationen: Ein Mopedausflug in die Berge auf den griechischen Inseln, wo man die Haarnadelkurven am besten kriegt, wenn man sich der halsbrecherischen Neigung des Mopeds in den Kurven hingibt. Das freundschaftliche Gespräch am Abend, das erst offen wird, wenn man sich dem gemeinsamen Dialog hingibt und nicht bei der selbst gelenkten Steuerung ausgewählter Informationen stehen bleibt. Die Skitour ins Gebirge, wo man sich den Kurven der Loipen hingibt und erst dann die Berglandschaft in der Ferne richtig genießen kann.«

Einerseits investieren wir Menschen viel, um ein individuelles Ich zu werden, andererseits kann dieses Ich eine Mauer sein, wenn wir nicht die Grenzen zwischen uns und den anderen Menschen überwinden können. Neben einer Nacht auf der Tanzfläche unter Drogeneinfluss (der Kölner Karneval soll einen ähnlichen Effekt haben) oder religiöser Ekstase können wir in einer sexuellen Begegnung die Grenzen unseres Ichs zumindest zeitweilig auflösen und mit einem anderen Menschen verschmelzen. Für einige himmlische Augenblicke löst sich das Ich auf. Im Französischen heißt der Orgasmus deshalb auch *petit mort:* »kleiner Tod«. Je vollständiger wir uns der Lust hingeben können, umso eher erleben wir diese ekstatische Auflösung unserer Grenzen. Im Tantra und anderen spirituellen Schulen wird die Sexualität als eine Form der Spiritualität gesehen, als eine Möglichkeit, »dem Göttlichen« (wie immer Sie das für sich definieren wollen) zu begegnen. Es ist sicher kein Zufall, dass manche beim Höhepunkt ausrufen: »Oh mein Gott!«

Die meisten von uns erleben diese Ekstase, wenn überhaupt, nur bei außergewöhnlichen sexuellen Begegnungen (und noch seltener in der Kirche). Wir machen die Erfahrung, dass Sex von sehr unterschiedlicher Erlebnisqualität sein kann.

Wie kommt es aber zu dem himmelweiten Unterschied zwischen einem selbst gemachten Gute-Nacht-Orgasmus, der nur im Becken fühlbar ist, und einer erotischen Begegnung, die uns am ganzen Körper erbeben lässt? Woran liegt es, dass manche Menschen sich der Lust vollständiger überlassen können als andere? Können wir etwas dafür tun, hingebungsvoller und präsenter zu werden?

WAS KANN ICH TUN, UM PRÄSENTER ZU WERDEN?

Achtsamkeit trainieren

Nehmen Sie sich in Ihrem Alltag immer mal wieder für wenige Minuten Zeit, um innezuhalten und wahrzunehmen, was in Ihnen und um Sie herum geschieht. »Ich sehe …, ich höre …, ich rieche …, ich spüre …«

Am Anfang wird Ihnen das sehr banal und langweilig vorkommen

und Sie spüren vielleicht den unbändigen Drang, sofort auf Ihrem Handy die Mails zu checken oder den Autor dieser Zeilen zu verfluchen. Nehmen Sie auch das wahr, widerstehen Sie dem Impuls und bleiben Sie dran.
Mit etwas Übung können Sie vermutlich bald auch die kleineren, unspektakulären Meldungen von innen ausmachen, denen Sie normalerweise keine Beachtung schenken. Vielleicht eine Unruhe, ein Druck irgendwo, kreisende Gedanken. Benennen Sie für sich, was Sie wahrnehmen, ohne es und sich zu bewerten (das ist der schwierigste Teil): »Ich bin gerade müde, nervös. Ich denke an den nahenden Abgabetermin und was vorher noch alles zu tun ist. Ich spüre meinen Körper kaum, atme ziemlich flach. Ich spüre Spannung am Zwerchfell. Meine Augen gehen unruhig hin und her.«
Oder: »Es nervt mich, dass ich hier einfach nur rumstehe. Ich atme etwas tiefer. Ich glaube, etwas beunruhigt mich.«, usw. Präsenz beginnt mit dem bedingungslosen Anerkennen dessen, was ist.
Wenn wir aufhören, jemand anders sein zu wollen, als der, der wir in diesem Augenblick sind, können wir ganz da sein. Interessanterweise kann sich unser Zustand dadurch viel leichter verändern, als wenn wir ihn leugnen oder bekämpfen. Wenn ich anerkenne, dass ich gerade unruhig bin, weil mich etwas verunsichert, werde ich oft ruhiger.

Wenn Sie regelmäßig üben, können Sie den Kontakt zu Ihrem Innenleben vertiefen und Ihre Intuition schulen.

Richten Sie Ihre Aufmerksamkeit auf Ihre Füße: Wie stehe ich jetzt gerade? Wackelig, sicher? Drücke ich meine Knie durch oder sind sie leicht gebeugt (Letzteres gibt den besseren Stand)? Was muss ich verändern, damit sich mein Stand noch sicherer anfühlt? Was verändert es, wenn Sie tiefer atmen?

Stellen Sie sich vor, dass ein Lichtstrahl von oben kommend durch den höchsten Punkt Ihres Kopfes durch Sie hindurch und zwischen Ihren Beinen wieder in den Boden geht. Häufig richtet sich der Körper bei diesem Bild automatisch entlang der Achse auf.

Hilfreich kann auch der Besuch eines MBSR-Kurses sein (»Mindfulness Based Stress Reduction« = Stressreduktion durch Achtsamkeit). Teilweise bieten die gesetzlichen Krankenkassen in Deutschland so etwas für ihre Mitglieder an.

Alte Verletzungen angehen

Sollten Sie den Eindruck haben, dass es in Ihnen größere ungelöste Themen gibt, holen Sie sich Unterstützung und machen Sie eine Psychotherapie. Alte Verletzungen haben wir alle.

Es gibt nur zwei Sorten von Menschen: Die, die sich um ihre Verletzungen kümmern, und die, die sie ignorieren.

Zu hohe Spannung reduzieren

Kümmern Sie sich um zu hohe Spannung in Ihrem Körper. Es gibt heute ein breites Angebot an Körpermethoden, die uns helfen, überschüssige Spannungen aus dem Körper abzuleiten, wie Yoga, Tai-Chi, Qigong, Massagen, Feldenkrais, Bewegungsmeditationen (wie die »Dynamische Meditation« oder die »Kundalini Meditation«), MBSR und dergleichen mehr.

Als hilfreich haben sich die Übungen aus der körperorientierten Traumatherapie herausgestellt (wie Somatic Experiencing oder die Tension & Trauma Release Exercises (TRE) nach David Berceli). Vermutlich gibt es auch bei Ihnen in der Nähe entsprechende Angebote für Einzelsitzungen oder Seminare.

Ich möchte Ihnen eine einfache Übung aus der Bioenergetik (eine körpertherapeutische Methode) vorstellen, die direkt und effektiv Spannungen aus der Muskulatur entlässt (Dauer ca. 20–30 Minuten):

Legen Sie sich auf den Rücken auf eine bequeme, aber nicht zu weiche Unterlage (z. B. eine Decke). Winkeln Sie die Beine an und stellen Sie Ihre Füße auf, sodass die Innenkanten Ihrer Füße und Ihre Knie sich berühren.

Lassen Sie nun Ihre Knie in stark verlangsamter Zeitlupe nach außen und unten sinken (die Füße bleiben beieinander). Nehmen Sie sich für diese Bewegung vielleicht fünf Minuten Zeit. Sie gehen mit den Knien so weit auseinander, wie es Beine (und Hose) erlauben. Wenn die Knie unten sind, machen Sie sich auf den Rückweg und gehen mit den Knien, ebenso langsam, wieder nach oben.

Auf dem letzten Drittel des Weges treten in den meisten Fällen leichte Vibrationen an der inneren Oberschenkelmuskulatur auf. Wenn Sie an dem Punkt sind, an dem diese Vibrationen auftauchen, halten Sie inne und bleiben mit den Knien in dieser Position. Atmen Sie ruhig und tief weiter und beobachten Sie, wie die Vibrationen sich möglicherweise verstärken und zu einem unwillkürlichen Zittern werden können. Das Zittern kann sich zu regelrechten Zuckungen der Beine steigern. Falls Sie das zum ersten Mal erleben: Keine Angst, es ist ungefährlich und Sie können es jederzeit unterbrechen, falls es Ihnen unangenehm werden sollte. Sie können sich dieser unwillkürlichen Bewegung aber auch einfach hingeben und die Bewegung sich ausbreiten lassen.

Wenn man die Übung ein paar Mal gemacht hat, kann sich die Qualität und Stärke des Zitterns steigern. Das Schütteln und Vibrieren kann auf den ganzen Körper übergreifen – er massiert sich so quasi von selbst. Die tiefere Atmung hilft, die Spannung aus der Muskulatur abzuführen.
Falls die Vibrationen sehr zart bleiben: Auch das ist normal. Vertrauen Sie darauf, dass sich Ihr Körper das Nötige in der für ihn richtigen Dosierung holt. Sie können es zehn Minuten (wenn es Ihnen angenehm ist auch länger) zittern lassen und dann die Beine ausstrecken und sich ausruhen.
Wie fühlt sich Ihr Körper jetzt an? Es kann gelegentlich vorkommen, dass während und nach dieser Übung Gefühle auftauchen oder Sie in der folgenden Nacht etwas Besonderes träumen. Auch das ist kein Grund zur Besorgnis, im Gegenteil, es zeigt, dass etwas in Bewegung gekommen ist.

Sie machen die Übung (wie alle hier beschriebenen Übungen) natürlich nur so lange, wie sie sich für Sie gut anfühlt.

ZUSAMMENGEFASST

Unserem Körper wohnt eine eigene Weisheit inne, die klüger ist als unser Kopf.
Emotionen sind eine biologische Reaktion auf die Welt. Sie entstehen im Körper, werden körperlich gefühlt und im Gehirn bekommen sie eine Bedeutung. Alte, unverarbeitete emotionale Erfahrungen werden in Form von Anspannungen im Körper gespeichert, was die Fähigkeit, zu Hingabe, Präsenz und Lustempfinden mindert und die Grundlage für viele Sexualstörungen ist.
Die Fähigkeit, sinnlich genießen zu können, Präsenz, hingebungsvoller Sex und die Fähigkeit emotional in Beziehung treten zu können, haben viel damit zu tun, wie heimisch wir in unserem Körper sind. Wir tun deshalb im eigenen Interesse gut daran, die Sprache des Körpers zu lernen und uns mit ihm anzufreunden.

5.

Erregung

DER ERREGUNGSREFLEX

Die sexuelle Erregbarkeit ist ein unwillkürlicher, angeborener Reflex. Dieser Erregungsreflex entwickelt sich bereits in der Gebärmutter, wie man anhand hübscher Ultraschallbilder von fötalen Erektionen erkennen kann.

Beim Mann zeigt sich sexuelle Erregung spätestens mit einer Erektion. Wenn wir gelernt haben, auf die Zeichen unseres Körpers zu achten, können wir die ersten Anzeichen sexueller Erregung auch schon vorher mitbekommen: vielleicht ein warmes Kribbeln im Bauch, wir merken, wie uns das Blut ins Gesicht steigt. Manche spüren es auch am Herzen, das nun schneller schlägt. Es reicht ein Blick, nackte Haut, ein erotisches Bild oder ein Duft und der Erregungsreflex springt an.

Wenn wir unseren erregten Penis spüren, steigert das die Erregung zusätzlich. Die Erregung hält sich also fast von selbst in Gang. Wenn die Erregung anhält, kommt es zur Lubrikation, ein körpereigenes Gleitmittel tritt aus dem Penis aus, der Freudentropfen.

Alle Symptome der Erregung zeigen – hier kommt das Blut in Wallung und wird umverteilt.

Es ist, als ob unser Körper sich lustvoll ausstrecken will, hin zum Objekt unserer Begierde. Der Arzt und Naturforscher WILHELM REICH verglich das lustvolle Ausweiten, wie bei einer Erektion, mit dem Ausstrecken von Schneckenfühlern oder mit den Ausstülpungen bei der Bewegung von Einzellern. Er vermutete, dass auch für Schnecken und Einzeller das Ausstrecken auf etwas zu, beispielsweise Nahrung, lustvoll ist (und der Frust, wenn mir jemand auf die Fühler oder meine *Pseudopodien* haut, unlustvoll). Wir können vermuten, dass das Empfinden von Lust, nicht nur der sexuellen, eine Gemeinsamkeit aller Lebewesen darstellt. Wir können es in uns fühlen, wenn wir Freude und Lust bei anderen Lebewesen sehen. Wie geht es wohl jungen tollenden Hunden, Mauerseglern, die an einem Sommerabend durch die Häuserschluchten rasen, oder einem Baum, der seine Blätter der Sonne entgegenstreckt?

Was sagt die Frau, die Sperma an der Brille hat? »Das hab ich kommen sehen!«
ANONYM

Die sexuelle Erregung ist dabei nur eine Variante von Erregung in unserem Körper. Wir alle kennen auch andere: die ärgerliche, freudige oder ängstliche Erregung. Diese Gefühle haben, wenn wir sie zulassen können, einen Anfang, einen Höhepunkt und ein Ende.

Wilhelm Reich sah in dieser Abfolge aus Erregungsaufbau, Entladung und Entspannung die »Lebensformel«. Erregung und Spannung baut sich bei allen Lebensprozessen auf, entlädt sich und baut sich wieder ab. Tatsächlich können wir diesen Rhythmus von Spannungsaufbau, Höhepunkt, Entladung und Spannungsabbau in allen Aspekten des Lebens wiederfinden: unsere Nervenzellen (wenn ein Signal weitergeleitet wird); die Körperzellen (wenn sie wachsen und sich teilen); die Jahreszeiten; der Lebenszyklus (Kindheit, Erwachsensein, Alter, Tod); das rhythmische Zusammenziehen der Darmperistaltik in der Verdauung; der Herzschlag und natürlich die sexuelle Lust.

Gut, am Ohrläppchen knabbern, das Gesäß kneten und so weiter und so fort. Wir haben also tausend Möglichkeiten, bevor wir die Klitoris stürmen, Watson.
MONTY PYTHON

Erregung und Spannung baut sich bei allen Lebensprozessen auf, entlädt sich und baut sich wieder ab.

Spielfilme und Musikstücke machen sich das Spannungs-Entladungs-Prinzip ebenfalls zunutze, um uns emotional anzusprechen. Ein Film fesselt uns eher, wenn die Spannung allmählich lustvoll gesteigert und erst im Höhepunkt »entladen« wird. *Der weiße Hai* von Steven Spielberg gilt unter anderem deshalb als einer der besten Thriller aller Zeiten, weil er die Spannung so trickreich aufbaut: Man sieht den Hai zum ersten Mal erst nach über 80 Minuten Film!

Oder kennen Sie die berühmte Maisfeldszene aus Hitchcocks *Der unsichtbare Dritte*? Zu Beginn dieser Szene steigt Cary Grant aus einem Bus, mitten in einer Einöde, und wartet auf einen Unbekannten. Lange geschieht nichts. Bedrohliche Stille. Man ahnt, dass gleich etwas passieren wird. Da Sie die Szene vermutlich kennen, muss ich wohl keinen Spoileralarm ausgeben: Grant wird nach längerem Warten von einem Flugzeug durch ein Maisfeld gejagt und beschossen. Zum krönenden Abschluss dieser

Szene fliegt ein Tanklaster in die Luft – ein visueller Orgasmus.
Eine etwas weniger kunstvolle, aber auf der Tanzfläche effektive Variante des Spannungsaufbaus und der anschließenden Entladung finden wir bei Techno-Stücken: Zur Spannungssteigerung werden irgendwann die Bässe und der Drumcomputer rausgedreht, sodass nur die Melodielinie übrig bleibt. Rasch sich steigernde Beats gefolgt von einer kurzen Pause (die Spannung ist auf dem Höhepunkt – gleich kommts) – und danach die orgiastische Entladung, wenn Bässe und Rhythmus beim sogenannten *Drop* mit der Melodie wiedervereinigt werden. An dieser Stelle springen die Tanzenden hoch und stoßen einen Jubelschrei aus.

Auf ihre Art liefern Hitchcock und Spielberg gute Anleitungen für erotische Spannung und guten Sex: Das Eigentliche ist erst nur angedeutet und steigert die Vorfreude. Die Spannung wird kontinuierlich über eine längere Zeit gesteigert. Das Tempo variiert, Action-Phasen wechseln sich ab mit ruhigeren Szenen. Ein Film fesselt uns mehr, wenn wir zu den Helden des Films eine emotionale Beziehung aufbauen, es braucht also ein Element von emotionaler Bindung.

Die Spannung eines Films rührt nicht vom Zeigen des Hais, (Killers oder Kometen, der die Erde zerstört), sondern von dem, was zuvor passiert ist und was noch kommen wird. Wenn die Spannung sorgfältig aufgebaut und gehalten wird, ist der anschließende Höhepunkt umso lustvoller. Das gilt übrigens auch für das Achterbahnfahren.

Zum Vergleich sehen Sie sich einmal einen billigen Thriller auf RTL 2 an (wenn Sie dabei erwischt werden, können Sie es auf mich schieben): Da ist das Monster oder der Komet oder der irre Killer in der Regel gleich zu sehen und was an Spannung fehlt, versucht man durch *special effects*, Tempo, Lautstärke und Filmblut auszugleichen.

Ein Kuss ist die anatomische Nebeneinanderstellung von zwei Ringmuskeln im Zustand der Kontraktion.
EDWARD GIBBON

Hier erscheint mir der Ausdruck »Porno« passend, denn B- (und C-)Movies sind vom Umgang mit dem Spannungs-Entladungsprinzip her einem Pornofilm oft erstaunlich ähnlich: Es gibt keinen großen Spannungsaufbau, man sieht alles sofort, es wird ohne große Abwechslung (in den Stellungen schon, aber nicht in

der Dynamik) gerammelt, die Akteure lassen einen emotional kalt und der Orgasmus ist flach und bedeutungslos. Kann man machen, aber befriedigt nicht wirklich.
Schauen Sie sich doch mal zu Studienzwecken einen Porno an (Sie können es erneut auf mich schieben).
Was lehrt uns das?
Machen Sie's wie SPIELBERG: Warten Sie mit dem Zeigen des Ungeheuers.

FRÜH ÜBT SICH … SEXUELLES LERNEN

Schon Babys (Jungen wie Mädchen) spüren Erregung in ihren Genitalien als ein schönes, lustvolles Gefühl im Becken und im Bauch. Viele Kinder haben ihren ersten Orgasmus lange vor der Pubertät. Meist ist ihnen nicht klar, was sie da fühlen. Instinktiv wissen sie, dass es besser ist, die Eltern damit lieber nicht zu behelligen. Was ihnen jedoch klar ist: Das will ich unbedingt nochmal!
Beispiel gefällig?
In einem Internetforum geht es um Orgasmen im Sportunterricht am Kletterseil oder der Kletterstange. Als einer von vielen erinnert sich User »SPERMATOR« an eine eindrückliche Sportstunde:

»Kletterseil!!!
Bei mir war es das Kletterseil – nicht die Stange. Es war auch in der Grundschule und wir mussten hochklettern. Ich trug da eine Strumpfhose, die die Reibung des Seils bestens weitergeleitet hat. Da ich nicht der Kräftigste war, passierte es aber beim Runterrutschen, als mich die Kräfte verließen. So musste ich das Seil fest zwischen die Beine nehmen und sie darumschlingen, um nicht herunterzufallen. Beim Abrutschen wurde das Gefühl zwischen meinen Beinen auf einmal so stark, dass ich regelrecht explodiert bin. Ich glaube, dass war der stärkste Orgasmus, den ich jemals erlebt habe (wohl weil es der erste war, der sich in mein Gehirn eingebrannt hat – so habe ich immer noch so eine entsprechend starke Erinnerung daran), auch wenn ich damals natürlich nicht

wusste, dass es einer war! Das ließ sich aber nie wiederholen, egal wie oft ich noch das Seil raufgeklettert und heruntergerutscht bin.«

Ich erinnere mich an eine Episode vor vielen Jahren, als ein Freund einmal seinen Sohn wickelte, der gerade ein paar Monate alt gewesen war. Um ihm eine Freude zu bereiten, pustete mein Freund ihm dabei zart über sein Geschlecht. Der Junge strahlte und drehte verzückt die Augen nach oben. Er war völlig an das lustvolle Gefühl an Penis und Hoden hingegeben. Zugleich war da nichts Lüsternes im Gesichtsausdruck des kleinen Jungen (und übrigens schon gar nicht bei meinem Freund). Er zeigte einfach die reine Freude und die reine Lust (der schöne englische Begriff *joy* bedeutet beides). Ich war fasziniert – das Bild der vollständigen Hingabe des kleinen Jungen hat mich seither nie mehr verlassen. Ich dachte dabei, wie anders ich selbst wohl aussehen musste, wenn ich Lust empfand. Vermutlich viel gebremster, versteckter und verklemmter.

Das vom eigenen Geschlecht ausgehende erregende Gefühl ist bei kleinen Kindern noch nicht, wie bei uns Erwachsenen, mit sexuellen Motiven oder Fantasien verbunden. Der Wunsch, dieses schöne Gefühl mit einem anderen Menschen zusammen zu erleben – das erotische Begehren, wenn man sich verliebt –, taucht erst um die Pubertät herum auf. Erst dann lernen wir, auch andere Menschen zu erotisieren. Erst dann beginnen wir uns erotisch nach der körperlichen Nähe mit einem anderen Menschen zu sehnen.

Bei den Doktorspielen im Kindergartenalter gibt es zwar Spielgefährten, es geht hier aber nur um ein gemeinsames, aufregendes Erforschen des eigenen Körpers und der geheimnisvollen Organe *da unten*. Kinder begehren sich nicht gegenseitig sexuell und auch keine Erwachsenen.

Das ist übrigens ein zentrales Missverständnis von manchen Pädophilen, wenn sie darauf verweisen, dass ja schon kleine Kinder sexuelle Gefühle erleben. Damit haben sie zwar recht, doch sie übersehen, dass diese sexuellen Gefühle der Kinder noch auf keinen Partner gerichtet sind und schon gar nicht ihnen als Erwachsenen gelten.

Ich bin froh, dass es heute ein größeres Bewusstsein dafür gibt, wie schädlich sexuelle Übergriffe von Erwachsenen für die kindliche Seele sind. Wir dürfen darüber jedoch nicht vergessen, dass Kinder von Beginn an sexuelle und sexuell lernende Wesen sind. Dieses sexuelle Lernen und Erkunden braucht unseren Schutz. Obwohl es durch die gestiegene Berichterstattung anders wirkt, ist die Zahl der sexuellen Übergriffe auf Kinder in Deutschland insgesamt seit den 1950er-Jahren glücklicherweise gesunken. Die Fälle werden heute nur bereitwilliger angezeigt.

Kleine Jungen entdecken schon früh, wie sie sich selbst am Penis angenehme Gefühle bereiten können. Früh heißt, meist schon als Babys oder als Kleinkinder. Kann es Zufall sein, dass unsere Arme gerade so lang sind, dass wir an unseren Penis kommen? Kleine Jungen machen sich diese freundliche Einladung der Natur selbstverständlich zunutze. Meine ersten (damals natürlich noch trockenen) selbst erzeugten Orgasmen, an die ich mich erinnern kann, hatte ich mit vielleicht drei oder vier Jahren beim Mittagsschlaf.

Männer können analysiert, Frauen nur angebetet werden.
OSCAR WILDE

Unsere erwachsene Sexualität ist also nicht einfach irgendwann fertig, wir müssen sie entwickeln.

Pussy Galore: »Mein Name ist Pussy Galore.« Bond: »Das muss ein Traum sein.«
GOLDFINGER

Das Lernen hält unser ganzes Leben hindurch an, wie in anderen Lebensbereichen auch. Wenn ich mir das sexuelle Lernen zugestehe, wird der Sex feiner, differenzierter und persönlicher. Da unser Körper und unsere Lebensbedingungen sich stetig verändern, können wir uns nicht auf dem bereits Erreichten ausruhen. Das Potenzial, Erregung aufbauen zu können, und ein erregbares Geschlecht sind von Natur aus da. Nur insoweit ist Sex etwas Natürliches. Doch wie wir sexuelle Erregung in unserem Körper aufbauen und steuern, müssen wir erlernen, genauso wie das Greifen, das Gehen oder das Halten des Gleichgewichts. Dabei entwickelt sich unser sexuelles Repertoire über die Jahre immer weiter.

Ein hübsches kleines Nichts, was Sie da beinahe anhaben.
JAMES BOND
DIAMANTENFIEBER

Unsere Kultur geht nach wie vor davon aus, dass wir irgendwann um Mitte zwanzig herum unsere Sexualität voll entwickelt haben, wenn wir uns auf dem Höhepunkt unserer sexuellen Leistungsfähigkeit befinden. Dass das ein Irrglaube ist, zeigt ein einfacher Selbsttest: Glauben Sie, Sie sind heute ein besserer Liebhaber als zu dem Zeitpunkt, als Sie mit Sex angefangen haben?

Die allermeisten Männer würden diese Frage bejahen. Wir werden in allem besser, wenn wir es einige Zeit praktizieren. Wir lernen im Laufe unseres Lebens, uns sexuell immer besser auszudrücken. Dennoch sehen wir häufig nicht, dass sexuelles Lernen notwendig ist.

Der Schweizer Sexologe und Psychiater Peter Gehrig, einer meiner Lehrer, weist gerne darauf hin, dass alle unsere Lernschritte als Kinder meist freudig von unseren Eltern bejubelt werden – Bubi kann schon sitzen, mit dem Löffel essen, vorwärts krabbeln, stehen, gehen! Doch alle Arten des sexuellen Lernens bei Kindern werden meist mit schmallippigem Schweigen, verschämter Hilflosigkeit oder offener Missbilligung beantwortet.

»Du hast ja einen schönen steifen Penis! Das fühlt sich toll an, wenn man sich da anfasst, oder?« ist eher selten zu hören. Kinder merken sehr genau, was die Eltern gut finden und was nicht, auch wenn sie es nicht direkt aussprechen. Es reicht ein schiefer Blick oder ein Schweigen, wo sonst Worte wären, und ein Kind weiß Bescheid. Viele Eltern glauben fälschlicherweise, sexuelle Gefühle gebe es erst ab der Pubertät, und sie sind verunsichert, wenn ihr Kind seine eigene Sexualität entdeckt und entwickelt.

Kinder hören natürlich trotz elterlicher Missbilligung nicht auf, sich Lust zu bereiten. Nur tun sie es dann eben heimlich und mit Schuldgefühlen. Die wunderbare Hingabe an das schöne Gefühl im Becken ist nur noch eingeschränkt möglich. Und wir beginnen, sexuelle Lust als etwas Verbotenes zu sehen. Wird sexuelle Energie unterdrückt, wird sie schmutzig, meinte Wilhelm Reich. Der englische Dichter William Blake beschrieb im 18. Jahrhundert diesen Zusammenhang lyrisch so: »Bordelle werden aus den Backsteinen der Religion errichtet.«

DER ORGASMUSREFLEX

Wenn wir sexuell erregt sind, entsteht das Bedürfnis, die Erregung weiter zu steigern.

Haben Sie schon einmal darauf geachtet, was Sie tun, um Ihre Erregung zu steigern? Was genau tun Sie mit Ihrem Penis (reiben, drücken, streicheln)? Welche Teile Ihres Penis sind besonders ansprechbar?

Was geschieht in Ihrem Körper? Wie atmen Sie? Welche Muskeln spannen Sie an? Bevorzugen Sie eine Körperhaltung? Haben Sie bestimmte Bilder und Fantasien?

Wenn Sie Ihre Erregung weiter steigern, erreichen Sie schließlich den *Point of no Return*, Ihren Höhepunkt. Hier wird unwillkürlich der zweite Reflex ausgelöst, der Orgasmusreflex. Nun gibt es kein Halten mehr: Die Prostata schaltet die Leitung zu den Samenleitern frei und mischt die Samenzellen mit der in den Samenbläschen produzierten Samenflüssigkeit, die Muskeln im Beckenboden ziehen sich acht bis zehn Mal rhythmisch zusammen und Sie ejakulieren.

Der Penis erschlafft wieder, der Puls normalisiert sich und wir fühlen uns entspannt und vielleicht müde. Die Erregung ist verschwunden. Es folgt eine unterschiedlich lange Erholungszeit, die sogenannte Refraktärphase, bevor eine erneute Erektion möglich ist. Bei jungen Männern können das Minuten sein, bei älteren Tage.

> »Die Potenz eines Mannes setzt mit der Pubertät ein und steigert sich von da an kontinuierlich bis ins hohe Alter. Als Faustregel gilt: Ein Mann kann pro Tag so oft ejakulieren, wie er Jahre alt ist. Liegen Ihre Werte darunter, sollten Sie sich Sorgen machen. Wahrscheinlich haben Sie Hodenkrebs.«
>
> WALTER MOERS, *SCHÖNER LEBEN MIT DEM KLEINEN ARSCHLOCH*

KURVENDISKUSSION

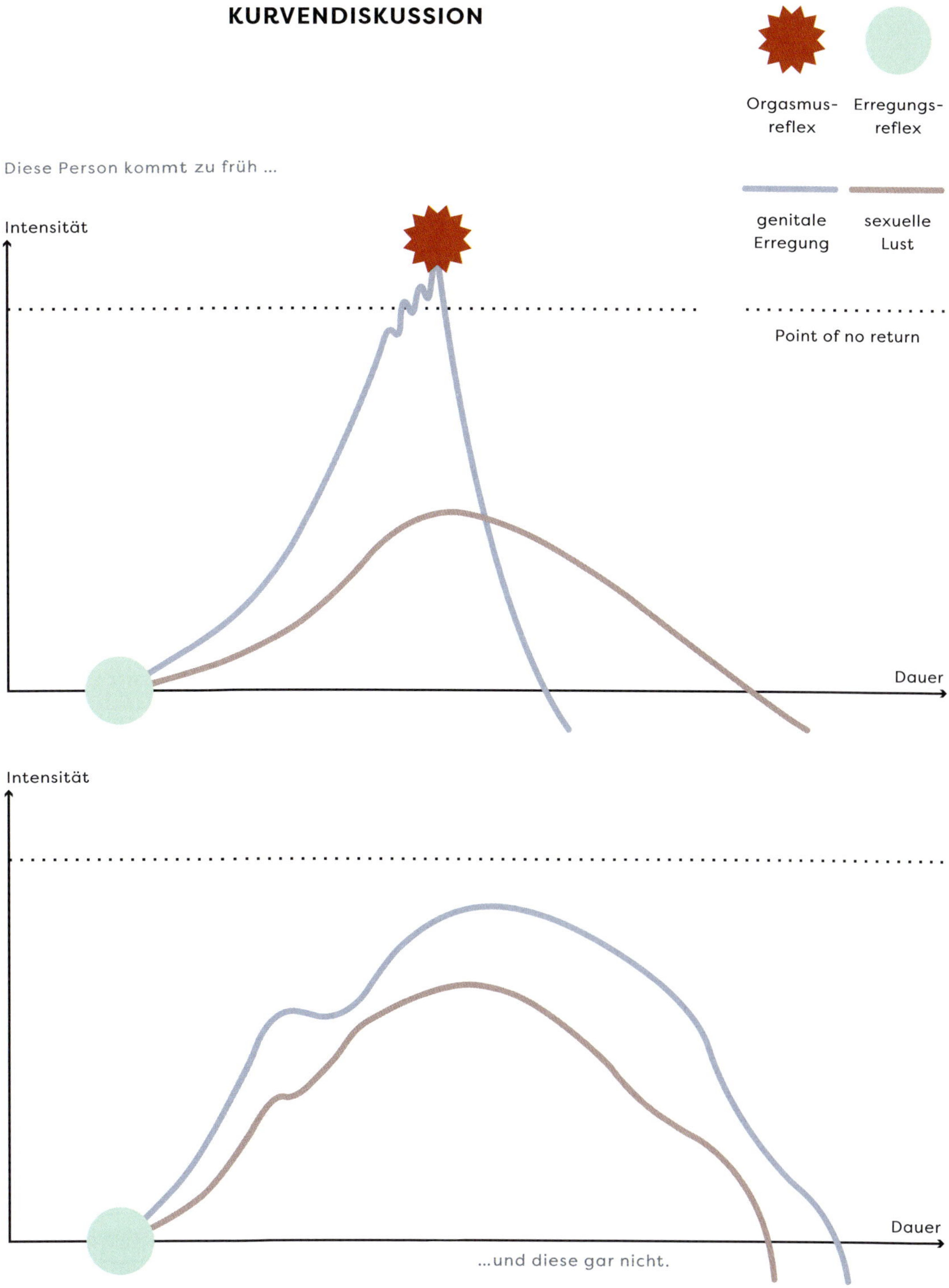

Sicher haben Sie schon die Erfahrung gemacht, dass Sie Orgasmen von sehr unterschiedlicher Qualität erleben können. Viele Faktoren spielen dabei eine Rolle: Ihre körperliche und seelische Verfassung ebenso wie die emotionale Bedeutung, die der Orgasmus für Sie hat. Der Feierabendorgasmus, den ich mir nach einem harten Arbeitstag vor dem Laptop runterkurbele, ist von der emotionalen Qualität her Meilen von dem entfernt, den ich habe, wenn ich frisch verliebt mit dem Objekt meiner Begierde eine rauschende Liebesnacht verbringe.

Hier wird deutlich, dass das sexuelle Erleben und der Orgasmus sowohl eine körperliche als auch eine emotionale Seite haben. Einem selbst herbeigeführten Orgasmus fehlt die emotionale Seite meist (es sei denn, Sie sind ganz wild auf sich selbst) und das macht ihn weniger intensiv als ein Orgasmus, den ich mit einem Menschen habe, der mir etwas bedeutet. Die emotionale Seite der Erregung wurde in der Sexualforschung lange übersehen, dabei ist sie für unser Erleben einer sexuellen Begegnung zentral. Es geht bei der Erregung eben nicht nur um den physischen »Druck in den Eiern«.

Tanaka: »In Japan kommen die Männer immer zuerst, die Frauen als Zweite.« Bond: »Hier werde ich mich später einmal zur Ruhe setzen.«
MAN LEBT NUR ZWEIMAL

Wir brauchen folglich zwei Erregungskurven, wenn wir das sexuelle Erleben abbilden wollen, eine für die körperliche Erregung und eine für die emotionale. Die Kurven können weitgehend parallel verlaufen oder völlig unabhängig voneinander. Bei einem Mann mit vorzeitigem Samenerguss geht die Kurve der körperlichen Erregung steil nach oben, um dann genauso steil wieder abzufallen, während die emotionale Kurve flach bleibt. Kein Wunder, ist der Mann doch mit der Angst beschäftigt, ob ihn sein Penis schon wieder im Stich lässt. Da kann beim besten Willen keine Stimmung aufkommen.

Bei den Vegetariern heißt der Beischlaf Bestäubung.
ANONYM

Wenn Sie wollen, zeichnen Sie einmal auf, wie Ihre eigenen Erregungskurven beim Sex zu zweit oder bei der Selbstbefriedigung aussehen. Gibt es Unterschiede? Was fällt Ihnen auf?

Lassen Sie mich an dieser Stelle vorsichtshalber anmerken, dass es hier nicht um richtige oder falsche Kurven geht. Als die Sexualwissenschaftler William Masters und Virginia Johnson in den 1960er-Jahren die ersten Orgasmuskurven veröffentlichten, stellten die meisten Menschen fest, dass es bei ihnen ganz anders aussah, und waren verunsichert. Aber dafür gibt es keinen Grund: Ihre Kurve gehört so individuell zu Ihnen wie Ihr Musikgeschmack oder Ihr Lieblingsessen.

DIE GRUNDFORMEN DER SEXUELLEN ERREGUNGSSTEIGERUNG

Jean-Yves Desjardins arbeitete in den 1950er-Jahren als katholischer Priester im kanadischen Quebec. In den Beichten bekam er viele intime Details aus dem Sexualleben der Gläubigen zu hören. Desjardins erfuhr von dem schlechten Gewissen der Menschen, weil sie sich selbst befriedigten oder fremdgingen. Er zeigte sich verständnisvoll für ihre Nöte und vor seinem Beichtstuhl bildeten sich schon bald lange Schlangen.

Die menschliche Sexualität faszinierte ihn und er begann das Gehörte systematisch auszuwerten. Er wollte mehr über den Zusammenhang von Sexualität und Körper erfahren und studierte die Bücher von Pionieren der Körperpsychotherapie wie Wilhelm Reich und Alexander Lowen.

Desjardins' Ansichten zur menschlichen Sexualität brachten ihn immer mehr in Widerspruch zur katholischen Kirche.

Er kehrte ihr schließlich den Rücken zu, studierte Psychologie, wurde Sexualwissenschaftler und gründete den ersten Lehrstuhl für Sexualwissenschaften in Kanada. Sein eigenes sexualtherapeutisches Konzept nannte er *Sexocorporel.* Es ist bislang vor allem im französischen Sprachraum verbreitet, findet aber auch in Deutschland immer mehr Anhänger. Das Konzept beruht auf dem Zusammenhang zwischen dem sexuellen Erleben und den Funktionsgesetzen des Körpers und bietet so ein neues, klares Verständnis davon, wie die menschliche Sexualität funktioniert und wie wir unsere Sexualität positiv beeinflussen können.

Desjardins machte die wichtige Entdeckung, dass Menschen vier grundlegende körperliche Arten (*Modi*) zur Verfügung haben, um ihre sexuelle Erregung zu steigern und zu modulieren.

Wir haben in unserer Entwicklung gelernt, unseren Körper so einzusetzen, dass wir unsere Lust bis zum Orgasmus steigern können. Dazu nutzen wir Muskelspannung, Bewegung, Rhythmus, die Atmung, unsere Körperwahrnehmung, die sinnliche Wahrnehmung und dazu innere wie äußere Bilder. Auf dieser Grundlage definiert DESJARDINS *drei Gesetze des Körpers.*

DREI GESETZE DES KÖRPERS

Rhythmus
Ich kann etwas schnell oder langsam tun. Langsame Bewegungen nehme ich bewusster wahr und sie erzeugen mehr Intensität.

Spannung
Über Anspannung von Muskeln steigere ich Erregung, über das Bewegen senke ich sie und verteile sie im Körper. Wenn ich zwischen Anspannung und Entspannung wechseln kann, kann ich meine Erregung bewusster steuern und mehr Erregung aufbauen. Und die Abwechslung macht den Sex spannender.

Raum
Ich kann große oder kleine Bewegungen machen, ich kann tief oder flach atmen, ich kann selbstbewusst meinen Platz einnehmen oder so tun, als wäre ich nicht da.

Wie es mir in meinem Körper geht und wie ich ihn einsetze, hat Auswirkungen auf mein Selbstbild, meine Sexualität, meine Fantasien und meine Art, anderen Menschen gegenüberzutreten. Um die sexuelle Erregung steuern zu können, brauchen wir beides, die Fähigkeit, sie über Muskelspannung zu steigern und zum Orgasmus hin zu bündeln, *und* die Fähigkeit, sie über vertiefte Atmung und das Loslassen und Bewegen von bestimmten Muskeln im Körper zu verteilen und aufzubauen.
DESJARDINS nannte das Kanalisierung und Diffusion (Verteilung) von Erregung im Körper. Oft erlernen wir in unserer Entwicklung verschiedene Möglichkeiten, uns über den Einsatz unseres Körpers zu erregen. In der Regel bleiben wir bei einer Methode, die für uns

besonders gut funktioniert. Sie werden sich sicherlich in – mindestens – einem der folgenden Erregungsmodi wiedererkennen. In der Realität sind die Modi jedoch nicht so klar voneinander abgegrenzt und wir erregen uns mit Elementen aus unterschiedlichen Modi – Männer ebenso wie Frauen.

Sollten Sie sich bevorzugt in einem Modus erregen, der für den Sex mit einem Partner weniger gut geeignet ist, können Sie schrittweise einen anderen Erregungsmodus erlernen, der Ihnen mehr Möglichkeiten bietet, die Lust mit sich und einer Partnerin zu steuern und zu steigern.

DER ARCHAISCHE ERREGUNGSMODUS (AEM)
– DRUCK –

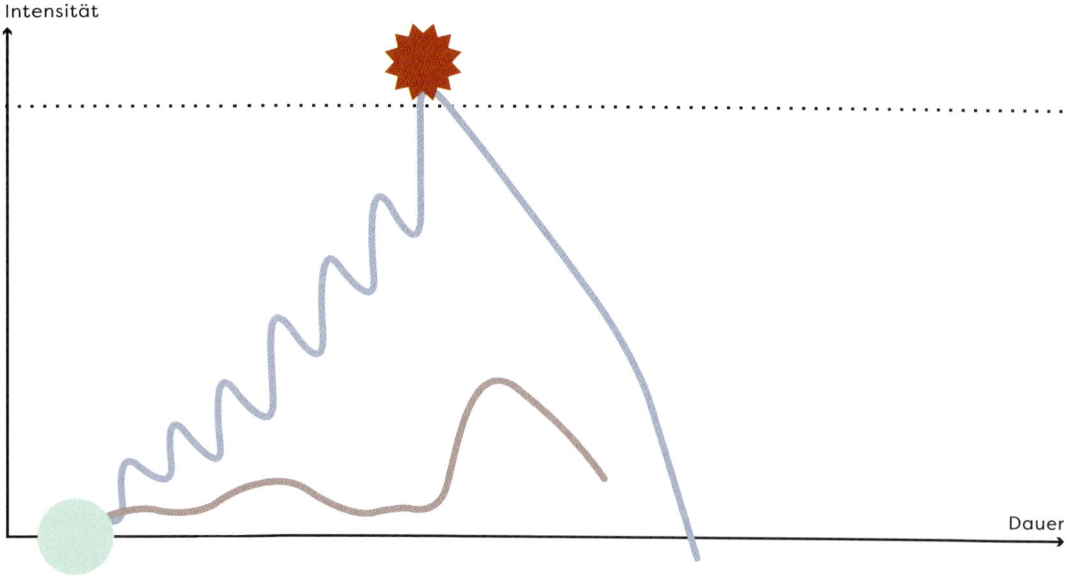

Da diese Art sich zu erregen die früheste ist, die wir entwickeln, heißt sie *archaischer Modus.*

Diese Fähigkeit erlernen viele Mädchen und Jungen schon als Babys, in Windeln. Wir benötigen nicht einmal unsere Hände, um uns in diesem Modus zu erregen.

Kleine Jungen stellen fest, dass sie ihre Erregung steigern können, wenn sie auf ihren Penis drücken, ihn beispielsweise gegen den Boden oder ein Spielzeug pressen und dabei ihre Muskeln in Beinen, Becken und Bauch anspannen und die Luft zeitweise anhalten. Der Penis muss dazu nicht steif sein. Die hohe Muskelspannung im Körper hilft, die Erregung sehr schnell bis zu einem Höhepunkt zu bündeln. Hierbei braucht es keine Reibung und meist nur wenig Bewegung. So weit, so praktisch.

Der Nachteil bei diesem Erregungsmodus ist, dass durch die hohe Muskelspannung die Erregung nur sehr begrenzt am Penis stattfindet und sich nicht im Körper verteilen und weiter gesteigert werden kann. Die Entladung bleibt relativ klein, weil zuvor nicht viel Erregung aufgebaut werden konnte. Zudem ist das Erleben oft nicht mit erotischen Gefühlen oder sexuellen Fantasien verbunden. Wenn es jedoch von sexuellen Fantasien begleitet ist, sind es nicht selten gewalttätige, weil der Körper sich wie ein »harter Brocken« anfühlt, den man knacken muss oder der andere gewaltsam nimmt. Auch wenn es so klingt: Dieser Erregungstyp ist kein gewalttätiger Psychopath. Oft sind den Männern ihre sexuellen Fantasien peinlich oder fremd, obwohl sie lediglich ihr körperliches Erleben widerspiegeln.

Man kann sich unschwer vorstellen, dass ein Mann, der nur in diesem Erregungsmodus zum Orgasmus kommen kann, in der Paarsexualität Probleme bekommt. Für ihn hat das Eindringen in eine Körperöffnung mit seinem Penis – egal ob Vagina, Mund oder Anus – nichts Aufregendes zu bieten und ist deshalb keine erotisierende Vorstellung. Sein Penis hat gelernt, nur auf Druck zu reagieren, nicht auf Reibung oder Streicheln. Wenn ein Mann im AEM versuchen würde, sich über Reibung zu erregen, wäre die Erektion sofort weg. Geschlechtsverkehr mit einem Partner ist so nur schwer bis gar nicht möglich. Die Betreffenden sind oft kitzelig, denn durch die hohe Körperspannung ist zarte Berührung auf der Haut eher unangenehm. Sie können sich außerdem ausmalen, dass man in dieser hohen Muskelanspannung weder zugewandt noch emotional berührt sein kann. Versuchen Sie mal, sich vor Ihre Partnerin hinzustellen, alle Muskeln anzuspannen, die

Luft anzuhalten und ihr dann zu sagen, was Sie für sie empfinden. Ungefähr 10–12 Prozent der Männer funktionieren in diesem Modus, bei Frauen sind es etwas mehr. Menschen, die sich ausschließlich im AEM erregen und ihren Erregungsmodus erweitern möchten, sollten sich von einem im *Sexocorporel* ausgebildeten Therapeuten begleiten lassen.

DER MECHANISCHE ERREGUNGSMODUS (MEM) – REIBUNG –

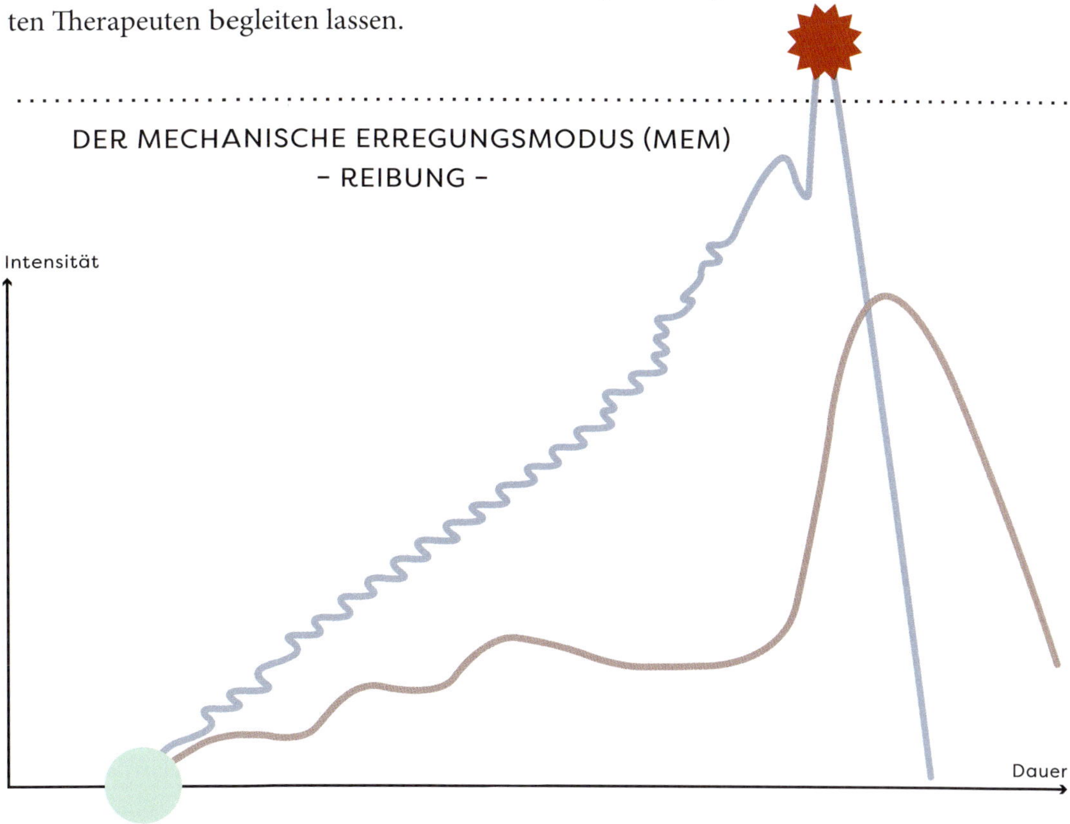

Der *mechanische Modus* ist quasi der VW Golf unter den Erregungsmodi. Er erfreut sich großer Beliebtheit und erfüllt seinen Zweck, ist aber nicht besonders aufregend. (Passenderweise lautet der englische Name des VW Golfs *Rabbit.*)

Er wird von der Mehrheit der Männer genutzt und ist in den meisten Pornofilmen zu sehen (der MEM, nicht der Golf). Da wir praktisch nur in Pornos anderen beim Sex zusehen können, glauben manche Männer (und Frauen) fälschlicherweise, dass *richtig geiler* Sex so aussehen müsse wie in den Pornos.

Tatsächlich hat diese Variante der Erregungssteigerung Grenzen, sowohl, was die Tiefe des eigenen Lustempfindens, als auch, was die Tauglichkeit für die Paarsexualität angeht.

Ein Mann, der sich im MEM erregt, kann über schnelle Reibung am Penis die Erregung bis zum Orgasmus steigern. Bei der Selbstbefriedigung bewegt sich nur die Hand. Das Becken bleibt dabei bewegungslos. Der Mann spannt dabei unwillkürlich die Beckenboden-, Bauch- und Gesäßmuskulatur an, um die Erregung im Becken rasch zu steigern und zur Entladung zu bringen. Diese erhöhte Anspannung schränkt beim Partnersex die Beweglichkeit stark ein und es kommt zu der etwas uneleganten *Fickbewegung*, in der Becken und Rücken sich in einem Stück bewegen.

Ein weiterer Nachteil bei dieser Methode ist, dass die sexuelle Erregung hauptsächlich um den Penis herum wahrgenommen wird. Sie bietet wegen der permanent hohen Muskelspannung wenig Möglichkeit, die sexuelle Erregung im ganzen Körper zu verteilen und sie zu modulieren. Die Haut ist wegen der in diesem Modus hohen Muskelspannung wenig empfänglich für Streicheln und zarte Berührungen und reagiert darauf eher irritiert oder kitzelig. Die hohe Muskelspannung sorgt für eine höhere Aktivität des *Sympathikus*, des Teils unseres autonomen Nervensystems (ANS), der bei Aktivität, aber auch bei Stress aktiviert wird (»Fight or Flight«). Das bedeutet, wir sind im MEM stressanfälliger, leichter ablenkbar und wir können bei Aktivität des Sympathikus uns kaum emotional öffnen und in liebevollen Kontakt mit unserer Partnerin treten. Die »oberen Frequenzen« der Sexualität, die emotionale Seite – zärtlicher Augenkontakt, Küsse, Liebesgefühle in der Brust – haben nicht viel Platz.

Kennen Sie die Cartoons über die erogenen Zonen des Mannes und der Frau? Bei der Frau sehen wir verschiedene Pfeile zu den Brüsten, den Ohrläppchen, dem Nacken, den Lippen und viele weitere. Beim dargestellten Mann zeigen alle Pfeile auf den Penis. Dieses Klischeebild stellt einen Mann dar, der vorwiegend im MEM funktioniert. Das ist glücklicherweise nicht naturgegeben und veränderbar. Im MEM nutzen wir das sinnliche Potenzial unseres Körpers wenig. Ein Männerkörper kann sehr viel mehr empfinden, als er es in diesem Erregungsmodus tut. Die hohe Muskelspannung im Beckenboden kann zu vorzeitigem Samenerguss führen oder zu Erektionsstörungen, weil die Blutzufuhr zum Penis erschwert wird.

Wenn ich zur Erregungssteigerung nur schnelle Reibung an einer eng begrenzten Stelle zur Verfügung habe, muss ich noch mehr reiben, um etwas zu fühlen. Nach einer Weile kann diese Stelle überreizt werden, die Erregung bricht ab. In der Logik dieses Modus muss ich also entweder schneller werden und / oder den Druck steigern. Das kann in späteren Jahren zu Schwierigkeiten führen, überhaupt noch zum Orgasmus zu kommen, weil unser Körper das schnelle Rammeln bei angespannten Muskeln dann nicht mehr so gut mitmachen kann. Der auf schnelle Reibung geeichte Penis benötigt nun eventuell mehr Druck, als ihn eine Vagina bieten kann. Manche Männer im MEM versuchen deshalb Analverkehr (worauf nur manche Frauen und durchaus nicht alle schwulen Männer stehen). Weil der Ringmuskel des Anus eine höhere Spannung ausübt als die Vaginalmuskulatur, wird der Penis hier stärker stimuliert. Für Analverkehr braucht es allerdings eine sehr stabile Erektion und die ist in späteren Jahren auch nicht immer so ohne Weiteres gegeben.

Onanie ist Sex mit einem, den man wirklich liebt.
WOODY ALLEN

Ich finde, dass Menschen selbst entscheiden sollten, welchen sexuellen Praktiken sie nachgehen. Die Grenze sollte aber noch vor den Ziegen gezogen werden.
SIR ELTON JOHN

Wir versuchen dann, die nachlassende Erregung über stärkere sexuelle Fantasien oder erregende Szenarien auszugleichen. Das wiederum hat den Nachteil, dass ich beim Sex mehr mit meinen inneren Bildern beschäftigt bin als mit meinem Sexualpartner. Paarsex kann im MEM zu einer recht einsamen Angelegenheit werden. Einmal abgesehen davon, dass viele Frauen beim schnellen Rein und Raus wenig in der Vagina spüren und der Scheideneingang schnell überreizt werden kann, gibt es im MEM wenig Raum für die Steigerung der emotionalen Erregung. Beim Sex im MEM ist die Aufmerksamkeit unten gebündelt. Die notwendige Muskelspannung ist zwar nicht so stark wie beim *archaischen Erregungsmodus*, bei dem wir uns ausschließlich über Druck und Spannung erregen, aber der Austausch oben: küssen, sich in die Augen sehen – das, was den Sex persönlich und erotisch macht – findet beim MEM ebenfalls nur begrenzt statt. Denn ein angespannter Beckenboden wirkt sich auch auf die Muskulatur des Unterkiefers aus und erschwert das lustvoll-entspannte Küssen.

DER ONDULIERENDE ERREGUNGSMODUS (OEM) – SCHLÄNGELN –

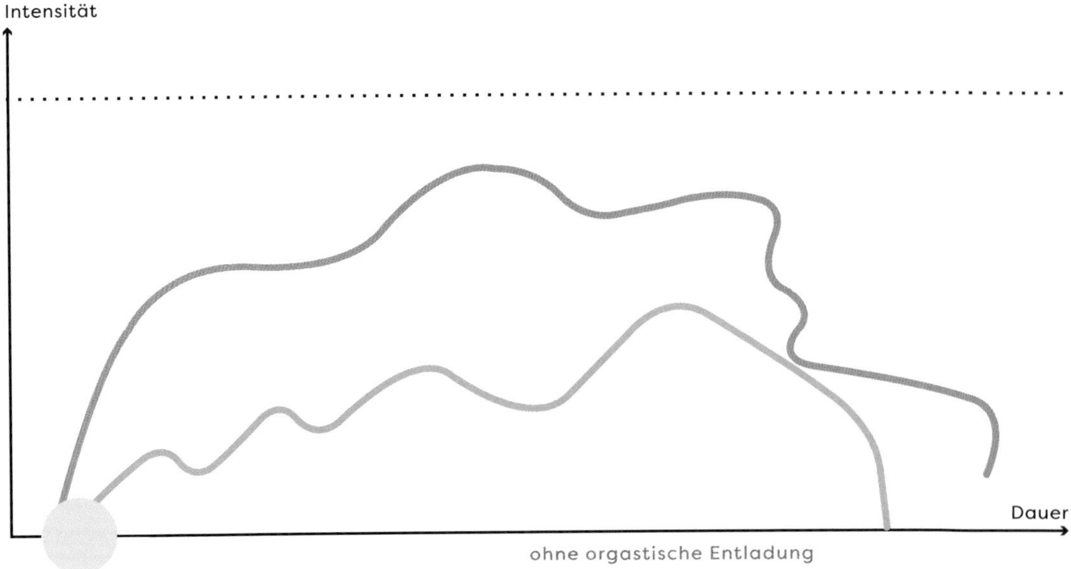

Dieser Modus kommt bei Männern sehr viel seltener vor als bei Frauen. Dieser Erregungstyp kann am ganzen Körper Lust empfinden und bewegt sich in der Erregung in schlängelnden Bewegungen langsam und genießerisch, die Atmung ist tief. Die Muskelspannung variiert, ist aber in der Regel eher niedrig. Sanfte Berührung steigert die Erregung und verteilt sie im Körper. Oft geht es in diesem Modus mehr um emotionale Nähe als um die sexuelle Befriedigung im Orgasmus. Das Liebesspiel kann als emotional sehr aufregend erlebt werden, doch die Erregung findet, anders als im mechanischen Modus, hauptsächlich oben statt – im Herzen und in den Augen. Durch die niedrige Muskelspannung ist es in diesem Modus oft nicht möglich, die Erregung im Penis bis zum Orgasmus zu kanalisieren.

MUSKELSPANNUNG UND INTENSITÄT

Ein kleines Experiment
Spannen Sie einen Arm von der Schulter bis zur Faust an. Dann reiben Sie Ihren Unterarm auf der nackten Haut schnell und kräftig mit der anderen Hand für vielleicht 30 Sekunden.

Wie geht es dem Arm danach? Was fühlen Sie dort?

Wechseln Sie dann den Arm. Nun streichen Sie sanft und langsam mit der Hand des eben geriebenen Armes (die Faust können Sie wieder öffnen) über die Oberfläche des anderen Armes für ebenfalls 30 Sekunden. Wie geht es diesem Arm danach? Welche Erfahrung war Ihnen angenehmer? Was ist der Unterschied?

Sie werden vielleicht feststellen, dass Sanftheit und Langsamkeit der Bewegung sowie ein entspannter Muskel eine andere Intensität erzeugen. Die Aufmerksamkeit ist beim langsamen Streicheln viel höher, unser Geist ist mehr bei der Sache und die Zärtlichkeit berührt uns emotional.

DER WELLENFÖRMIGE ERREGUNGSMODUS (WEM)
– DIE DOPPELTE SCHAUKEL –

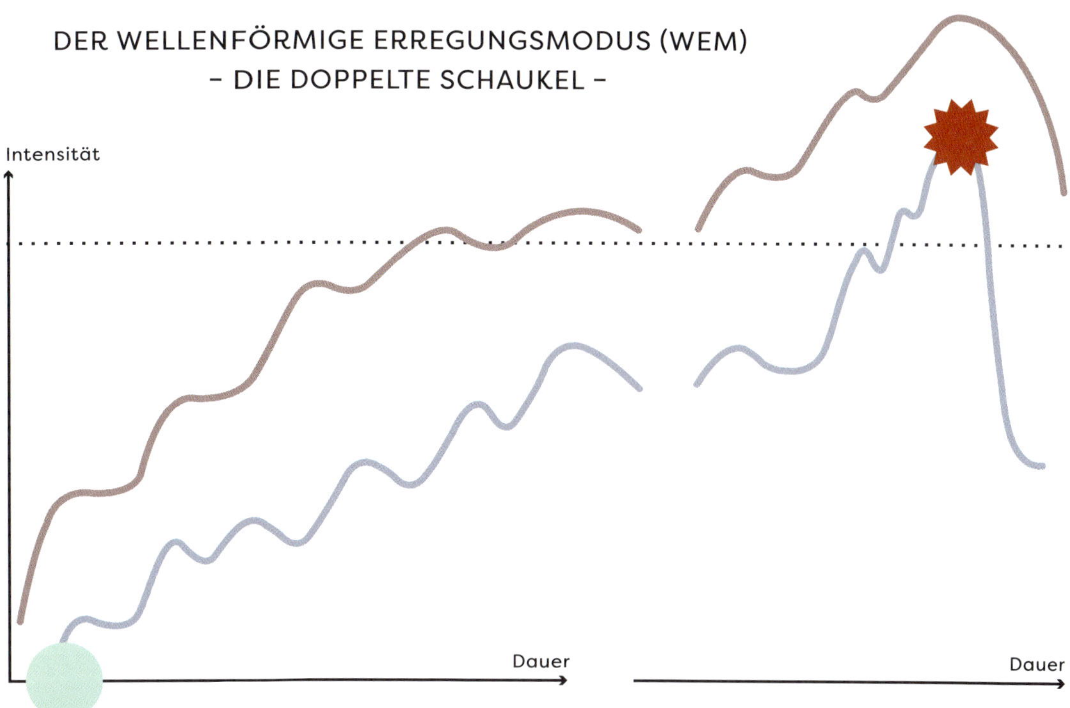

QUELLE Kurvengrafiken S. 139–145: Ausbildung in Sexocorporel Heft 1, herausgegeben von der Académie Sexocorporel Desjardins Inc.

Die eierlegende Wollmilchsau unter den Erregungsmodi. Dieser Modus bringt die größte Flexibilität und geringere Störanfälligkeit mit sich. Männer, die sich in diesem Modus erregen, sind deshalb nur selten in einer sexualtherapeutischen Praxis anzutreffen. Sie können Tempo, Körperspannung und Raum variieren, um so die Erregung im ganzen Körper zu verteilen und zu steigern. Dadurch, dass die Erregung im ganzen Körper erlebt wird, mindert das den »Druck in den Eiern«. Ein Mann im WEM kann das Liebesspiel an sich genießen. Er ist ein sinnlicher Liebhaber, für den der Orgasmus nicht im Vordergrund steht. Er kann aber, wenn gewünscht, die Erregung bis zum Orgasmus steigern. Der Sex ist für diesen Typus offener und mehr auf Interaktion als auf ein Ziel ausgerichtet.

Beim Liebesspiel ist es wie beim Autofahren. Die Frauen mögen die Umleitung - die Männer die Abkürzung.
JEANNE MOREAU

Aufgrund der gemäßigten Muskelspannung ist die Haut für zarte Berührung empfänglich. Zärtlichkeiten steigern die Erregung. Das Becken ist beweglich und variiert beim Sex Rhythmus und Stärke der Bewegung. Der Penis reagiert sensibel auf zarte Stimulation und wird von langsamen Bewegungen erregt. Das bewegliche Becken und die variierende Muskelspannung sorgen für eine gute Blutzufuhr des Penis.

Das Gute an der Masturbation ist, dass man sich dafür nicht extra fein anziehen muss.
TRUMAN CAPOTE

Der Körper geht beim Sex oft in die Bewegung der *doppelten Schaukel*. Für den WEM spielt der emotionale Kontakt mit seinem Partner eine große Rolle. Küssen und sich in die Augen sehen steigert die Erregung. Der Sex berührt auch im Herzen. Der Mann im WEM verfügt also über viele Quellen, um seine Erregung zu speisen. Das stellt die Erregung auf eine solidere Basis und macht sie weniger leicht ablenkbar.

Ich habe so lange wie möglich versucht, nicht erwachsen zu werden.
M. MÜLLER-WESTERNHAGEN

Im WEM nutzt ein Mann seinen ganzen sinnlichen Körper. Das lässt ihn auch gelassener damit umgehen, wenn seine Erektion im Liebesspiel einmal schwächer werden oder ganz verschwinden sollte. Im WEM kann ein Mann weiter mit seiner Lust verbunden bleiben und die Erektion kann wiederkommen.

ÜBUNGEN, UM DIE EIGENE SEXUALITÄT ZU VERBESSERN

Hier einige kleine Übungen, die Sie ausprobieren können, wenn Sie überwiegend im Mechanischen Erregungsmodus funktionieren sollten. Dieser Modus ist, wie gesagt, bei Männern in unserer Kultur am weitesten verbreitet und deshalb ist die Wahrscheinlichkeit hoch, dass Schwierigkeiten in Ihrer Sexualität aus diesem Modus herrühren.

Wir machen uns im Folgenden die drei Gesetze des Körpers zunutze: Wir nutzen Variationen in Rhythmus, Muskelspannung und Raum (Größe der Bewegungen), um unser sexuelles Erleben zu vertiefen.

Wie setzen Sie Ihren Körper ein, um Ihre Erregung zu steigern? Erkunden Sie, wann Sie welche Muskeln beim Sex anspannen – am besten erst einmal für sich selbst, wenn Sie sich selbst befriedigen. Richten Sie Ihr Augenmerk besonders auf den Beckenboden, die Pomuskeln, das Zwerchfell, die Bauchmuskeln, den Unterkiefer und die Atmung.

Lernen Sie, den Beckenboden bewusst anzuspannen und loszulassen (siehe Übung »Der Beckenboden« Seite 169) und auch bei angespanntem Beckenboden die Pomuskeln locker lassen zu können.

Wie beweglich ist Ihr Becken?

Üben Sie, Ihr Becken unabhängig vom Oberkörper pendeln und kreisen zu lassen. (Das macht zu Musik mehr Spaß.) Stellen Sie sich mit leicht gespreizten Beinen aufrecht hin und stellen Sie sich vor, an Ihrem Damm (die Stelle zwischen Hoden und Anus) würde sich ein langer Pinsel befinden. Zeichnen sie nun mit dem gedachten Pinsel eine vertikale Linie (vor/zurück) auf den Boden. Dann zeichnen Sie eine horizontale Linie (links/rechts). Schließlich malen Sie mit dem Becken einen Kreis um dieses Kreuz. Welche Muskeln benötigen Sie dabei? Was müssen Sie tun, um sich dabei möglichst wenig anzustrengen? Experimentieren Sie auch mit größeren und kleineren, schnelleren und langsameren Bewegungen.

Eine beliebte Variante ist auch das Schreiben des eigenen Namens mit dem Becken, wie wenn man in den Schnee pinkelt.
Wenn Sie auf dem Rücken liegen, lassen Sie Ihr Becken langsam auf dem Kreuzbein (die Verbindung zwischen Wirbelsäule und Becken) kreisen.

Beckenbewegung bei der Selbstbefriedigung

Die meisten Männer bewegen bei der Selbstbefriedigung nur ihre

Hand. Beim Sex zu zweit müssen wir jedoch unsere Körper einsetzen, um Bewegung und Reibung zu erzeugen. Deshalb ist es hilfreich, auch bei der Selbstbefriedigung die Bewegung ganz oder teilweise aus dem Becken kommen zu lassen. Die Beckenbewegung unterstützt zugleich die Beweglichkeit des Beckenbodens und damit die Blutzufuhr zum Penis. Außerdem sorgt ein bewegliches Becken für eine bessere Verteilung der Erregung im ganzen Körper.

Sollte das für Sie zu Beginn ungewohnt sein und Ihre Erektion schwindet, bringen Sie nur eben so viel Bewegung ins Becken, wie es Ihrer Erregung zuträglich ist, und lassen Sie Ihre Hand vorübergehend wieder aktiver werden. Wenn Sie das häufiger üben, gewöhnt sich Ihr Körper an das neue Bewegungsmuster und Sie erweitern so Ihr Erregungsrepertoire.
Wenn Sie sich üblicherweise im Liegen befriedigen, versuchen Sie einmal die stehende Variante.

Die Beckenschaukel
Besonders hilfreich bei der Erweiterung Ihrer Fähigkeit, sich sexuell zu erregen, ist die »doppelte Schaukel«. Die doppelte Schaukel ist kein abgefahrenes Sexspielzeug aus dem alten Indien, sondern eine zentrale Übung im *Sexocorporel*. Sie bringt Beweglichkeit ins Becken, synchronisiert die Spannung des Beckenbodens mit der Atmung und verbindet das Unten (Becken, sexuelle Erregung) mit dem Oben (Herz, emotionale Intensität, Begegnung).

Wir fangen zunächst mit der einfachen Schaukel, der Beckenschaukel, an. Legen Sie sich dazu bitte auf den Rücken, auf eine feste Unterlage (Teppich, Yogamatte) und stellen Ihre Beine auf. Lassen Sie nun Ihr Becken beim Einatmen leicht nach vorne kippen. Der untere Rücken geht ins Hohlkreuz. Beim Ausatmen kippt das Becken wieder zurück, die Lücke zwischen unterem Rücken und Unterlage verschwindet. Die Bauchmuskulatur ist hierbei nicht beteiligt.
Wiederholen Sie das für ein Weilchen.

Es kann ein wenig dauern, bis die Bewegung selbstverständlicher wird. Es ist normal, falls Sie am Anfang Atmung und Bewegung durcheinanderbringen. Machen Sie keine gymnastische Übung daraus, sondern lassen Sie die Bewegung weich und fließend werden. Können Sie Ihr Geschlecht dabei spüren?

Bereit für den nächsten Schritt?
Jetzt lassen Sie zusätzlich zu dieser Bewegung den Beckenboden in der Einatmung los und spannen ihn in der Ausatmung leicht an. In

der natürlichen Atembewegung würde der Beckenboden das sowieso tun. Als kleines Hilfsmittel können Sie mit einer Hand dabei den Spannungszustand des Beckenbodens spiegeln: Beckenboden angespannt = Sie machen eine Faust, Beckenboden entspannt = die Hand öffnet sich.

Sie können die Beckenschaukel in allen möglichen Positionen ausprobieren – stehend, sitzend, im Vierfüßlerstand, auf dem Rücken und in der Missionarsstellung. Sie werden sehen, dass es für den Körper gar nicht so einfach ist, die Bewegung in eine andere Haltung zu übertragen.

Im Stehen kippt das Becken in der Einatmung leicht nach hinten und in der Ausatmung nach vorne. Wenn Sie die Schaukel beim Sex anwenden, gleitet Ihr Penis in der Ausatmung in Ihre Partnerin und beim Einatmen ziehen Sie ihn durch die Beckenbewegung wieder ein Stück heraus.

Die doppelte Schaukel

Die doppelte Schaukel baut auf der Beckenschaukel auf, nur dass Sie jetzt noch den Oberkörper und Kopf hinzunehmen. Die Beckenschaukel intensiviert die sexuelle Erregung, die doppelte Schaukel auch die Gefühlsempfindungen in der Brust.

Und das machen Sie so: Stellen Sie sich vor, dass Ihr Kinn durch einen Faden mit Ihrem Schambein verbunden ist. Schambein und Kinn machen also parallele Bewegungen: Kippt im Liegen das Becken bei der Einatmung in Richtung Füße, neigt sich Ihr Kinn leicht (!) in Richtung Brust. Kommt das Becken wieder nach oben, bewegt sich auch das Kinn leicht nach oben. Die Bewegung am Kopf geht vom Nacken aus und ist eher zart.
Auch die Brust ist beteiligt. In der Ausatmung gehen die Schultern leicht zurück und öffnen die Brust, in der Einatmung gehen sie leicht nach vorne in die Ausgangslage. Wenn Sie in der Ausatmung nun hörbar ausatmen und ein »Aaah« machen, sollte das nach einer hingebungsvollen Bewegung aussehen. Lassen Sie die Bewegung weich und fließend werden.

Finden Sie heraus, wie Sie auch im erregten Zustand tief atmen können. Wird Ihre Atmung flacher, wenn Sie die Erregung steigern wollen? Nutzen Sie beim Atmen vorwiegend den Brust- oder den Bauchraum? Falls ja, schauen Sie, was geschieht, wenn Sie auch den anderen Bereich hinzunehmen.
Wo schränken Sie Ihren Atemraum rein?
Häufige Bereiche von Anspannung sind hier das Zwerchfell, die

Bauch-, die Zwischenrippen- und die Rückenmuskulatur. Wenn Sie eine solche Einschränkung spüren, lassen Sie sich in diese Grenze hineinatmen, ohne sie gleich loswerden zu wollen (das ist oft nicht so leicht). Hat diese Grenze eine emotionale Färbung (Angst, Ärger)? Diese Begrenzungen spiegeln einen Teil Ihrer Lebensgeschichte wider. Wenn wir lernen, ihnen zuzuhören, können wir sie weicher werden lassen und sie können sich auflösen.

Regelmäßige Massagen und verschiedene Formen von Körperarbeit können sehr unterstützend wirken.

ZUSAMMENGEFASST

Unser Körper, unser emotionales Erleben, unsere Sexualität, unsere Fantasien und unsere Art in Beziehung zu treten, hängen eng miteinander zusammen.
Mit einem angespannten Po werde ich keinen entspannten Sex erleben, mit einem verspannten Kiefer nur schlecht küssen; wenn ich flach atme, spüre ich wenig und kann nur schwer mit meiner Partnerin in emotionalen Kontakt kommen und genießen. Wenn ich allgemein unter hoher Spannung stehe, sind meine sexuellen Fantasien wahrscheinlich aggressiverer Natur, als wenn ich meine Körperspannung variieren kann.
Dieses Verknüpftsein der verschiedenen Ebenen bedeutet auch, dass wir eine Vielzahl an Möglichkeiten besitzen, um unser Sexualleben zu verbessern. Unser Sexualstil, unsere Art, uns sexuell zu erregen, können wir mit etwas Übung verändern und erweitern. (Manchmal braucht es dazu therapeutische Unterstützung von außen). Sie werden sich in mindestens einem der Erregungstypen wiedergefunden haben. Vermutlich haben Sie Elemente von verschiedenen Typen bei sich entdeckt. Während wir heranwachsen, lernen wir, wie wir uns sexuell erregen können. Nur kann etwas, was sich in der Pubertät bewährt hat – etwa mir in Rekordzeit einen runterzuholen –, dem Sex mit einem Partner zu enge Grenzen setzen, um für beide befriedigend zu sein.

Monika Höfler

»Auf der Matte gibt es keine Lüge!«,
beschreibt Ben seine Motivation.

Er leitet das MMA-Studio in Schwabing, in dem täglich trainiert wird. Die Kämpfer bedienen sich der Schlag- und Tritttechniken des Boxens, Kickboxens, Taekwondo, Muay Thai, Karate, der Bodenkampf- und Ringtechniken des Jiu-Jitsu, Ringens, Judo und Sambo. *»Train hard or go home«* hängt zwar an der Tür, doch die Atmosphäre dort ist eher wie in einer großen Familie. Geschwitzt, aber auch gefeiert wird zusammen. Der männliche Trieb, sich zu messen, das innere Verlangen nach einem körperlichen Zweikampf, kann hier auf Augenhöhe ausgelebt werden.
Wettkämpfe bestreiten natürlich nicht alle. Nur die Besten und es braucht gute Vorbereitung. Dehydriert, um in die geringere Gewichtsklasse zu kommen, und fokussiert auf den Kampf. Es gibt nichts anderes mehr als den Willen zum Sieg. Ben begleitet seine Sportler, kämpft aber auch selber. Beides geht ihm an die Nieren. Einem Sportler zu raten, den Kampf abzubrechen, wenn es richtig gefährlich wird? Das kann schon schwierig werden, meint Ben. Aufgeben gibt es nicht.

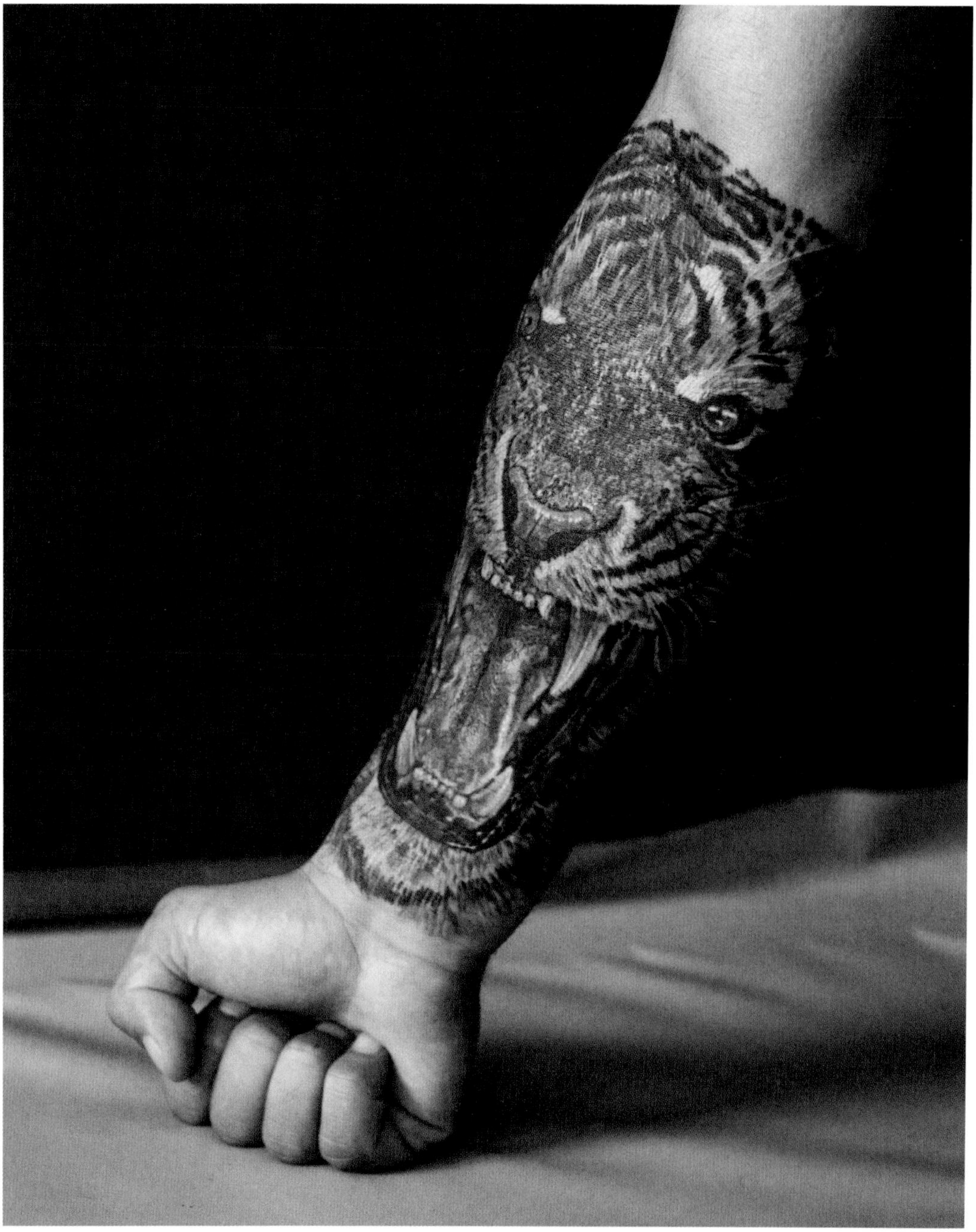

Auf den Bildern zu sehen sind
Ben, Joe, Marvin, Manni und Arif / Munich MMA

6.

Beliebte Schwierigkeiten beim Sex und was man dagegen tun kann

VORZEITIGER SAMENERGUSS »SCHON WIEDER ERSTER!«

Wie sieht das Ganze nun in der Praxis aus? In den folgenden Kapiteln möchte ich Ihnen einige Männer vorstellen, die mich aufgesucht haben, weil sie mit ihrer Sexualität unzufrieden waren. Ich werde Ihnen zeigen, was diese Männer gemacht haben, um ihre sexuellen Fähigkeiten zu erweitern. Sie werden sehen, wie wir uns dieses Zusammenspiel der verschiedenen Bereiche unseres Seins – Körper, Emotionen, Glaubenssätze, Fantasien, unsere Art in Beziehung zu treten – zunutze machen können, um zu lust- und liebevolleren Liebhabern und zu zufriedeneren, selbstbewussteren Männern zu werden. Hierbei kommen viele Prinzipien aus dem *Sexocorporel* zum Einsatz und weitere Elemente aus der Körperpsychotherapie.

QUICKIE WIDER WILLEN

Paul hat sich mir in meiner Praxis mit einem Thema anvertraut, mit dem viele Männer schon Bekanntschaft gemacht haben – dem vorzeitigen Samenerguss (*Ejaculatio praecox*).

Paul war Anfang dreißig, ein gebildeter und freundlicher, zugleich etwas unsicher wirkender Mann. Er arbeitete im Management eines mittleren Unternehmens. Er war schon eine Weile wegen anderer Themen bei mir gewesen, als er sich eines Tages traute, ein für ihn heikles Thema anzusprechen.

Er erzählte mir, dass er beim Sex mit seiner Freundin immer sehr schnell komme.

»Was meinen Sie mit ›schnell‹?«, fragte ich.

»Vielleicht zehn Sekunden, nachdem ich in sie eingedrungen bin«, antwortete er.

Ungefähr 25–30 Prozent aller Männer hatten schon einmal mit vorzeitigem Samenerguss zu tun. Diese Männer ejakulieren kurz – bis ca. zwei Minuten – nachdem sie in die Partnerin eingedrungen sind und sie können die Ejakulation nicht hinauszögern. In jüngeren Jahren ist das Problem weit verbreitet, später verschwindet es oft von alleine wieder. Manchmal aber auch nicht.

»Wie ist es, wenn Sie sich selbst befriedigen?«, fragte ich.

»Da ist es genauso.«

Er sprach eher leise und seine Körperhaltung hatte etwas Bedrücktes und Angespanntes. Im Gespräch trafen sich unsere Augen selten. Meist blickte er ins Leere. Es war, als ob seine ganze Haltung sagen wollte: »Ich bin gar nicht da.« Paul war mit seiner Freundin seit zwei Jahren zusammen und von wenigen Ausnahmen abgesehen, etwa wenn er etwas Alkohol getrunken hatte, war Sex für ihn und seine Freundin sehr schnell vorbei, wenn er erst mal in ihr war. Um nicht schon vorher zu kommen, vermied es Paul, sich vor dem eigentlichen Eindringen stimulieren zu lassen. Ihr ganzes Sexualleben wurde dadurch stark beeinträchtigt. Wie man sich unschwer vorstellen kann, war das für beide ziemlich frustrierend. Pauls Selbstwert war ganz schön angekratzt. Seine Freundin fand, da müsse er jetzt mal was machen. Und das tat er. Ich fragte Paul, wie genau er sich selbst befriedigte.

Paul befriedigte sich auf die Art und Weise selbst, wie es ca. 70 Prozent der Männer tun – durch schnelles Reiben seines Penis mit seiner Hand, also im mechanischen Erregungsmodus.

»Im Sitzen, Stehen oder Liegen?«, fragte ich.

»Meist im Liegen, manchmal auch im Sitzen, wenn ich ... was im Internet anschaue.«

»Und kommt die Bewegung dann ausschließlich von Ihrer Hand oder bewegen Sie auch Ihr Becken?«

»Ich bewege nur die Hand.«

Meine Frage, wie genau er sich selbst befriedigt, hilft mir zu verstehen, was in Pauls Körper vorgeht und wie er seine Erregung steuert.

Es gibt viele Möglichkeiten, seinen Penis zu erregen und zur Ejakulation zu bringen. In der Regel befriedigen sich Männer eher zielstrebig und effizient selbst. Da wird nicht lange gefackelt. Dagegen ist nichts einzuwenden, solange dieser Selbstbefriedigungsstil nicht zur einzigen Art wird, wie ich zum Höhepunkt kommen kann. Sonst habe ich beim Sex mit einer Partnerin ein

Mancher hält sich für einen Frauenkenner, weil er jeder Frau gegenüber jedes Mal denselben Fehler macht.
MAX FRISCH

Essen ist das Zweitwichtigste im Leben.
HONORÉ DE BALZAC

Problem – denn hier geht es ja gerade nicht um Schnelligkeit. Es ist ein bisschen wie beim Essen: Manchmal, vielleicht in der kurzen Mittagspause am Schnellimbiss, ist es mein Ziel, möglichst schnell satt zu werden. Da geht es nicht um die Qualität, sondern um Effizienz. Doch wenn ich mit meiner Partnerin in einem guten Restaurant bei Kerzenschein essen gehe, wäre es befremdlich, wenn ich mich auf den ästhetisch angerichteten Teller stürze wie ein ausgehungerter Hund auf seinen Fressnapf und nach wenigen Augenblicken rufe: »Fertig!« In dieser Situation würden wir langsamer und bewusster essen und das Essen und die gemeinsame Zeit genießen. Wir würden uns Zeit lassen und uns mit unserer Partnerin unterhalten (es sei denn, wir haben uns schon länger nichts mehr zu sagen, doch dazu später). Beim Essen können wir steuern, wie langsam und genussvoll wir es tun, doch wie ist es bei der sexuellen Erregung?

Das ist doch genau Pauls Problem, dass er sie eben nicht steuern kann, oder?

Wie viele Männer hatte Paul zwar gelernt, sich gut und zielstrebig zu erregen, doch ihm war nicht klar, was dabei in seinem Körper passiert und – noch wichtiger – wie er das Geschehen beeinflussen kann. Der Männern mit vorzeitigem Samenerguss mitunter gegebene Ratschlag, sich beim Sex den Landwirtschaftsminister nackt vorzustellen oder an die Steuererklärung zu denken, ist dabei weder erfreulich noch hilfreich. Vielleicht kann ich die Ejakulation – von Orgasmus als einem Höhepunkt kann man hier nicht sprechen – so ein paar Sekunden herauszögern, doch mit der Methode töte ich die Erregung insgesamt ab, ganz zu schweigen von der Verbindung zu meiner Partnerin. Nicht zuletzt werden mit dieser Methode später Erektionsstörungen erzeugt.

Ich fragte: »Spüren Sie, was in Ihrem Beckenboden beim Sex passiert?«

»Ich glaube nicht«, sagte Paul nach kurzem Innehalten.

Der Beckenboden ist ein Geflecht von großen Muskeln im Becken, die es uns beispielsweise ermöglichen, unsere Ausscheidungen zu steuern, wenn wir aufs Klo gehen. Wenn wir als Kinder keine Windel mehr brauchen, ist es uns gelungen, den Beckenboden zu kontrollieren. Frauen, die Kinder geboren haben, bekommen eher ein Gefühl für den Beckenboden, weil sie oft in der Beckenbodengymnastik nach einer Schwangerschaft lernen, ihn bewusst anzuspannen und loszulassen. Männer haben diesen Zugang zum Beckenboden häufig nicht gelernt, dabei ist er sowohl für unsere Sexualität als auch für unser Körperempfinden von großer Bedeutung.

Der Penis wurzelt zu einem Drittel seiner Gesamtlänge in den Muskeln des Beckenbodens. Bei Männern mit vorzeitigem Samenerguss ist der Beckenboden permanent angespannt, erst recht, wenn sie sexuell erregt sind. Ein angespannter Muskel hilft, Erregung zu steigern und zu bündeln. Zugleich ist ein angespannter Muskel schlechter durchblutet, weniger beweglich und weniger sensibel. Und: Angespannte Muskeln kommen gerne in Gesellschaft – ist einer angespannt, sind es andere auch.

Sex ohne Liebe ist besser als gar kein Sex.
HUGH HEFNER

Sämtliche Komplikationen entstehen dadurch, dass man der Frau fürs Leben nicht nur ein einziges Mal begegnet.
MARLON BRANDO

So auch bei Paul. Hier in der Sitzung wurde ihm klar, dass er den Beckenboden die ganze Zeit angespannt hielt. Ich bat ihn, mir im Stehen zu zeigen, welche Bewegung er mit dem Becken machte, wenn er mit seiner Freundin Sex hatte (auch wenn er mit ihr nie im Stehen Sex hatte). Wenn er mit dem Becken nach vorne stieß, machte er eine Bewegung mit dem ganzen Körper. Das Becken wirkte bei ihm starr mit dem unteren Rücken verbunden. Paul spannte beim Sex den Beckenboden und die Pobacken an, was seine Bewegungen recht steif und hart machte. So kommt die typische *Fickbewegung* zustande, die wir aus Pornos kennen und die gerne mit männlicher Sexualität gleichgesetzt wird. Hier geht es um schnelle Reibung bei insgesamt hoher Muskelspannung, verbunden mit flacher Atmung. Doch dies ist nur eine Möglichkeit, sich sexuell zu erregen, und nicht einmal die beste. Diese Methode hat beim Sex enge Grenzen – das Erleben von Lust und auch der

Kontakt mit der Partnerin ist durch die hohe Muskelspannung nur eingeschränkt möglich. Sie war ein wesentlicher Grund dafür, dass Paul zu früh kam.
Um einen Zugang zu seinem Beckenboden zu bekommen, bat ich Paul, sich vorzustellen, welche Muskeln er loslässt, wenn er auf der Toilette sitzt. Bewusst nehmen wir hier meist nur den Schließmuskel, den Anus, wahr – auch der ist Teil der Beckenbodenmuskulatur. Spannen wir den Schließmuskel an, spannen wir meist automatisch den Beckenboden an. Lassen wir den Schließmuskel los, entspannen wir auch den Beckenboden.
Mit etwas Konzentration gelang es Paul, den Beckenboden bewusst loszulassen. Ich bat ihn, den Beckenboden beim Einatmen loszulassen und beim Ausatmen anzuspannen. Letztlich ist es das, was er von Natur aus sowieso tun will. Genauso wie das Zwerchfell – der große quer liegende Muskel, der Brust- und Bauchraum voneinander trennt – weitet sich der Beckenboden in der Einatmung, um Platz zu schaffen, und spannt sich in der Ausatmung, um die Atemluft wieder nach draußen zu befördern. Natürlicherweise arbeiten Zwerchfell und Beckenboden wie bei einem Blasebalg bei der Atmung mit.

DER BECKENBODEN

Können Sie Ihren Beckenboden spüren und bewusst loslassen oder anspannen?
Fühlen Sie beim nächsten Toilettengang einmal genau hin, was Ihr Beckenboden tut, wenn Sie Blase oder Darm entleeren wollen.
Können Sie beim Pinkeln nur mit innerer Muskelspannung den Strahl unterbrechen?

Wenn es zunächst schwer sein sollte, den Beckenboden loszulassen, bewegen Sie dazu Ihr Becken. Die Beckenbewegung unterstützt das Loslassen des Beckenbodens, der dadurch besser durchblutet wird. Ein besser durchbluteter Beckenboden bietet unseren Erektionen eine solidere Basis. Übrigens hängt der Unterkiefer ebenfalls mit dem Beckenboden zusammen. Ein entspannter Unterkiefer befördert einen entspannten Beckenboden.
Für Fortgeschrittene: Wenn Sie bei einem der nächsten Toilettengänge einmal Ihre Blase und Ihren Darm entleeren wollen, können

Sie versuchen, Ihren Beckenboden so gezielt loszulassen, dass Sie nur Darmausgang oder Harnröhre freigeben. Ist anspruchsvoll, aber geht! Üben Sie regelmäßig, den Beckenboden mit der Atmung zu synchronisieren:
Einatmung – Beckenboden loslassen
Ausatmung – Beckenboden anspannen

Versuchen Sie diese Synchronisierung mit der Atmung auch bei der Selbstbefriedigung.
Wenn wir erregt sind, ist es schwieriger, den Beckenboden loszulassen, jedoch gibt uns die Kontrolle über den Beckenboden die Möglichkeit, unsere Erregung gezielter zu steuern.
Wenn es bei der Selbstbefriedigung klappt, versuchen Sie es auch beim Sex zu zweit. Dies ist meist noch ein wenig schwieriger, weil noch erregender (und weil wir eh schon auf so vieles achten müssen).

Lernen Sie, die Pobacken loszulassen, auch wenn Sie den Beckenboden anspannen – und andersherum. Sie werden feststellen, dass diese Übungen einen positiven Effekt auf Ihre Erektionen und auf das Steuern Ihrer Erregung haben.
In Studien erwies sich bei Männern mit Erektionsstörungen ein Beckenbodentraining als wirksamer als Viagra.

Wie sich herausstellte, war Pauls Becken durchaus nicht fest mit dem Rückgrat verschweißt. Wir ließen im Stehen zu Bauchtanzmusik unsere Becken kreisen und seines war sehr viel beweglicher, als es zunächst den Anschein gehabt hatte. Pauls Hemmung schwand allmählich und er bekam Spaß an der Sache. Wir übten, das Becken nach vorne zu bewegen, ohne dabei die Pobacken anzuspannen. Paul bemerkte, dass er das sonst automatisch machte. Schwerer war es für ihn, den Beckenboden anzuspannen, ohne den Po mit anzuspannen, und auch damit war Paul in Gesellschaft vieler Männer.
Paul übte zu Hause und stellte fest, dass er bei der Selbstbefriedigung den Orgasmus nun deutlich herauszögern konnte. Beim Sex mit seiner Freundin klappte es zunächst noch nicht.
Als wir das in der nächsten Stunde untersuchten, stellte sich heraus, dass er, wenn er aufgeregt war, sehr flach atmete und sein Zwerchfell in Dauerspannung war. Das führt dazu, dass er beim

Ausatmen die Luft in einem kurzen Stoß herausblies, wobei seine Lunge wohl die Hälfte der Luft drinnen hielt. Ich zeigte ihm, wie er sein Zwerchfell bewusst bewegen konnte, indem er hechelte wie ein Hund im Sommer (das machten wir nur hier, beim Sex wäre es eher störend). Wenn wir hecheln, steuern wir das schnelle Ein- und Ausatmen über das Zwerchfell. Paul lernte allmählich, voller durchzuatmen, auch in Stresssituationen (wie Sex für ihn eine war). Im Stress atmen wir automatisch flach und wir nehmen unseren Körper weniger genau wahr. Wenn wir bewusst tiefer atmen, vertieft sich unsere Körperwahrnehmung und der Stress wird weniger.

Paul lernte mit etwas Übung, seinen Beckenboden auch in der Erregung bewusst loszulassen und auf seine Atmung zu achten. Es gelang ihm nach einer Weile des Übens, mit seiner Freundin zu schlafen und mehr Kontrolle über seinen Orgasmus zu bekommen.

Es gibt sehr viele junge Männer wie Paul, die sich ihrer selbst und ihrer Sexualität unsicher ist. Paul steht innerlich unter Druck, was sich in der hohen inneren Muskelspannung widerspiegelt. Die hohe Muskelspannung, insbesondere im Beckenboden, am Po und am Bauch, kann nicht viel Erregung tolerieren und begrenzt das sexuelle Erleben auf seine Genitalien. Die sexuelle Erregung kann sich dadurch nicht in seinem ganzen Körper ausbreiten. Wir kennen das Phänomen von Flüssen: Wenn ein Fluss in seinem natürlichen Flussbett dahinschlängeln kann, werden bei Hochwasser (hohe Erregung) die angrenzenden Wiesen (der Körper) bewässert. Eine natürliche Flusslandschaft erwartet geradezu ein regelmäßiges Hochwasser. Ist der Fluss hingegen begradigt (hohe Muskelspannung), schießt das Wasser bei Hochwasser mit gewaltiger Kraft ein und bricht sich an der schwächsten Stelle unkontrolliert und zerstörerisch Bahn. Das Wasser hat kein Schwemmland, sondern nur ein kleines Becken zur Verfügung, das mit dieser Menge überfordert ist.

So kann man sich vorstellen, wie das dazu führt, dass Paul beim Sex emotional kaum präsent und dementsprechend wenig mit seiner Freundin in Kontakt sein kann. Er könnte ihr zurufen: »Siehst du nicht – ich bin beschäftigt!«

Seine Erregung bleibt eng begrenzt unten an seinem Penis und erreicht nicht oben das Herz, wo die emotionalen Qualitäten ihren Platz haben. Pauls Aufmerksamkeit ist ganz bei seinem Penis. Der könnte allerdings gerne auf diese Aufmerksamkeit verzichten, denn er bekommt von Paul keine Unterstützung, sondern noch mehr Druck. Der typische Teufelskreis: Aus seinen Erfahrungen heraus befürchtet der Mann, zu früh zu kommen. Das spannt ihn zusätzlich an und seine Gedanken sind darauf fixiert, diesmal bloß nicht schon wieder so früh zu kommen. Doch damit gießt er zusätzlich Öl ins Feuer. Er wird noch angespannter und ist weit davon entfernt, den Sex genießen zu können. Ein Mann mit vorzeitigem Samenerguss hat nur ein Gaspedal zur Verfügung – keine Bremse. Was ein Mann mit vorzeitigem Samenerguss sehr gut kann, ist, die Erregung rasch über Muskelspannung zu steigern. Das ist eine Qualität, auch wenn der Betreffende das so nicht sehen kann. Was er lernen muss, um den Sex mehr genießen zu können – und um länger durchzuhalten –, ist das gezielte Loslassen von bestimmten Muskelgruppen wie dem Beckenboden oder dem Zwerchfell, um darüber die Erregung im Körper zu verteilen.

Von Weitem sieht eine Ehe außerordentlich einfach aus.
HANS FALLADA

Paul suchte mich weiterhin wegen anderer Themen auf und wir redeten nicht mehr über seine Sexualität. Was mir irgendwann auffiel, war, dass er in unseren Gesprächen viel präsenter wirkte. Seine Augen sahen mich nun häufiger ruhig und klar an und gingen seltener auf Stand-by. Er stand nun aufrechter vor mir und war offener. Er war sichtbar mehr »da«.

Paul konnte den typischen Teufelskreis durchbrechen, in dem Männer mit vorzeitigem Samenerguss sich befinden. Als Paul die Zusammenhänge von hoher Muskelspannung und seinem frühen Kommen klar wurden und er lernte, seine Muskeln bewusster einzusetzen, begann er sich in seinem Körper wieder heimischer zu fühlen. Paul konnte sich beim Sex nun mehr entspannen. Das zeigte sich nicht nur dort und in der Beziehung zu seiner Freundin, sondern auch im Beruf und im Kontakt mit mir. Paul wurde in seinem Job selbstbewusster und durchsetzungsfähiger.

ER KANN NUR STEHEN, WENN WIR HINTER IHM STEHEN

Früher oder später bekommen es die meisten Männern damit zu tun: Erektionsstörungen (*erektile Dysfunktion*). Kennt das Thema bei den Dreißigjährigen nur jeder fünfzigste, geht diese Zahl im höheren Alter steil nach oben (und die Penisse nach unten) – bei den 60-Jährigen sind etwa die Hälfte, bei den 70-Jährigen etwa zwei Drittel davon betroffen. Das bedeutet in der Regel nicht, dass er dann überhaupt nicht mehr steht, die Erektionen sind jedoch weniger zuverlässig als bei jungen Männern.
Die Ursachen für Erektionsstörungen können vielfältig sein. Häufig spielen in jüngeren Jahren die Angst zu versagen, Unsicherheit und Beziehungsthemen eine große Rolle, während im Alter die organischen Ursachen wichtiger werden: Bluthochdruck, Diabetes, langjähriges Rauchen, Alkoholmissbrauch, Verletzungen am Schwellkörper, der allgemeine Gesundheitszustand, ein sinkender Testosteronspiegel usw.

Ich möchte Ihnen einen Mann vorstellen, der mit dem Thema Erektionsprobleme schon früh leidvolle Erfahrungen sammeln konnte.
Sebastian suchte mich auf, weil er schon als junger Mann Schwierigkeiten gehabt hatte, eine Erektion zu bekommen und zu halten, sowohl beim Partnersex als auch bei der Selbstbefriedigung. Organisch war bei ihm alles in Ordnung. Er hatte sich damals Spritzen in den Penis verschreiben lassen, um Erektionen zu bekommen. Diese beseitigten aber sein Problem nicht und er hatte auch keine Lust, auf Hilfsmittel angewiesen zu sein.
Er war ein sympathischer Mann in den Vierzigern, mit einem gewinnenden Auftreten und warmen Augen. Allerdings hatte seine Freundlichkeit auch etwas Unverbindliches. Ich war mir bei ihm oft nicht so ganz sicher, woran ich bei ihm war – es machte den Anschein, als ob er etwas zurückhielt.
In unseren Sitzungen tauchte neben seiner Erektionsstörung als Thema auf, dass er sich oft nicht richtig durchsetzen konnte und

> Manche Männer werden deshalb nicht 80, weil sie zu lange versuchen, 40 zu bleiben.
> SALVADOR DALÍ

dass er sich regelmäßig von anderen übervorteilen ließ. Das zeigte sich in seiner Liebesbeziehung ebenso wie in seinem beruflichen Leben. Wie wir sehen werden, gab es hier einen Zusammenhang zu seiner Erektionsstörung.

Sebastian war mit Dirk verheiratet, der etwas älter war als er. Dirk war seit einem Arbeitsunfall vor vielen Jahren frühberentet und arbeitete nicht mehr. Dennoch war es an Sebastian, nach seiner Arbeit auch noch für Ordnung im Haushalt zu sorgen. Das ärgerte ihn und oft nörgelte er deshalb an Dirk herum, der manchmal Tage lesend auf dem Sofa zubrachte oder am Computer verdaddelte. Dennoch traute Sebastian sich nicht, ihre ungleiche Arbeitsteilung offen infrage zu stellen. Schließlich beschwerte Dirk sich ja auch nicht über Sebastians sexuelle Schwierigkeiten. Dieser gegenseitige Nichtangriffspakt (den man bei vielen Paaren beobachten kann) war der Nährboden für eine zunehmende Gereiztheit zwischen ihnen.

Sebastian war Arzt mit eigener Praxis und mehreren Angestellten. In seiner Praxis hatte Sebastian oft Ärger mit einer Sprechstundenhilfe, die ihn respektlos behandelte und sich ihm gegenüber häufig im Ton vergriff. »Wenn ich durch meine Praxis gehe, komme ich mir manchmal vor, als ob ich der Angestellte wäre«, sagte Sebastian nachdenklich. Ich bat ihn, mir einmal vorzumachen, wie es aussieht, wenn er durch seine Praxis geht. Er schlurfte mit hängenden Schultern und gesenktem Blick durch den Raum.

»Hm, so sieht kein König aus, der zufrieden sein wohlbestelltes Reich inspiziert«, sagte ich. Er gab mir recht.

Ich fragte ihn, was er spürte, wenn er an den Konflikt mit der Sprechstundenhilfe dachte. Sebastian blieb stehen. »Ich fühle mich in meiner Brust recht kraftvoll, aber in meinem Bauch merke ich einen Knoten«, antwortete er.

Ich fragte ihn, ob er bereit wäre, mit mir ein kleines Spiel zu spielen. Er stimmte zu.

Das Spiel heißt: »Das Duell«.

Bei diesem Spiel standen wir beide vielleicht einen halben Meter auseinander, unsere Hände mit leicht angewinkelten Armen in Brusthöhe vor uns, unsere Handflächen einander zugewandt ein paar Zentimeter voneinander entfernt. Wir sahen uns dabei in die Augen. Das Spiel bestand darin, den anderen über Schubser an den Händen aus dem Gleichgewicht zu bringen. Wer seinen Gegner dazu brachte, einen Schritt vor oder zurück zu machen, bekam einen Punkt. Aufgabe war es also, möglichst sicher auf seinem Platz stehen zu bleiben.

Zu Beginn machte Sebastian es mir sehr leicht, denn er stand mit durchgedrückten Knien da. Das gab ihm zwar die Illusion von Standfestigkeit, tatsächlich aber war er so einfach aus dem Gleichgewicht zu bringen. Nachdem ich ein paar leicht verdiente Punkte landen konnte, sackte Sebastians Schwerpunkt etwas tiefer. Er beugte seine Knie ein wenig und sein Becken schwang sanft mit, was ihm half, meine Angriffe auszubalancieren. Sein Stand war sowohl flexibler als auch deutlich stabiler. Seine Augen fixierten meine nach einer Weile konzentriert und kampfeslustig. Er ähnelte jetzt einer Wildkatze. Er hatte Spaß an der Sache entwickelt und ich hatte einen ernst zu nehmenden Gegner bekommen, den ich nicht mehr so leicht umpusten konnte. Im Gegenteil war es nun Sebastian, der mich das eine oder andere Mal zu einem Schritt nötigte.

Ein Gentleman beschützt eine Frau so lange, bis er mit ihr allein ist.
BENICIO DEL TORO

Es machte uns beiden Spaß, unsere Kräfte zu messen. In diesem Messen spürten wir uns selbst, unseren Körper und unsere Kraft. Wir waren konzentriert. Viele Menschen kennen dieses Gefühl aus sportlichen Wettkämpfen.

Hinterher sagte er: »Ich muss gestehen, ich habe gedacht: ›Na warte, Bürschchen, dich krieg' ich!‹«

Als er noch einmal in seinen Körper hineinfühlte, war der Knoten im Bauch verschwunden. Und er stand aufrechter da.

Was war passiert?

Sebastian hatte seinen Ärger, der bislang in seinem Bauch feststeckte, als gute Kraft für unser Spiel nutzen können. Er musste seinen Ärger nun nicht mehr unterdrücken, sondern er wurde Teil seiner Lebendigkeit und Kraft (zumindest in der Spielsituation in der Therapiestunde – bis daraus ein grundsätzlich anderer Umgang mit seinem Ärger wurde, dauerte es noch ein bisschen.)

Seine gewachsene Kraft war in der Übung zu spüren und zu sehen.

Er musste dazu weder herumbrüllen noch »ausrasten«.

Wie Sebastian sind viele Männer mit Erektionsstörungen »zu nett«. Sie neigen dazu, sich zu viel gefallen zu lassen, und nutzen nicht die aggressiven Impulse ihres Körpers zum angemessenen Setzen ihrer Grenzen. Darauf angesprochen, erklärte mir Sebastian, er sei eben zu vertrauensselig und er »glaube an das Gute im Menschen«. Doch mir schien, damit vernebelte er nur den eigentlichen Beweggrund für seine Gutmütigkeit. Genauer nachgefragt, stellte sich heraus, dass er regelmäßig die rechtzeitig abgegebenen Warnsignale seines ärgerlich grummelnden Bauches übergangen hatte, wenn er wieder zu gutmütig gewesen war. Sein Kopf lieferte ihm immer wieder Rechtfertigungen, wieso es richtig wäre, sich »nicht so zu haben« und Menschen Vertrauen zu schenken, deren Verhalten ihn eher hätte misstrauisch machen sollen. Wo hatte Sebastian es gelernt, seine eigenen Impulse zu übergehen?

In seinem Fall ließ sich gut rekonstruieren, wie er sich das Verhaltensmuster, gewohnheitsmäßig von seinem Ärger wegzugehen, zugelegt hatte:

Seine Mutter war eine ehrgeizige Pianistin gewesen und ihr einziger Sohn sollte ebenfalls ein erfolgreicher Konzertpianist werden. Doch Sebastian zeigte sich am Klavier nur mäßig begabt und nicht sonderlich motiviert. Seine Mutter meinte, das sei nur eine Frage disziplinierten Übens, und zwang ihn Tag für Tag ans Klavier. Wenn Sebastian dann beim Üben immer wieder Wutanfälle bekam, schickte sie ihn auf sein Zimmer, und er durfte erst wieder herauskommen, wenn er sich beruhigt hatte. Dann wurde weitergeübt.

Als ich ihn fragte, wie das damals für ihn gewesen ist, antwortete er schulterzuckend: »Nicht so schlimm.«

Es brauchte eine Weile, bis ihm dämmerte, dass er damals große innere Qualen ausgestanden haben musste. Ihm war das Recht auf seine Wut abgesprochen worden. Sein Leiden war für ihn aber nicht mehr fühlbar. Aus diesem Dilemma hatte er unter den gegebenen Umständen den einzig praktikablen Ausweg gefunden: Er musste seine Wut und damit seine eigene Wahrheit verraten. Er lernte die Wut wegzupacken und die Signale seines Körpers zu übergehen – er ging innerlich weg, um weiter zu funktionieren. »Beim Sex ist es für mich genauso«, sagte er schließlich nachdenklich. »Da gehe ich auch immer ›weg‹, wenn es emotional wird.«

DIE AGGRESSION ALS GUTE KRAFT

Viele Männer, die mit Erektionsstörungen oder mit vorzeitigem Samenerguss zu kämpfen haben, tun sich schwer damit, ihre Aggression als eine gute Kraft in sich anzuerkennen. Häufig liegt das daran, dass in ihrer Jugend ein Elternteil sehr aggressiv gewesen ist oder dass jede Art von Aggression in ihrer Familie nicht toleriert wurde.

Die meisten Männer in unseren Breiten lehnen heute Gewalt als Mittel der Auseinandersetzung ab. Das ist erfreulich. Doch stellt gewalttätiges Verhalten nur den kleinen, zerstörerischen Ausschnitt unseres Aggressionsspektrums dar. Ungefähr so, als würde man das Farbspektrum auf die Farbe Rot reduzieren.

Aggression geht auf das lateinische Verb *aggredī* zurück, was »heranschreiten, sich nähern, angreifen« bedeutet. Es ist also ein im Wortsinne aggressiver Akt, wenn ich mich gezielt auf etwas zubewege – und sei es ein Bier aus dem Kühlschrank. Ohne diese Form von »aggressiven« Handlungen würden sich Menschen gar nicht erst kennenlernen und es gäbe keinen Sex. Um jemanden anzusprechen oder um mit meinem Penis in eine fremde Körperöffnung eindringen zu können, brauche ich die Entschlossenheit und den Mut, mich vorwärts zu wagen. Wohlgemerkt – ich rede hier nicht vom gewaltsamen Überschreiten der Grenzen eines anderen Menschen wie bei einer Vergewaltigung. Das ist die bösartige Form der Aggression. Die haben wir meist im Kopf, wenn wir von Aggression sprechen. Sie hat dazu geführt, dass Aggression an sich so einen schlechten Ruf hat. Wenn deshalb jedoch alle Aspekte der Aggression vermieden werden, auch die positiven, kann das zu einem weit verbreiteten Problem führen: Das Sexualleben in der Paarbeziehung schläft ein, weil sich keiner mehr traut, die Initiative zu ergreifen, aus Furcht vor Zurückweisung. Hier fehlt es an

Ich glaube nicht, dass verheiratete Männer länger leben.
Es kommt ihnen nur so vor.
BRUCE WILLIS

der positiv aggressiven Kraft der Eigeninitiative.
Zur Aggression gehört auch die Lust, eigene Grenzen zu erkunden und sich in der körperlichen Auseinandersetzung mit anderen zu spüren – wie beim Fußballspielen oder bei Kampfspielen von Jungen.
Vielen politisch bewusste Eltern, insbesondere Müttern, ist es ein Dorn im Auge, wenn ihre Jungen Kampfspiele spielen und sich zum Geburtstag ein Laserschwert wünschen. Wir wollen ja keine Gewalttäter und Killer heranziehen.
Ich erinnere mich an einen Kindergeburtstag, bei dem sich meine Söhne wünschten, dass alle Gäste Spielschwerter mitbringen durften, um damit miteinander im Garten zu kämpfen.
Ich beobachtete fasziniert, was die Jungs taten, und sah, dass das, was hier passierte, so gar nicht dem Zerrbild von aggressiv aufeinander eindreschenden Schlägern entsprach, wie es manche besorgte Eltern im Kopf haben mochten. Die Jungen betteten das Kämpfen in eine Geschichte ein, sie stellten Regeln auf und achteten darauf, sich nicht gegenseitig zu verletzen. Im Vordergrund stand für sie sichtlich die Lust an der Bewegung, die Beherrschung des eigenen Körpers und die Erfahrung der eigenen Kraft in der Begegnung mit der Kraft eines anderen. Es war ein lustvoll-aufregendes gemeinsames Erlebnis für alle. Es ging nicht darum, jemanden zu besiegen oder zu demütigen.
Tatsächlich beobachtete ich zwei Jungs, die sich schwerer taten, diese Grenzen einzuhalten (sie wurden aber von den anderen Jungen immer wieder daran erinnert). Ich wusste, dass bei ihnen zu Hause Spielwaffen verboten waren und sie für ihre Eltern zuallererst lieb zu sein hatten. Diese Jungen hatten zu Hause wenig Gelegenheit, den verantwortlichen Umgang mit ihrer aggressiven Kraft zu lernen. Sie schossen daher manchmal über das Ziel hinaus und neigten eher dazu, sich und andere zu verletzen. Jungen mit überschießender Aggressivität werden meist in Umständen groß, in denen ihre Bedürfnisse und Grenzen nicht angemessen respektiert werden.
Es ist ein großer Fehler in einem von Frauen dominierten Erziehungssystem, wenn wir dem meist größeren Bewegungsdrang von

Jungen, der Lust am Kräftemessen und der Erfahrung der eigenen Grenzen nicht ausreichend Raum geben. Wir nähren damit ebenjene negativen Aspekte der Aggression, die wir eigentlich verhindern wollten.

Wir können vermuten, dass Jungen beim Spielen mit Stöcken, Schwertern und anderen phallischen Gegenständen zugleich symbolisch den Umgang mit dem eigenen erigierten Penis lernen.

Kurz: Wir züchten keine Killermaschinen, wenn wir Jungen miteinander kämpfen lassen, sondern geben ihnen die Möglichkeit, sich ein gutes Körpergefühl und damit echtes Selbstbewusstsein zu erarbeiten. Sie lernen darüber den verantwortlichen Umgang mit ihrer Aggression und gut auf sich selbst aufzupassen.

Ein weiterer segensreicher Aspekt der Aggression ist es, zu handeln, wenn mir etwas geschieht, was mir nicht guttut, wenn meine eigenen Grenzen überschritten werden: Ich ärgere mich und wehre mich. Hier liefert mir der Ärger – als Teil des aggressiven Spektrums – die Energie, diesen Zustand zu verändern. Wenn sich zum Beispiel jemand an der Supermarktkasse direkt vor Sie drängelt oder Ihnen achtlos auf den Fuß tritt.

In der alten indischen Lehre der *Chakren*, der Energiezentren des Körpers, ist die Aggression mit dem Solarplexus-Chakra verbunden, dem Punkt unterhalb des Brustbeines. Ist dieses Zentrum frei, können wir unsere Grenzen setzen und Ziele verfolgen. Bei Männern, denen ihre Aggression nicht angemessen zur Verfügung steht, lässt sich beobachten, dass sie an diesem Punkt oft druckempfindlich sind oder Schmerzen verspüren. Der Bereich fühlt sich für sie eingeklemmt und hart an. So war es auch bei Sebastian. Er hatte genau an diesem Punkt schon lange einen Ausschlag.

Unsere Emotionen (Freude, Trauer, Wut, Angst) helfen uns als biologische Reaktionen, uns in unserer Umwelt und im Kontakt mit anderen Menschen zu orientieren. Im Kern hilft uns deshalb die Aggression, unsere Grenzen zu schützen, uns zu behaupten und Neues zu wagen. Hier gibt es jedoch eine wichtige Einschränkung: Viele Emotionen beziehen sich mehr auf vergangene als auf gegenwärtige Ereignisse.

Wenn du verheiratet bist, weißt du, wie wichtig frisches Gemüse ist.
TONY SOPRANO

Frauen können vielleicht einen Orgasmus vortäuschen, aber Männer ganze Beziehungen.
SHARON STONE

Was meine ich damit?
Stellen wir uns vor, ein Mann hat als Junge häufiger die Erfahrung gemacht, dass er und seine Bedürfnisse wenig Beachtung fanden. Sagen wir, dieser Mann ruft nun einen Freund an und spricht ihm auf die Mailbox, weil er sich mit ihm fürs Kino verabreden will. Nach einem Tag hat sich dieser Freund noch nicht bei ihm zurückgemeldet. Unser Mann könnte dann aus der Erfahrung seiner Enttäuschungen aus der Jugend ärgerlich auf den Freund werden und dessen Schweigen als Beleg dafür nehmen, dass dieser ihn offenbar nicht für wichtig genug erachtet. »Was für ein Freund tut so was? Auf solche Freunde kann man getrost verzichten!«, denkt unser Mann. Vielleicht hinterlässt er ihm eine weitere, nun wütende Nachricht auf der Mailbox, oder er zieht sich beleidigt und voller Groll zurück. Wenn die alte Verletzung aus seiner Jugend noch sehr tief sitzen sollte, könnte er sogar nie wieder etwas mit diesem »sogenannten Freund« zu tun haben wollen!
Meistens stellt sich die Realität des Freundes völlig anders da. Vielleicht hat er die Nachricht nicht gesehen, vielleicht war er gerade nicht erreichbar, vielleicht war das Handy kaputt, vielleicht war gerade seine Katze gestorben …
Unser Mann hätte dann emotional völlig überreagiert. Wir benötigen deshalb einen Realitätscheck, der überprüft, ob unsere emotionale Reaktion einem gegenwärtigen Ereignis gilt oder eher ein Echo aus der Vergangenheit darstellt.
In Sebastians Fall führten alte Erfahrungen zum Gegenteil: Er reagierte *unter* statt über. Seine Aggression war scheinbar nicht existent.
Ein Mensch kann seine Aggression nicht spurlos verschwinden lassen. Sie ist auch bei Menschen vorhanden, die so tun, als wären sie der Dalai Lama. Diese Menschen richten ihre Aggression dann unweigerlich gegen sich selbst – was die Wurzel von Depressionen und vielen psychosomatischen Erkrankungen ist – oder sie zeigen sie indirekt und sind passiv aggressiv. Bei dieser eleganten Art des Aggressionsausdrucks ärgern sich die anderen über mich, ohne dass sie mir etwas Konkretes nachweisen können. Eine beliebte Form ist das gewohnheitsmäßige Zuspätkommen oder chronische

Unzuverlässigkeit. Auch ein notorisch schlaffer Penis kann übrigens interpretiert werden als: »Ätsch, den gebe ich dir nicht!« Er spricht eine Wahrheit aus, die sein Träger nicht offen auszusprechen wagt. Man kann das sicher nicht in allen Fällen in dieser Eindeutigkeit sagen, aber wert ist es allemal, sich diese Frage zu stellen: Drückt mein Penis etwas aus, was ich mich nicht zu sagen traue?

Das bringt uns zurück zu Sebastians Geschichte:
Da es zwischen Sebastian und Dirk viel Ungeklärtes gab, schien diese Interpretation hier gut zu passen. Ein Penis reagiert sehr sensibel auf nicht ausgesprochenen Ärger.
Eine Lösung für Sebastians Erektionsproblem konnte deshalb seinen Ärger auf seinen Mann nicht aussparen.
Vieles, was wir an körperlichen Reaktionen im vorigen Kapitel bei Paul gesehen hatten, galt auch für Sebastian – sein Beckenboden war dauerhaft angespannt und er atmete meist flach. Wir erinnern uns – ein angespannter Beckenboden ist weniger gut durchblutet, was zu einer schlechteren Blutversorgung des Penis und damit schwächeren Erektionen führt. Um das auszugleichen, drückte Sebastian bei der Selbstbefriedigung meist seinen Penis mit einer Hand am Schaft zusammen, um so das Blut im Penis am Abfließen zu hindern und die Erektion einigermaßen aufrechtzuerhalten. Das limitierte jedoch seine Bewegungsmöglichkeiten, einmal abgesehen davon, dass er ständig mit der Angst beschäftigt war, seine Erektion könnte wieder verschwinden.
Sein Becken blieb bei der Selbstbefriedigung und auch beim (seltenen) Sex mit seinem Mann unbewegt (ein bewegtes Becken fördert die Durchblutung des Beckenbodens). Da sich Dirk und Sebastian bevorzugt gegenseitig oral befriedigten (69), konnte das Becken in dieser Position ebenfalls passiv bleiben. Wenn er beim Sex mit Dirk eine Erektion hatte, wollte er verständlicherweise schnell zum Orgasmus kommen. Er wusste ja nicht, wie lange sein Penis steif bleiben würde. Dieser Zwang, schnell zum Orgasmus kommen zu müssen, trübte für beide den Spaß beim Sex zusätzlich.
Der Weg zu einem befriedigenderen Sexualleben war für Sebastian ein längerer, als er es für Paul gewesen war. Wir arbeiteten auf

mehreren Ebenen: auf der körperlichen, der psychisch-emotionalen und der Beziehungsebene.
Die körperliche Ebene, mit Übungen aus dem *Sexocorporel* und der Körperarbeit, beeinflusste positiv die psychische Ebene – sein angeschlagenes Selbstbild – und die Beziehungsebene, die Beziehung zwischen ihm und mir im Therapieraum ebenso wie die zwischen ihm und seinem Mann.
Über die Zeit lernte Sebastian, seinen Beckenboden besser zu kontrollieren. Er stellte fest, dass eine Erektion, die wegging, auch wiederkommen konnte, wenn er nicht in Panik verfiel und bei seinem Erleben im Körper blieb.
Wenn er bei der Selbstbefriedigung versuchte, mehr Bewegung aus dem Becken kommen zu lassen, oder er es im Stehen tat, verschwand seine Erektion zunächst wieder. Ich hatte ihn darauf vorbereitet, dass beim Üben von neuen Varianten unsere Erregung weggehen kann. Das ist völlig normal, weil unser Körper erst lernen muss, das Ungewohnte in sein Erregungsrepertoire aufzunehmen. Sebastian griff dann einfach auf das zurück, was er kannte und was für ihn funktionierte. Wenn seine Erektion wieder voller da war, versuchte er erneut vorsichtig neue Elemente einzubauen, die der Erektion und dem Erregungsaufbau physiologisch förderlicher sind: Bewegungen des Körpers und des Beckens, Anspannung und Entspannung des Beckenbodens in Verbindung mit dem Atemrhythmus. Er nutzte dabei die *drei Gesetze des Körpers*: wechselnde Muskelspannung, größere und kleinere Bewegungen, Veränderungen im Rhythmus (siehe Seite 138).

Gerne der Zeiten
gedenk' ich, da alle
Glieder gelenkig –
bis auf eins.
Doch die Zeiten sind
vorüber, steif geworden
alle Glieder –
bis auf eins.
JOHANN W. VON GOETHE

Sebastian machte dabei eine interessante Entdeckung zur Verbindung von Angst und Körperspannung: Wenn er sich bewusst eingestand, dass er gerade Angst hatte, entspannte sich sein Beckenboden. Wenn er nur wollte, dass die Angst verschwand (was sie natürlich nicht tat), blieb der Beckenboden angespannt. Das sollte sich später auch als hilfreich beim Sex mit seinem Mann herausstellen. In dem Augenblick, wo Sebastian seinem Mann gegenüber aussprechen konnte, dass er gerade angespannt war, half ihm das, mit sich selbst und mit seinem Partner in Verbindung zu bleiben. Er traute sich also, tatsächlich *intim* zu werden, indem er sich so zeigte, wie er gerade war (zum Thema Intimität später mehr).

Trotz seines beruflichen Erfolges war Sebastians Bild von sich selbst sehr negativ eingefärbt. Er kam sich irgendwie nicht gut genug vor, was sich sexuell bisher ja auch zu bestätigen schien. Im Kontakt mit anderen fühlte er oft Angst und Stress. Erschwerend kam hinzu, dass er sich als schwuler Mann an den schwulen Schönheitsidealen maß. Und ein begehrenswerter Männerkörper muss nach diesem Ideal eben jung, glatt und muskulös sein, mit einem großen, dauersteifen Penis als Sahnehäubchen. Da kann ein normal gebauter Mann – wenn er die vierzig überschritten hat und vielleicht mit Haaren auf dem Körper, dafür etwas weniger auf dem Kopf und einem durchschnittlichen Penis ausgestattet ist – kaum mithalten.

Sebastians sexuelles Üben wurde immer wieder mit kleinen Erfolgen und graduellen Verbesserungen belohnt.

Eines Tages kam Sebastian an und erzählte mir:

»Letzte Woche ist etwas Komisches passiert. Ich habe Dirk gesagt, wie sehr es mich stört, dass alles an mir hängen bleibt, er nur faul rumliegt und die körperlichen Beeinträchtigungen seit seinem Unfall als Ausrede benutzt. Dirk hat sich das erstaunlich ruhig angehört und mir in vielen Punkten recht gegeben. Wir hatten eine sehr ehrliche Unterhaltung. Doch obwohl das Gespräch gut gelaufen ist, hatte ich die ganze Zeit das Gefühl, ich mache was ganz Schlimmes, wir streiten uns gleich ganz furchtbar und er trennt sich jetzt von mir. Irgendwie hat ihn unser Gespräch aber auch anziehend gemacht. Ich habe Lust auf ihn bekommen und wir hatten in der Woche gleich zweimal Sex! Das hat es schon ewig nicht mehr gegeben.«

Seine Erektion war kein Problem gewesen. Sebastian gewann an Selbstvertrauen.

Im Verlauf unserer Sitzungen veränderte sich sein Auftreten und sein Selbstgefühl. Er lernte immer mehr zu akzeptieren, dass er manchmal unsicher war, und er traute sich auch, mir das zu zeigen. Der Kontakt zwischen uns wurde persönlicher und wärmer. Er berührte mich mehr und ich fühlte mich ihm näher.

Er erlebte sich in seinem Körper nun häufiger als angenehm kraftvoll, weshalb sein altes Selbstbild ein Update bekommen musste. Wir fanden dafür das Bild des weisen Königs, der mit kluger Hand sein Reich lenkt. Dieser König ist sanftmütig und am Wohlergehen aller interessiert, doch wenn sein Reich bedroht wird, kann er sich wehren.

WAS WIR VON HARRY POTTER, LUKE SKYWALKER UND ARAGORN LERNEN KÖNNEN

TOLKIEN hat mit Aragorn in *Der Herr der Ringe* für diese grundlegende männliche Qualität eine psychologisch sehr stimmige Figur entworfen. Sie stellt den archetypischen König dar – eine Art universeller Vorlage für den Weg des Mannes, der lernt, seinen ihm gemäßen Platz im Leben und seiner sozialen Umgebung einzunehmen.

Zu Beginn zieht der spätere König als Streicher – als Mann, der seinen Platz noch nicht gefunden hat – durch die Lande, um sich im Kampf gegen das Böse zu bewähren. Um seinen Platz als König einnehmen zu können, muss er sich seinen schlimmsten Ängsten stellen und sie zu seinen Verbündeten machen – dargestellt als die Geisterarmee, sinnbildlich auch für die »alten Geister« unserer Familiengeschichte. (Manchmal suchen die unaufgearbeiteten traumatischen Themen unserer Vorfahren – wie Gewalt, Schuld, Wahnsinn – mehrere Folgegenerationen heim, bis einer sich dem Thema stellt und dem Spuk ein Ende bereitet).

Versuchungen sollte man nachgeben. Wer weiß, ob sie wiederkommen!
OSCAR WILDE

Der Herr der Ringe ist wie *Star Wars* und *Harry Potter* ein moderner Mythos. Unser Verstand weiß, das sind ausgedachte Geschichten, die so in der realen Welt nicht wirklich passieren können. Dennoch sprechen Mythen zu einem tieferen Teil in uns, egal ob wir alte griechische Sagen lesen oder einen Superheldencomic. Mythen erzählen in Bildern von urmenschlichen Erfahrungen wie der Liebe, der Angst, der Frage nach dem Sinn in unserem Leben, dem Erfolg, dem Scheitern, dem Kampf mit den schlimmsten Dämonen und der Unterstützung, die wir unerwartet in diesem Kampf bekommen.

Wenn wir »Sisyphusarbeit« sagen, wissen wir, dass eine Aufgabe gemeint ist, die sich so anfühlt, als ob wir immer wieder einen schweren Fels einen Berg hinaufrollen müssen, der anschließend wieder herunterkullert. Uns ist klar, dass das nicht wörtlich gemeint ist. Doch eine rein rationale Beschreibung der menschlichen Welt lässt eine schmerzhafte Lücke, es fehlt der Teil, wie wir die Welt erleben. Wir brauchen deshalb beides, den Logos ebenso wie den Mythos, um unsere Welt fassen zu können.

Sex und Partys sind das Einzige, wo man persönlich erscheinen muss.
ANDY WARHOL

Die Mythen von Rittern und Königen üben auf Jungen eine magische Kraft aus. Sie spüren, dass auch für sie die Zeit kommt, in der sie ihre Größe beweisen und gegen Drachen kämpfen müssen. Jeder Mann kennt in seinem Leben solche Herausforderungen, vor denen er am liebsten davonlaufen würde, weil sie ihm übermächtig erscheinen. Diese Herausforderungen können persönlicher, beruflicher, gesellschaftlicher oder gesundheitlicher Natur sein. Ein Held ist, wer sich ihnen in seinem Leben stellt. Wir müssen also nicht erst den Mount Everest besteigen oder im Champions League Finale das entscheidende Tor schießen. Es reicht, wenn wir uns ein unangenehmes Gespräch zu führen trauen und nicht länger vor unseren Ängsten davonrennen.

Sebastian hatte einen wichtigen Teil seines Selbstwerts in seiner Kindheit verloren. Bis zu unseren Sitzungen hatte er verdrängt, wie schmerzhaft und demütigend es für ihn gewesen war, dass seine Wünsche nicht ernst genommen und sein Wille von seiner Mutter gebrochen wurde. Es kostete ihn einige Kämpfe, doch Sebastian stellte sich diesen »Drachen« und überwand sie schließlich. Letztlich waren die Ungeheuer nur Spielarten ein und desselben Themas: Er hatte Angst, er selbst zu sein.

Sebastian eroberte sich seine Würde zurück, die er in den endlosen Klavierstunden mit seiner Mutter verloren hatte, und nahm immer mehr den ihm gemäßen Platz in seinem Körper, in seiner Beziehung und in seinem Leben ein.

ZUSAMMENGEFASST

Erektionsstörungen gehen häufig damit einher, dass ein Mann sich seiner selbst und seiner Sexualität unsicher ist und »nicht hinter sich steht«. Ich habe in diesem Kapitel versucht zu zeigen, wie es zu dieser Verunsicherung kommen kann, wie sich diese auf Körper, Selbstgefühl, Sexualität und Beziehungen auswirkt. Und wir haben gesehen, wie ein Mann über eine Mischung aus Körperübungen und dem Aufarbeiten schwieriger Kapitel seiner Geschichte in seinem Körper mehr Halt gefunden und ein neues Selbstbewusstsein entwickelt hat.

Erektionsstörungen werden mit zunehmendem Alter wahrscheinlicher. Der Testosteronspiegel nimmt ab und je nach körperlicher Fitness und Gesundheitszustand ist die Durchblutung im Becken oft herabgesetzt. Der Penis braucht dann mehr direkte Stimulation und die Erektionen werden weniger dauerhaft. Das ist nicht tragisch, solange wir nichts Falsches erwarten. Wenn wir das beherzigen, können wir die Freude im Bett im Alter nicht nur erhalten, sondern sogar steigern.

Ob wir aus Erektionsproblemen eine sexuelle Impotenz machen, hängt dabei wesentlich von uns selbst ab. Der Sexualtherapeut Ulrich Clement erklärt das in seinem Buch *Systemische Sexualtherapie* so: »Zu Impotenz führt eine Erektionsstörung erst dann, wenn der Mann sie als relevantes Ereignis für sein Selbstverständnis als Mann gelten lässt und sich in seiner sexuellen Aktivität beeinträchtigen lässt. Eine Erektionsstörung ist ein Sachverhalt. Die Impotenz ist eine Bedeutung, die diesem Sachverhalt gegeben wird – oder nicht.«

Mit Clement lässt sich Herbert Grönemeyers Frage »Wann ist ein Mann ein Mann?« so beantworten: Wenn seine Männlichkeit nicht von seiner Erektion abhängt. Ein Mann ist mehr als sein Penis. Wir haben noch zwei Hände, eine Zunge und was wir sonst noch nutzen möchten. Eine Erektion kann wiederkommen, wenn wir uns nicht darauf, nun ja, versteifen, eine haben zu müssen.

Unabhängig vom Alter wird es Ihnen Ihr Penis danken, wenn Sie ihn nicht wie einen Sklaven behandeln, sondern wie einen Verbündeten. Wir bieten unserem Penis die beste Unterstützung, wenn der Sex nicht nur »unten«, im Becken, sondern auch »oben«, im Herzen stattfinden darf.

Das bringt uns zu unserem nächsten großen Thema: die Verbindung von Penis und Herz.

Ole Häntzschel

DER PHALLUS IN DER GESCHICHTE

Der Penis hat in allen Zeiten besondere Bedeutung.
Einige Beispiele zeigen die Verbreitung des religiös konnotierten Phallus.

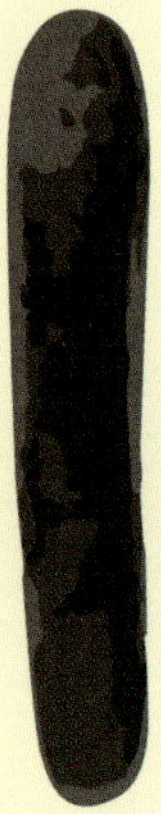

DER PHALLUS VOM HOHLE FELS, auch PHALLUS VON SCHELKLINGEN genannt, gilt mit einem Alter von ca. 28.000 Jahren als eine der ältesten bekannten Phallusdarstellungen.

4. Jahrtausend v. Chr.: Der altägyptische Gott MIN, der mit Fruchtbarkeit und Zeugung assoziiert ist, wird mit einem deutlich sichtbaren erigierten Glied dargestellt.

KOKOPELLI heißt der Fruchtbarkeitsgott der ANASAZI-Kultur im Südwesten der heutigen USA. Felszeichnungen zeigen ihn als Buckligen mit Flöte und betontem Phallus.

Der LINGA oder LINGAM ist ein phallisch geformtes Symbol des hinduistischen Gottes SHIVA. In einigen hinduistisch geprägten Ländern werden SHIVA gewidmete Phallus-Amulette gegen den bösen Blick getragen.

Der Fruchtbarkeitsgott PRIAPOS wird im antiken Griechenland mit einem riesigen erigierten Penis dargestellt. Auch im antiken Rom wurde PRIAPOS verehrt. Angeblich opferten frisch verheiratete Frauen dem Gott ihre Jungfräulichkeit, indem sie sich auf den Schoß einer PRIAPOS-Statue setzen.

Im shintoistischen TAGATA SCHREIN in Japan findet bis heute alljährlich eine Prozession mit einem zweieinhalb Meter langen und 400 Kilo schweren Holzphallus statt. Ihm folgen Frauen, die kleinere Holzpenisse tragen.

Als *Ostentatio genitalium* wird die Darstellung des Penis am Leib CHRISTI in der Renaissance bezeichnet. Völlig nackt wird zumeist nur der kindliche Jesus gezeigt; es gibt allerdings auch einige Bilder vom leidenden Jesus, der eine bedeckte, doch deutlich sichtbare Erektion hat, z.B. MAARTEN VAN HEEMSKERCKS *Schmerzensmann*.

In Pompeji dienten Phalli als Wegweiser zu den Bordellen.

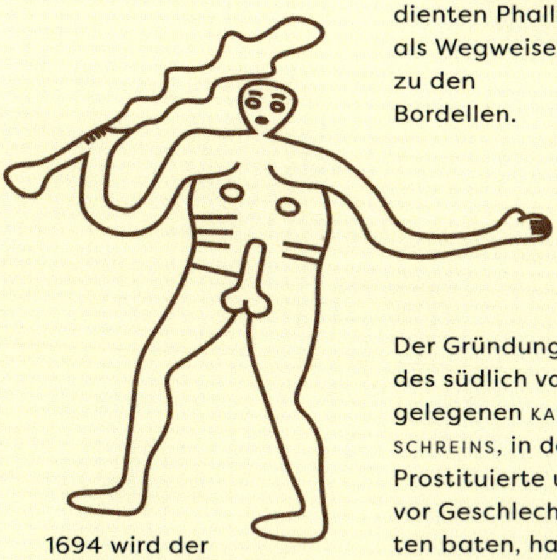

In Bhutan sollen auf Hauswände gemalte Phalli den bösen Blick abwenden und vor Dämonen schützen. Der Legende nach stammt dieser Brauch vom Heiligen DRUKPA KUNLEY, einem buddhistischen Mönch, der ein ausschweifendes Leben führte und Dämonen vertrieb, indem er ihnen mit seinem Penis auf den Kopf schlug.

1694 wird der CERNE-ABBAS-RIESE in der englischen Grafschaft Dorset das erste Mal in Aufzeichnungen erwähnt. Das in den Boden gegrabene Bildnis eines Mannes mit Keule ist 55 Meter groß – der Phallus 7 Meter.

Der Gründungsmythos des südlich von Tokio gelegenen KANAYAMA-SCHREINS, in dem früher Prostituierte um Schutz vor Geschlechtskrankheiten baten, handelt von einem Mädchen, das einen in seiner Vagina hausenden Dämon mithilfe eines Eisenpenis austrieb. Auch hier findet inzwischen jährlich ein Phallus-Umzug statt.

Von Neuirland, heute Papua-Neuguinea zugehörig, stammen die ULI-Figuren, die Brüste und große Penisse aufweisen. So symbolisierten sie in verschiedenen Ritualen sowohl weiblich-nährende als auch männlich-kämpferische Aspekte. In den ersten Jahrzehnten des 20. Jahrhunderts verschwanden die ULI-Riten durch christlichen Einfluss.

SEXTING MIT EMOJIS

Jenseits von Smileys und dem hochgereckten Daumen eröffnen Emojis online eine nicht ganz jugendfreie Art der nonverbalen Kommunikation.
Den Austausch erotischer Kurznachrichten, ob bildlich oder in schriftlicher Form, nennt sich übrigens *Sexting*.
Der Fantasie sind beim Einsatz von Emojis keine Grenzen gesetzt.
Ein paar Kombinationen und Bedeutungen sind aber bereits weit verbreitet.

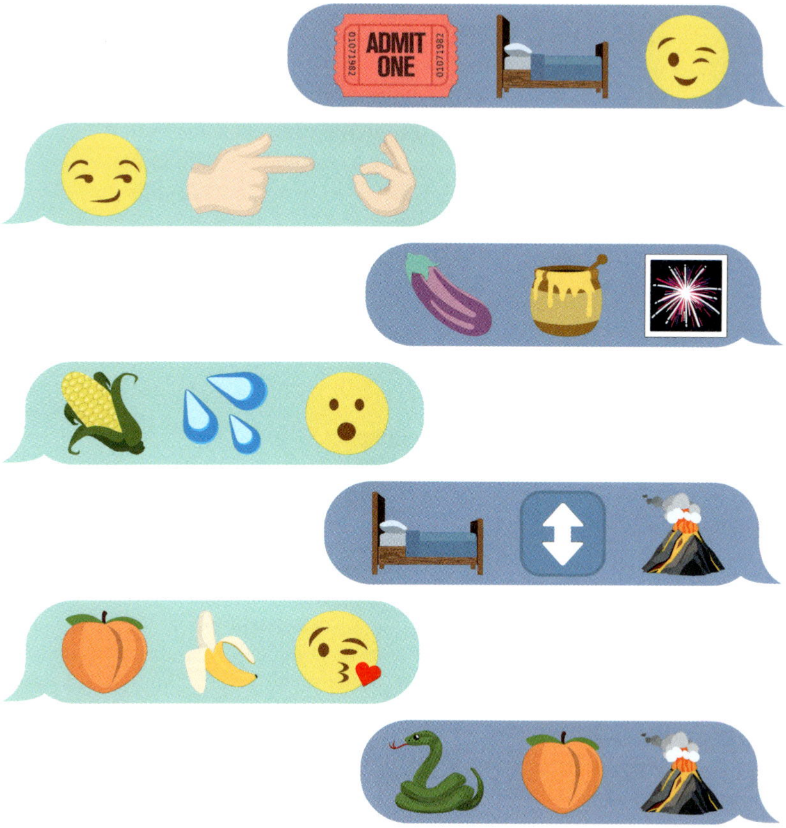

P.S.: Achtung!
Es gibt auch in der erotischen Kommunikation mit Emojis Wortspiele, die nur in einer bestimmten Sprache funktionieren.
So kann der Kugelfisch, im Englischen *blowfish*, für Oralsex stehen, und das Kamel mit seinem Höcker (engl. *hump*) für das *humping*, also Rammeln.
Für Deutsche könnten Vogel-Emojis nach Belieben ähnlich verwendet werden.

DIE GESCHICHTE DER PORNOGRAFIE

Erotische Darstellungen sind keine Erfindung der Neuzeit. Die üppige Venus von Willendorf aus der Altsteinzeit belegt dies genauso wie Fresken und Statuen aus dem Römischen Reich. Doch die eigentliche Geschichte der »sprachlichen, bildlichen Darstellung sexueller Akte unter einseitiger Betonung des genitalen Bereichs und unter Ausklammerung der psychischen und partnerschaftlichen Aspekte der Sexualität« (Duden) beginnt mit dem Buchdruck und der damit möglichen massenhaften Verbreitung erotischer Geschichten und Bilder.

Im antiken Griechenland und dem Römischen Reich werden erotische Darstellungen öffentlich präsentiert und bezeugen den Reichtum und die Genussfreudigkeit ihrer Besitzer.

1524: *I Modi*, ein Buch mit Stichen von 16 Sexpositionen & Sonetten erscheint. Und wird direkt vom Papst beschlagnahmt.

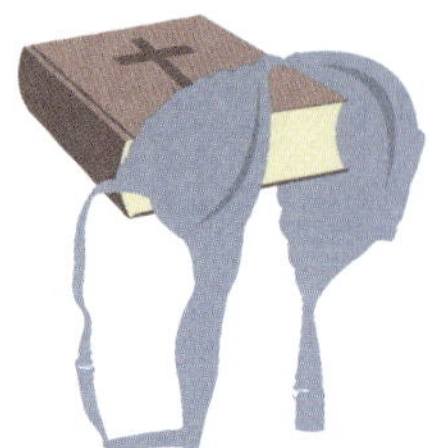

In der Aufklärung kritisieren pornografische Schriften oft die Gesellschaft und den Klerus. Besonders die sexuellen Abenteuer von Nonnen und Mönchen sind Thema.

Während und nach der Französischen Revolution erscheinen die sadomasochistischen Texte des Marquis de Sade.

Ab 1840 werden erotische Fotografien erstellt und verbreitet.

Der britische *Obscene Publications Act* von 1857 ist die erste anti-pornografische Gesetzgebung. Auch Deutschland verbietet Pornografie.

Als ältester erhaltener Erotikfilm gilt *Le Coucher de la Mariée* von 1896, der einen Striptease zeigt. Wanderkinos zeigten meist heimlich die sogenannten *stag films*, etwa fünf- bis zwanzigminütige Streifen für »Herrenabende«.

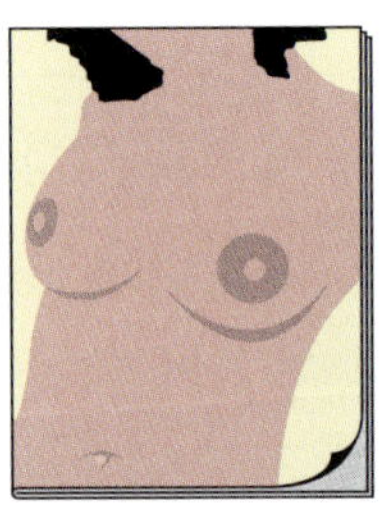

1880 entstehen die ersten Pornomagazine. Unter Titeln wie *Modern Art for Men* geben sie sich einen künstlerischen Anstrich.

Von den 1920ern bis in die 1960er erscheinen in den USA auch pornografische Comics.

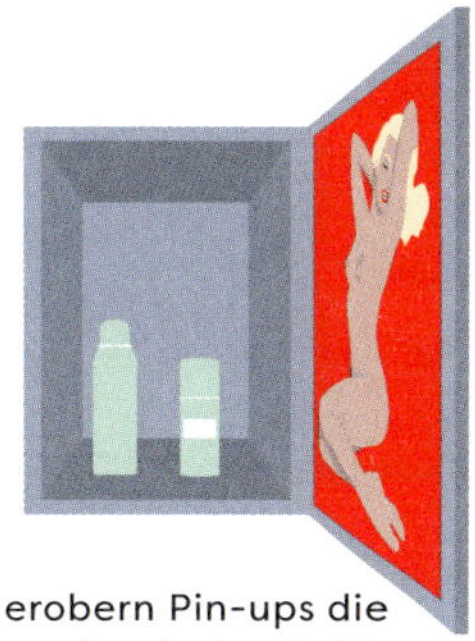

Ab 1940 erobern Pin-ups die Spinde amerikanischer Soldaten und die Popkultur. Besonders MARILYN MONROE war beliebt.

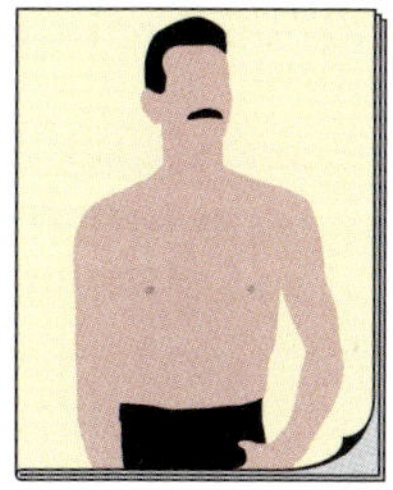

1951 erscheint mit *Physique Pictorial* das erste Pornomagazin für Schwule.

Den ersten Sexshop der Welt eröffnete BEATE UHSE 1962 in Flensburg.

In den 1960ern/1970ern werden Aufklärungsfilme in den Kinos gezeigt. Bei Aufführungen des Films *Helga* werden Zuschauer regelmäßig während einer Geburtsszene ohnmächtig.

Nach einer Lockerung der Gesetze eröffnen 1975 die ersten modernen Sexkinos in Deutschland.

Als erster explizit pornografischer Film, der offiziell in US-Kinos gezeigt wurde, gilt *Mona* aus dem Jahr 1970.

Der Porno *Deep Throat* von 1972 ist bis heute der lukrativste Film aller Zeiten.

Die erste deutsche Ausgabe des *Playboy* erscheint 1972.

Ab 1982 werden Pornos zunehmend als Videos mit niedrigem Budget produziert.

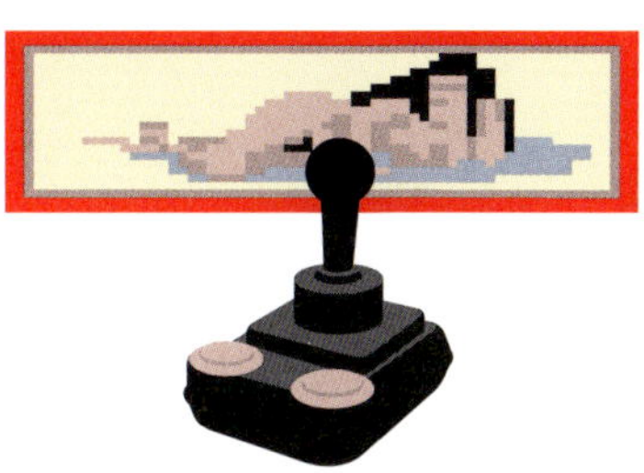

In den 1980ern entstehen in Japan die ersten erotischen Computerspiele.

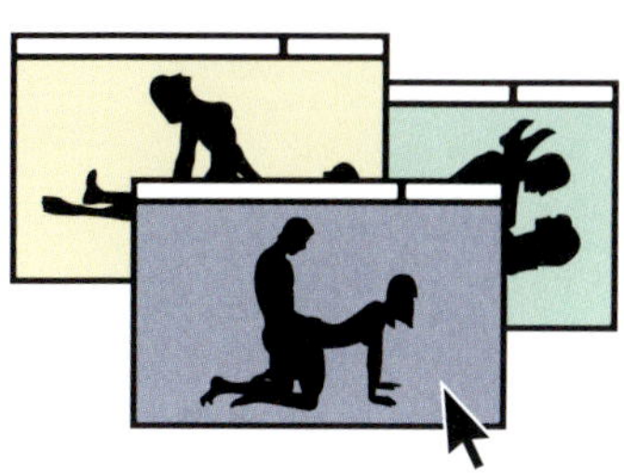

Durch Pornoplattformen im Internet und das Aufkommen der Amateurfilme werden Sexkinos und Pornovideos verdrängt.

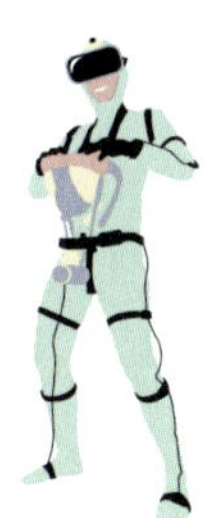

Im Frühling 2016 lädt PORNHUB die ersten Virtual-Reality-Pornos auf seine Plattform.

SEXSPIELZEUGE FÜR MÄNNER

Solo oder mit Partnerin oder Partner können Sexspielzeuge zum erotischen Zeitvertreib beitragen. Ab 5 Euro bekommt man einen *Penisring*, für eine lebensnahe Sexpuppe dagegen muss man mehrere Tausend Euro hinblättern.

FÜR DEN PENIS: € 2,99 bis € 349

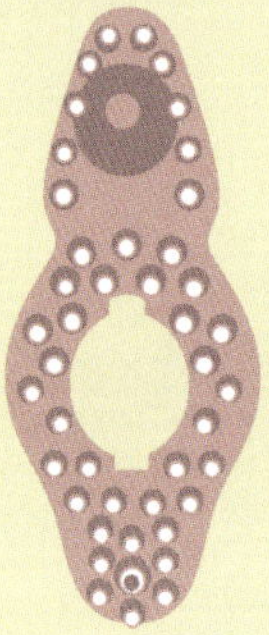

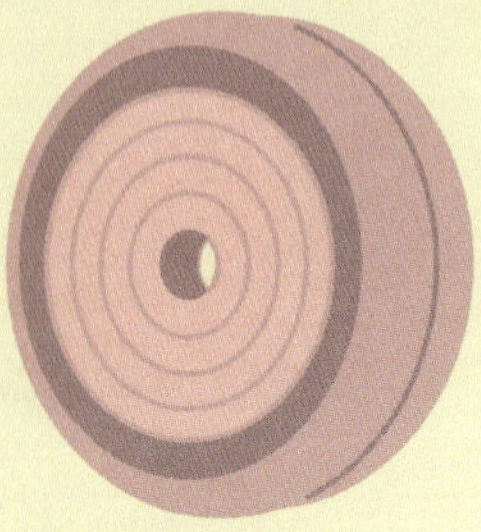

Penisring/Cockring: staut das Blut im erigierten Penis und verlängert die Erektion. Gibt es mit Vibration (für die Partnerin) und auch in Gold (für die Ästhetik).

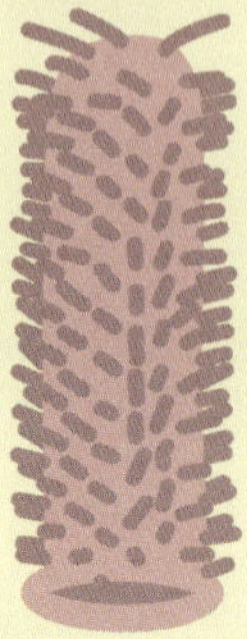

Penishülle: vergrößert den Penis und stimuliert die Partnerin.

FÜR DEN PENIS: € 2,99 bis € 349

Auch ein hohler *Strap-on* vergrößert künstlich den Penis.

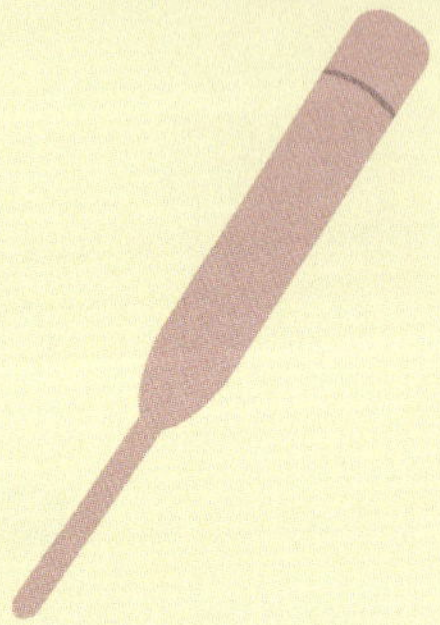

Harnröhrenvibrator: nur für Profis!

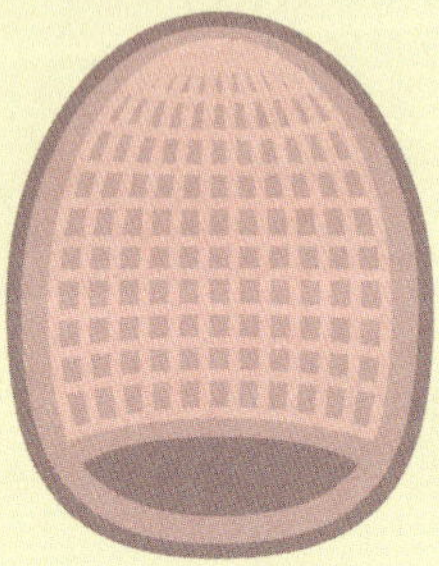

Masturbations-Ei: für den einmaligen Gebrauch.

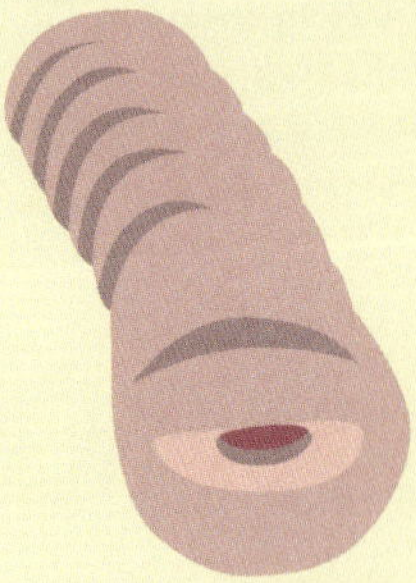

Vagina-Imitation zur Selbstbefriedigung ...

FÜR DEN PENIS: € 2,99 bis € 349

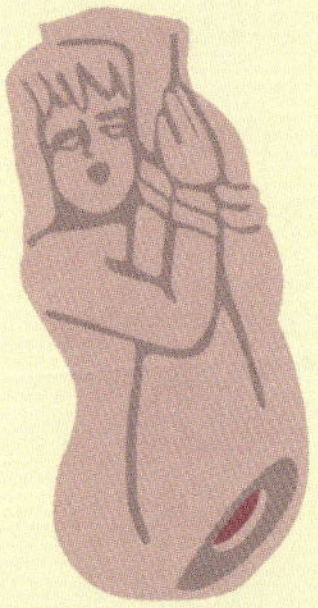

... auch in Form von Miniaturfrauen erhältlich.

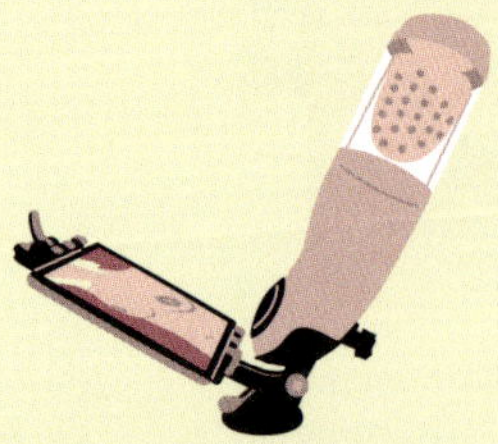

Masturbator mit Unterdruck: mit Smartphonehalterung und Massagefunktion.

FÜR DIE HODEN: € 7,95 bis € 170

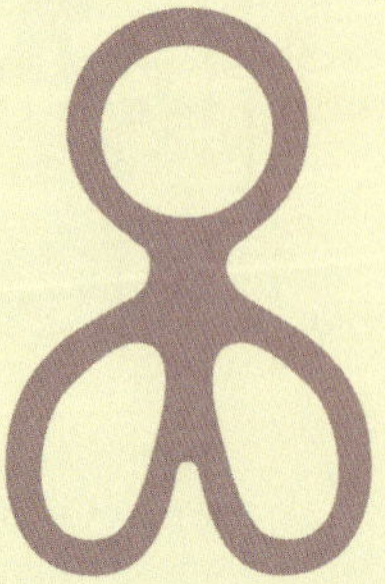

Ballstretcher: aus weichem oder hartem Material dienen sie zum Dehnen des Hodensacks.

FÜR DEN HINTERN: € 4,50 bis € 230

Butt Plug: dehnt den Anus zur Vorbereitung auf Analsex. Mit Schwanz daran ist er Teil des sogenannten *Petplays.*

Anal-Kette: stimuliert durch die Kugeln.

Prostatastimulator: analer Dildo oder Vibrator.

KÖRPERTEILE: € 120 bis € 699

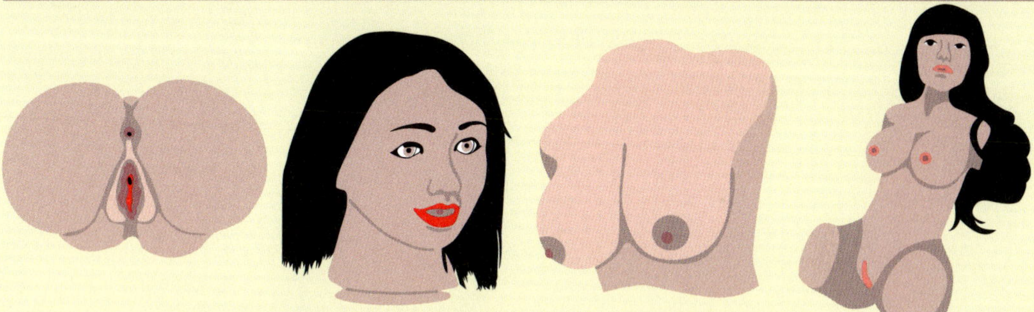

Je nach Vorliebe (oral, anal, vaginal, Busensex) und Dicke des Geldbeutels dienen *Körperteile* als handlicher Ersatz für *Sexpuppen.*

PUPPEN: € 12 bis € 1250

SPECIAL INTEREST

Aufblasbare *Gummipuppe*

Gummi-/Silikonpuppe

2017 soll es erste Sexpuppen mit Mimik, Sprachmodul und künstlicher Intelligenz geben.

Vajankle: Kombination von Fuß und Vagina.

DIE ANGST UMS GEMÄCHT – ABERGLAUBEN UM PENIS UND IMPOTENZ

In allen Zeiten und Kulturen treibt Männer die Angst um ihr bestes Stück um. Während Impotenz und Unfruchtbarkeit noch heute Kopfzerbrechen bereiten und die Kastrationsangst einen festen Platz in der klassischen Psychoanalyse hat, scheinen bissige Vaginen, sich in den Körper zurückziehend oder gleich ganz weggezauberte Penisse eher kurios. Hier sind einige ausgewählte Beispiele.

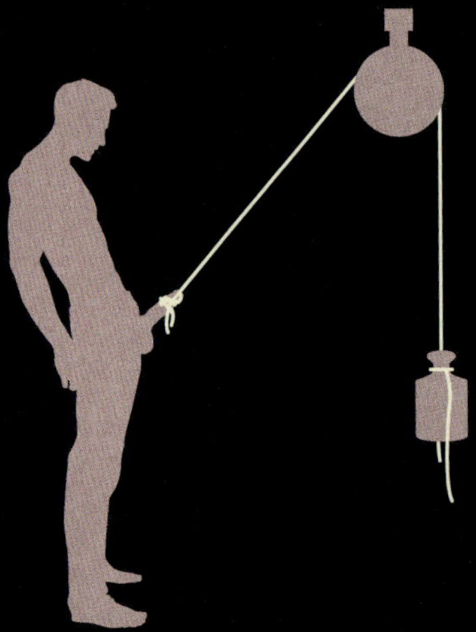

Die Betroffenen der Angststörung *Koro*, die primär in Indonesien, Malaysia und China vorkommt, glauben, dass sich ihre Genitalien mit tödlichen Folgen in den Körper zurückziehen. Mit mechanischen Mitteln oder der Hilfe anderer Personen versuchen die Erkrankten, dies zu verhindern.

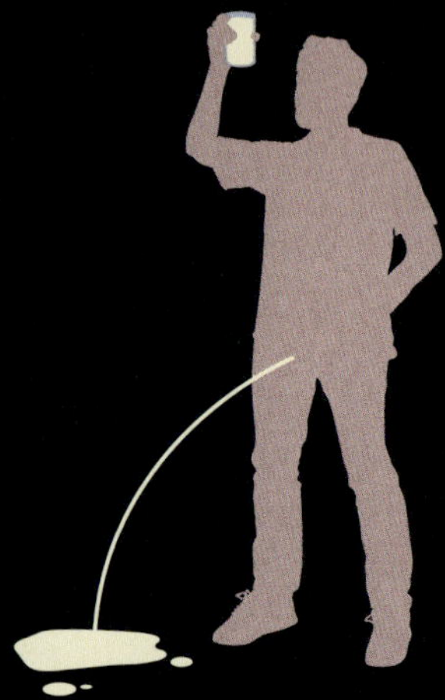

Anders gelagert ist das indische *Dhat-Syndrom*: Hier geht der Betroffene davon aus, dass er mit dem Samen auch seine Lebensenergie verliert. Masturbation und Sex sind demnach natürlich tabu und auch der Urin wird argwöhnisch auf Eintrübungen durch Sperma untersucht.

In Nigeria kommt es immer wieder zu Wellen von magischen Penisdiebstählen. Dabei glaubt das Opfer, dass ein böse gesinnter Zauberer den Penis wegschrumpfen lässt.

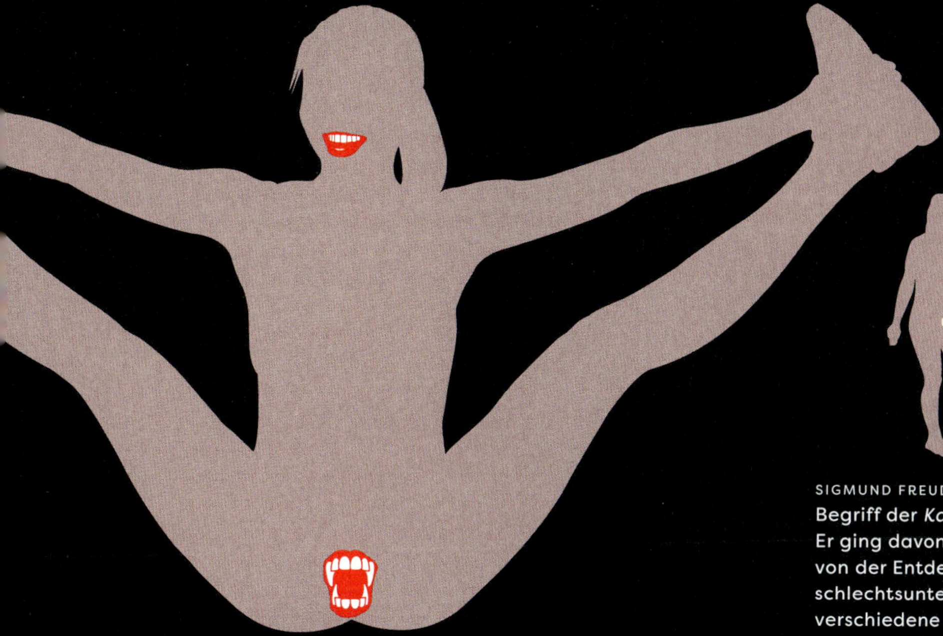

Besonders blutrünstig ist der Mythos von der *Vagina dentata*, der mit Zähnen bewehrten, penisfressenden Vagina. Woher diese Vorstellung ursprünglich stammt, ist unklar, aber in Asien kommt das Motiv in verschiedenen Geschichten vor.

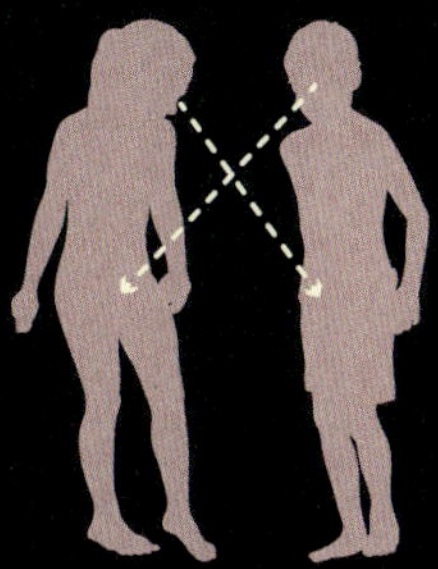

SIGMUND FREUD prägte den Begriff der *Kastrationsangst*. Er ging davon aus, dass Kinder von der Entdeckung des Geschlechtsunterschieds in verschiedene Ängste gestürzt werden. Während Mädchen seiner Meinung nach vom Penisneid umgetrieben werden, fürchten Jungen angesichts der penislosen Mädchen um die Unversehrtheit ihres eigenen Geschlechts.

Bei der *Impotentia ex maleficio*, so die mittelalterliche Vorstellung, verklebte der Leibhaftige die Samenleiter und verursachte so Impotenz.

Im *Hexenhammer* aus dem 15. Jahrhundert, das die schriftliche Grundlage der Hexenverfolgung bildete, sind Hexen oder der Teufel selbst am Werk, wenn das Stehvermögen nachlässt – oder Schlimmeres ... Hexen konnten einem Mann den Penis wegzaubern, sodass nur glatte Haut blieb. Der Penis war jedoch nicht verschwunden, sondern wurde von der Hexe aufbewahrt: »...von vielen Menschen wurde gesehen und allgemein erzählt, dass sie [die Hexen] zuweilen 20 bis 30 männliche Glieder auf einmal in einem Vogelnest oder einem Schrank einschließen.« Das gute Stück konnte in den meisten Fällen wiederbeschafft werden.

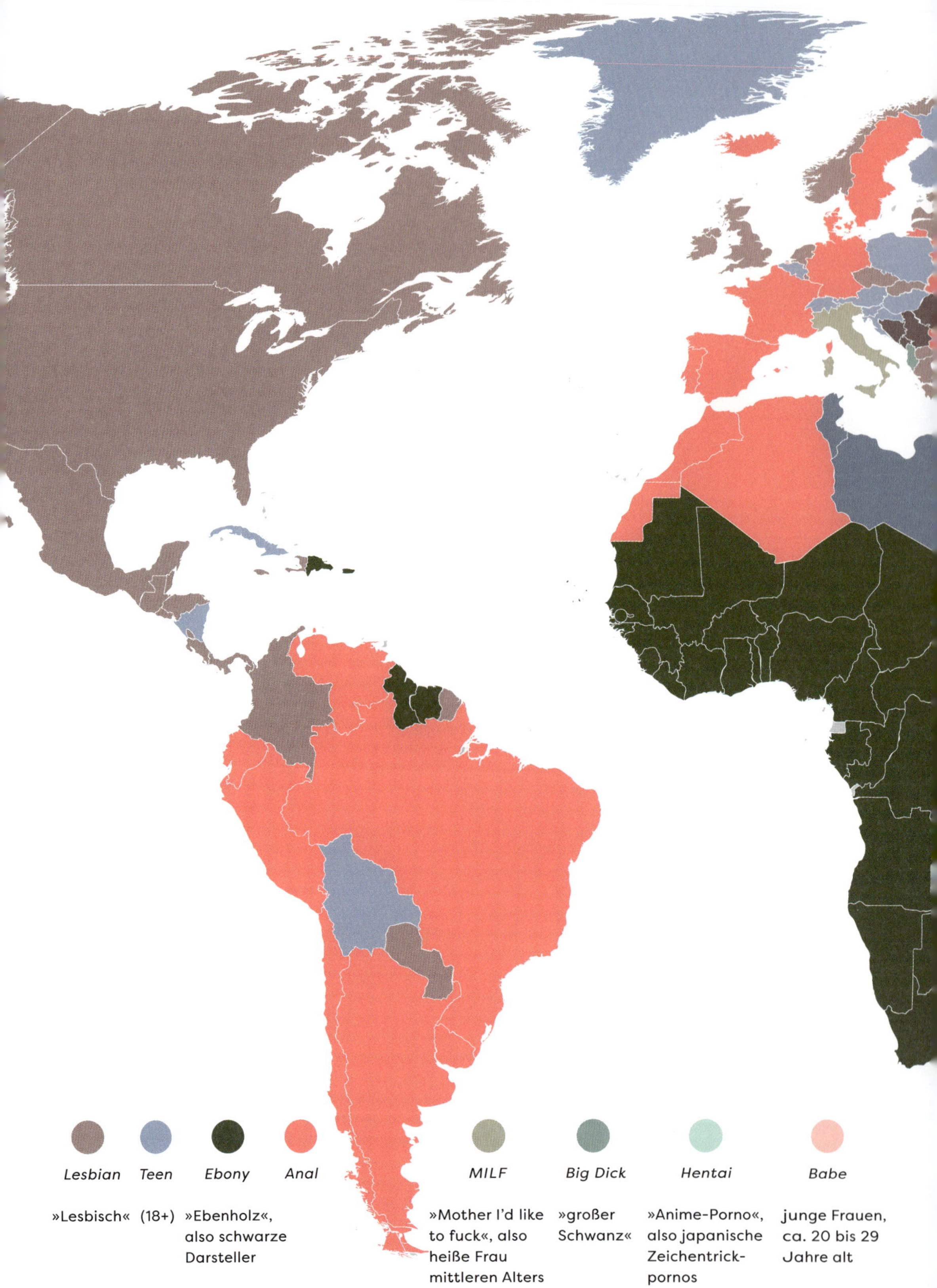
Lesbian
»Lesbisch«
Teen
(18+)
Ebony
»Ebenholz«, also schwarze Darsteller
Anal
MILF
»Mother I'd like to fuck«, also heiße Frau mittleren Alters
Big Dick
»großer Schwanz«
Hentai
»Anime-Porno«, also japanische Zeichentrick-pornos
Babe
junge Frauen, ca. 20 bis 29 Jahre alt

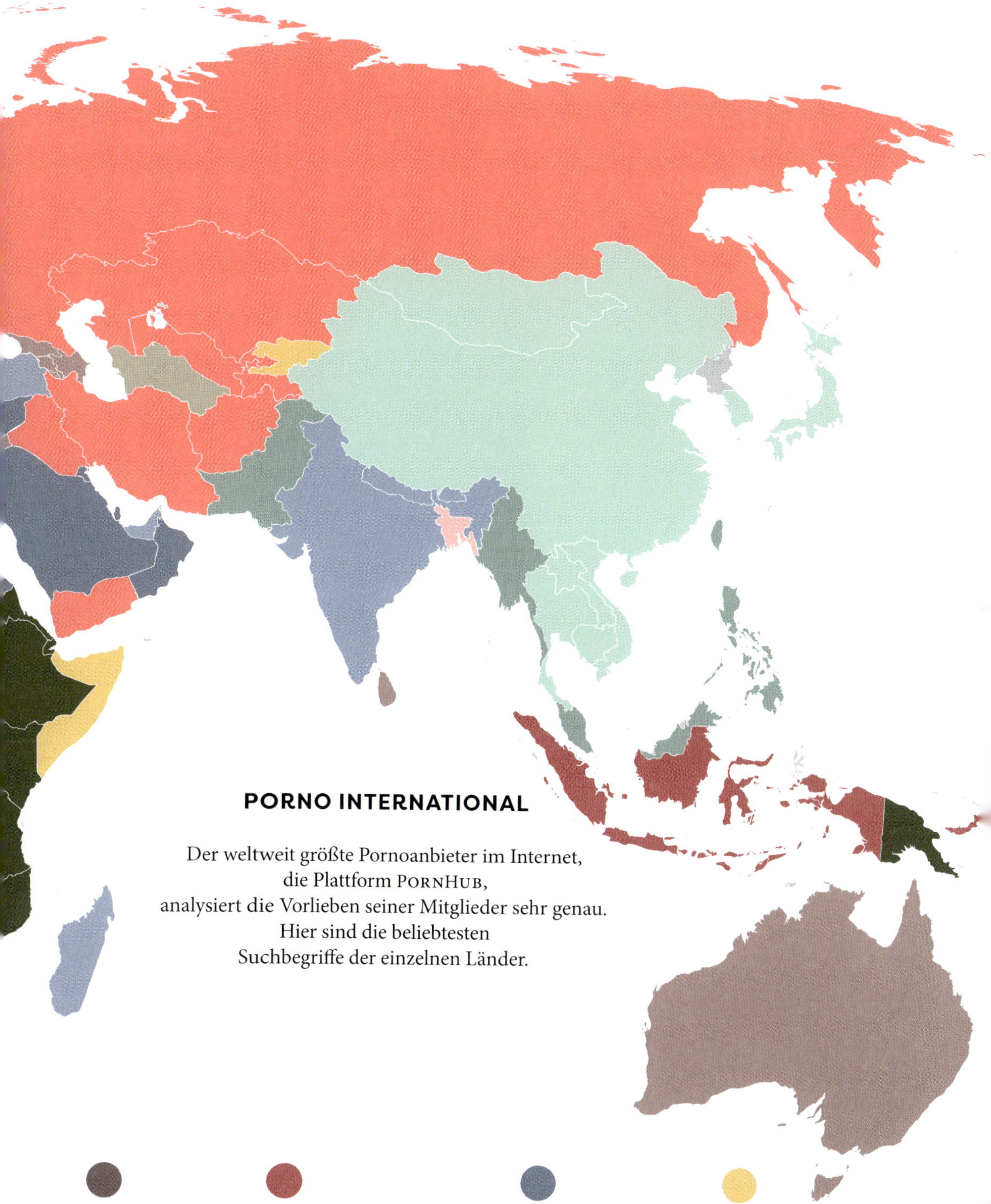

PORNO INTERNATIONAL

Der weltweit größte Pornoanbieter im Internet,
die Plattform PornHub,
analysiert die Vorlieben seiner Mitglieder sehr genau.
Hier sind die beliebtesten
Suchbegriffe der einzelnen Länder.

Mature

reife Frauen

School

»Schule«, also Pornografie in einem Unterrichtsszenario oder mit Darstellerinnen in Schuluniform

Arabian

»Arabisch«, kann sich auf die Ethnie der Darsteller beziehen, aber auch auf eine Sexualtechnik mit Öl

BBW

»Big Beautiful Women«, also üppige Darstellerinnen

1830-1850
Revoluzzer-bart

Kam mit der französischen Juli-Revolution auf und verbreitete sich auch in Deutschland. Hielt sich in bestimmten politischen Kreisen bis ins 20. Jahrhundert. Berühmte Träger sind KARL MARX, FRIEDRICH ENGELS und später CHE GUEVARA und FIDEL CASTRO.

Um 1900
Kaiser-Wilhelm-Bart

Derart getragene Schnurrbärte galten als Zeichen des Patriotismus.

Ab spätestens 1920
glatt rasiert

Bärte sind aus der Mode, werden als unhygienisch betrachtet.

Ab 1930
Hitler-bärtchen

CHARLIE CHAPLIN und ADOLF HITLER teilen diese Bartmode.

1940
schmaler Oberlippenbart

À la CLARK GABLE in *Vom Winde verweht.*

SCHÖNHEIT, MODE, KÖRPERIDEALE

Wie man sich den idealen Mann optisch vorstellt, hat sich im Laufe der Zeit stark verändert. Auch an Männer werden mehr und mehr ästhetische Ansprüche gestellt, die oft nicht ohne Weiteres zu erfüllen sind.

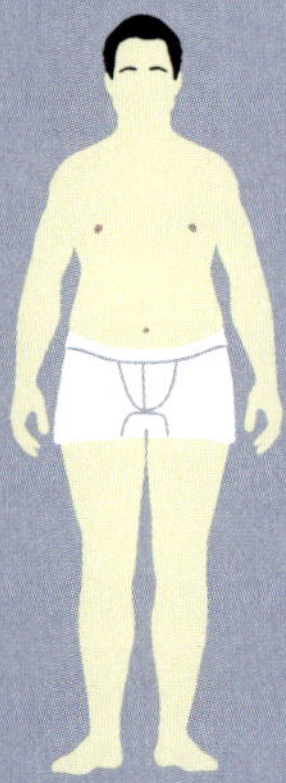

1870er

Etwas Übergewicht galt als attraktiv und Zeichen von Wohlstand.

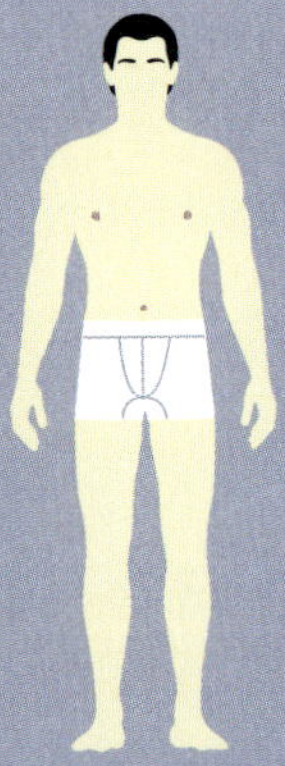

1930er

Die muskulösere V-Form des Oberkörpers wird zum Ideal.

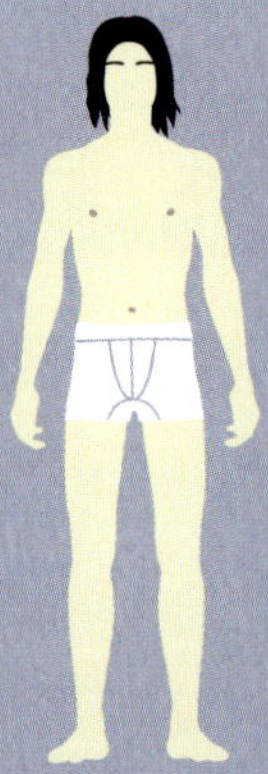

1960er

Körperliche Fitness rückt in den Hintergrund. Schlaksige Musiker wie MICK JAGGER und JOHN LENNON werden zu Ikonen.

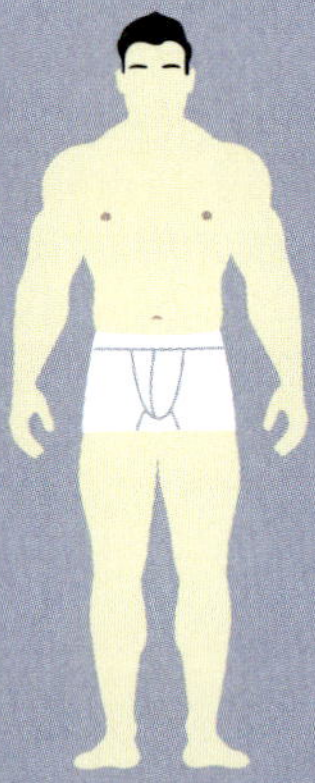

1980er

Extrem muskulöse Action-Helden wie SYLVESTER STALLONE und ARNOLD SCHWARZENEGGER werden berühmt.

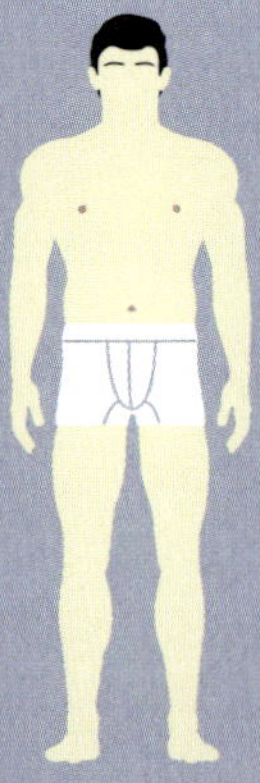

1990er bis heute

Schlanke Männer mit muskulösen Arm- und Schulterpartien gelten als besonders attraktiv.

Ab den 1950ern/ 1960ern
Vollbart

Beatniks und Hippies rebellieren gegen das glatt rasierte Establishment. Auch die BEATLES trugen zum Zeitpunkt von *Abbey Road* größtenteils Bärte.

1970er/ 1980er
Schnurrbart

Mit Künstlern wie FREDDIE MERCURY und Serienfiguren wie MAGNUM kommt der Schnurrbart zurück.

1990er
Ziegenbart

BRAD PITT macht den Ziegenbart salonfähig.

2000er
Dreitagebart

Schon in den 1980ern verlor der Dreitagebart das Image des Schmuddeligen, DAVID BECKHAM machte ihn in den 2000ern zum Mainstream.

Ab 2010
Vollbart

Ohne zugrundeliegende politische Überzeugung wird der Vollbart von den Hipstern getragen.

DIE BELIEBTESTEN SCHÖNHEITS-OPERATIONEN AN MÄNNERN in Prozent*

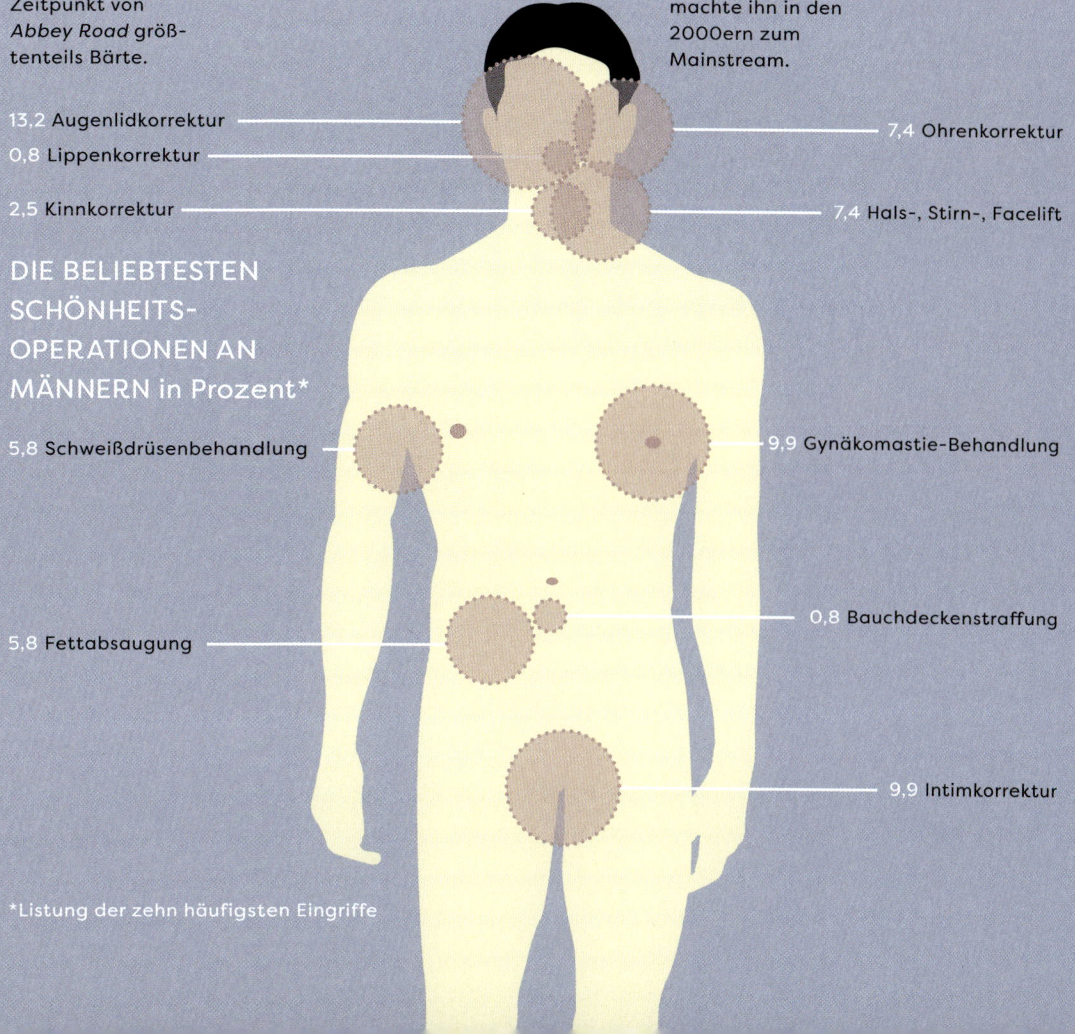

*Listung der zehn häufigsten Eingriffe

7.

Das Herz als erogene Zone

»I CAN'T GET NO ...!« – WENN MAN ETWAS IM SEX SUCHT

Was steckt dahinter, wenn man nicht genug Sex bekommen kann und auch wenn man viel bekommt, trotzdem unbefriedigt bleibt? Dieses Phänomen wird häufig als »Sexsucht« bezeichnet. Ich setze den Begriff in Anführungszeichen, weil ich das Unbehagen vieler Sexualwissenschaftler und Sexualtherapeuten mit diesem Etikett teile. Das Problematische an Krankheitsbegriffen wie »Sexsucht« ist, dass man es entweder hat oder nicht hat. Man ist gesund oder man ist krank. Tatsächlich sind die Übergänge fließend von einem Mann, der einfach gerne viel Sex hat, zu einem Mann, der den Sex als Kompensation für etwas anderes benutzt.

Das Gefühl, dass etwas im Sex fehlt, kennen viele Männer. In diesem Kapitel wird es darum gehen, was der Sex braucht, damit wir ihn als befriedigend empfinden. Sie werden dabei etwas über unser autonomes Nervensystem erfahren und welche Rolle dies bei unserer Möglichkeit spielt, uns emotional auf jemanden einlassen zu können. Sie werden sehen, wie leicht wir – emotional und neuronal gesehen – zu Reptilien werden können und wie das unsere (Genuss-)Fähigkeit als Liebhaber beeinträchtigt. Ich möchte Ihnen dabei die zentrale Rolle einer oft übersehenen erogenen Zone vorstellen – unser Herz. Wir schauen uns an, was passiert, wenn Sex und Herz voneinander getrennt, und was, wenn sie miteinander verbunden sind. Sie werden außerdem erleben, wie aus einem chronisch Sexhungrigen ein liebes- und beziehungsfähiger Mann werden kann, bei dem Herz und Penis eine Einheit bilden.

Manche Erzählung über meine nächtlichen Eskapaden glaube ich nur, weil es stichhaltige Beweise gibt.
KEITH RICHARDS

Es gibt keine verlässlichen Zahlen darüber, wie verbreitet »Sexsucht«, »Hypersexualität«, »zwanghaftes sexuelles Verhalten« oder »gesteigertes sexuelles Verlangen« – wie man das Phänomen auch nennt – eigentlich sind. Schätzungen gehen von wenigen Promille bis zu 6 Prozent der Bevölkerung aus. Einig ist man sich darüber, dass mindestens zwei Drittel der Betroffenen Männer sind. Es ist aber nicht nur unklar, wie viele es sind, es herrscht auch Uneinigkeit darüber, wann aus einer »normalen« Sexualität ein »zwanghaftes sexuelles Verhalten« wird. Der Psychiater MARTIN KAFKA von der Harvard Medical School versuchte dies zu quantifizieren, indem er Menschen als »sexabhängig« definierte, die über einen Zeitraum von sechs Monaten wöchentlich mindestens sieben Orgasmen haben und sich täglich ein bis zwei Stunden mit sexuellen Aktivitäten (Pornos schauen, Selbstbefriedigung, Partnersex, Bordellbesuche etc.) beschäftigen. Allerdings muss das in seiner Definition einhergehen mit einer deutlichen Einschränkung der Lebensqualität, sodass die sozialen Beziehungen und die Arbeitsfähigkeit darunter leiden.

Andere Sexualwissenschaftler, wie der Hannoveraner Psychologieprofessor UWE HARTMANN, sehen solche Versuche, »sexsüchtiges« Verhalten über die Häufigkeit sexueller Handlungen zu bestimmen, kritisch. HARTMANN nennt in einem Interview einen anderen zentralen Aspekt, der für dieses Verhalten kennzeichnend ist: »Ich habe oft den Eindruck, dass die Patienten sehr einsame Menschen sind. Selbst wenn sie in einer Partnerschaft leben, können sie oft nicht wirklich Kontakt herstellen zu anderen Menschen. Sie haben eine Intimitätsstörung. [...] Und dann gibt es Männer, für die ist Sexualität so etwas wie eine Aspirin. Bei allem, was ihnen quer kommt, soll dann Sex helfen: Ich hatte einen schlechten Tag, ich hatte einen Misserfolg, ich bin ein bisschen traurig, ich ärgere mich ein bisschen, ich bin ein bisschen einsam ... Maßnahme: Sex.« HARTMANN weist hier auf zwei wichtige Punkte hin: die Unfähigkeit eines hypersexuellen Mannes, einem anderen Menschen wirklich nah sein zu können, und seine mangelnde Toleranz gegenüber unangenehmen Gefühlen, die er mit Sex wettmachen will.

Liebe ist in Frankreich eine Komödie, in England eine Tragödie, in Italien eine Oper und in Deutschland ein Melodram.
HEINRICH HEINE

Falls Sie jetzt beunruhigt sind, weil Sie diese Verhaltensweisen auch schon bei sich erlebt haben – nach meiner Erfahrung kennen viele Männer mildere Formen dieses Verhaltens. Tatsächlich bewegen wir uns alle in einem Kontinuum, in dem es mal mehr hiervon und mal mehr davon gibt. An guten Tagen kann ich mich vielleicht wohlfühlen mit meiner Sexualität, während ich mir an den schlechteren missmutig vor dem Computer einen runterholen möchte. Kein Grund, gleich zum Arzt oder zum Therapeuten zu gehen – eher Anlass zur Selbstbefragung: Was ist gerade los mit

mir? Nutze ich den Sex für etwas anderes? Bin ich belasteter, als ich es wahrhaben will? Gibt es Gefühle, die ich mir nur schwer zugestehen kann?
Die spannenden Fragen sind für mich daher: Wie kommt es, dass jemand, der viel Sex hat, zutiefst unbefriedigt bleibt? Was fehlt und warum? Woher rührt das mangelnde Gefühl von Nähe?
Und gibt es einen Weg zu mehr *Satisfaction*, deren Ausbleiben ja schon die STONES beklagten?

Vieles von dem gerade Beschriebenen traf auf Sven zu.
Sven war seit zwanzig Jahren verheiratet und hatte schon immer diverse sexuelle Außenbeziehungen gehabt. Seine Frau hatte davon manchmal Wind bekommen und seine Affären waren eines der zentralen Streitthemen zwischen ihnen. Er ging zudem regelmäßig zu Prostituierten.
Sven suchte mich auf, weil er sich häufig heftig mit seiner Frau stritt und sich immer wieder zeitweise von ihr trennte. »Irgendwie kann ich nicht bei ihr bleiben, aber ich komme auch nicht von ihr los«, beschrieb er sein Dilemma. Doch obwohl er nach gängigen Maßstäben viel und abwechslungsreichen Sex mit wechselnden Partnerinnen hatte, befriedigte ihn der Sex immer weniger. Wenn er mit einer seiner Affären ins Bett ging, schwand in letzter Zeit seine Erektion oft im entscheidenden Augenblick.
»Wissen Sie, was komisch ist?«, sagte er. »Den besseren, leidenschaftlicheren Sex habe ich eher mit meiner Frau.« Ich vermutete, dass er beim Sex mit seiner Frau emotional beteiligter war als mit den anderen Frauen. Diese emotionale Nähe schien er gleichermaßen zu suchen und zu fürchten. Mit seinen Nebenbeziehungen wurde es nach der üblichen anfänglichen Euphorie schwierig. Auch diese Frauen hätten ihre »Macken«, fand Sven, wenn auch andere als seine Frau. Sven musste hier am eigenen Leib die Richtigkeit der schönen und ewigen Weisheit des amerikanischen Paartherapeuten DANIEL WILE erfahren: »Partnerwahl heißt Problemwahl.« Wir können uns mit der Wahl einer Partnerin nicht aussuchen, ob wir Probleme in der Partnerschaft bekommen, bestenfalls welche. Spätestens wenn die Frauen sich mit ihm mehr Nähe wünschten,

kam es auch mit ihnen verstärkt zu Streiten. Mehrere Frauen hatten sich wieder von ihm getrennt, mit der Begründung, er sei »kalt«.

Sven war ein großer, kräftig gebauter und bullig wirkender Mann mit einem unruhig im Raum umherwandernden Blick. Zu Beginn unserer Zusammenarbeit trafen sich unsere Augen nur selten und auch dann nur für Sekundenbruchteile. Oft schimpfte er in unseren Sitzungen mit zusammengekniffenen Augen vor sich hin über seine »zickige Frau« oder über »unverschämte Kunden« bei seiner Arbeit. Er wetterte ziellos in den Raum hinein, so als ob er gar nicht erwartete, dass ihm jemand zuhörte. Er hatte etwas von einem Stier, der ständig rotsah. Zugleich schien der Stier gefesselt, wie in sich gefangen. Manchmal wirkte er bedrohlich, meistens eher verzweifelt, einsam und schwer erreichbar. Er stand erkennbar unter andauernder, großer innerer Spannung.

Neben regelmäßigem Sport war Sex sein einziges Ventil. Diese Ventile konnten seinen inneren Druck offensichtlich nur wenig lindern. Wie war dieser Mann zu einem solch hohen Maß an innerer Anspannung gekommen?

Die Eintagsfliege wird bereits zwölf Stunden nach ihrer Geburt von ihrer Midlife-Crisis erwischt.
Das muss man sich mal klarmachen!
LORIOT

Ob ich ein Gegenmittel gegen Geilheit hätte, fragte er mich einmal. Er sei oft selbst dann »spitz«, wenn er gerade aus dem Puff käme. Manche Männer verklären diese Dauergeilheit als »sehr potent« oder eben als »typisch männlich«. Tatsächlich ist sie meist ein Zeichen für einen Mann mit großen inneren Spannungen, der verzweifelt den Sex zur Spannungsabfuhr nutzt, sich aber nicht entspannen kann. Es gibt hierfür keine Statistiken, aber nach meiner Erfahrung nutzen viele Männer den Sex zum Spannungsabbau. Frauen tun das eher selten. Dieser Unterschied ist eine sehr häufige Konfliktquelle in Paarbeziehungen: Er will Sex, um sich zu entspannen, sie kann erst Sex haben, wenn sie entspannt ist. Dazu mehr in den nachfolgenden Kapiteln.

Essen und Beischlaf sind die beiden großen Begierden des Mannes.
KONFUZIUS

Seine Frau und er hatten über Jahre immer wieder den Zyklus durchlaufen von Streit und Abstoßung, Rückzug voneinander oder zeitweiliger Trennung, gefolgt von Sehnsucht nacheinander, zarter Annäherung und schließlich Versöhnung. Wenn sie dann eine Weile zusammen waren, ging es wieder von vorne los. Nach einer längeren Trennungsphase hatte er sich gerade wieder an seine Frau angenähert und fragte sich, ob er zu ihr zurückkehren solle, aber er hatte große Angst, dann ihr, ihren Wünschen und ihren Launen wieder hilflos ausgeliefert zu sein. In den Phasen, in denen es »harmonisch« zwischen ihnen war, hatte Sven immer das Gefühl, ihr zu Willen sein zu müssen und sich nicht wehren zu können.

Sven arbeitete im Außendienst und mit seinen Kunden ging es ihm ähnlich. Auch das schien paradox: Dieser große, kräftige, dauergereizte Mann hatte das Gefühl, sich nicht gegen seine Frau oder seine Kunden durchsetzen zu können? Wie konnte das sein? Wie sorgte er für seine Grenzen?

> In der Ehe muss man einen unaufhörlichen Kampf gegen ein Ungeheuer führen, das alles verschlingt: die Gewohnheit.
> HONORÉ DE BALZAC

Wir untersuchten das in einer Körperübung zur Erforschung der eigenen Grenzen.

Er stellte sich auf eine Decke, die seinen Bereich symbolisieren sollte, und ich näherte mich ihm langsam an. Er sollte mir signalisieren, wo sein persönlicher Bereich losging, und mich spätestens dann mit einer Geste und seiner Stimme stoppen, wenn ich ihm gefühlt zu nahe gekommen war. Während ich mich ihm langsam von vorne näherte, ging sein Blick zur Seite. Er wirkte innerlich weit weg. Er ließ mich einfach weitergehen. Er setzte mir erst dann mit einer schlappen Geste eine Grenze, als ich dicht vor ihm stand. Wir standen nun gemeinsam auf seiner Decke dicht voreinander. Allerdings nicht, weil er mich so nett fand.

»Das ist die Distanz zum Zuschlagen«, sagte er.

Auch bei einem zweiten Anlauf zog er sich nach innen zurück, während ich ankam.

»Atmen Sie noch?«, fragte ich.

»Nicht wirklich.«

»Wie geht es Ihrem Körper?«,

»Der ist hart und steif«, antwortete er nach einer kurzen Pause, »aber das ist bei mir so: In Stresssituationen werde ich hart und kalt.«

In der anschließenden Auswertung erzählte er, dass er zwar gemerkt hatte, wie ihm mulmig wurde, er hatte sich selbst aber gut zugeredet: »Stell dich nicht so an, ist doch nur eine alberne Übung!«

Es war, als ob er seine äußere Grenze sofort und ohne Widerstand aufgegeben und sich in die sicheren und unzugänglichen Tiefen seines Wesens zurückgezogen hatte. Er hielt aus. Er wertete sein Unwohlsein ab, überging es und trug so aktiv dazu bei, dass andere Menschen seine Grenzen überschreiten konnten.

Altwerden ist nicht lustig.
MICK JAGGER

Diesen kampflosen Rückzug in Verbindung damit, hart und gefühllos zu werden, hatte ich schon oft gesehen. Sie ist typisch für Menschen, die früher in ihrem Leben – in der Regel als Kinder – chronischer Gewalt ausgesetzt waren.

Wenn wir in diesem Zusammenhang das Wort »Gewalt« hören, denken wir meist an körperlich misshandelnde Eltern, Blut und blaue Flecken. Doch es gibt noch andere (in unserer Kultur weit verbreitete) Formen von Gewalt, die sich mindestens so verheerend auf einen kleinen Jungen – und später auf den daraus entstehenden Mann, dessen Beziehungsfähigkeit und dessen Sexualität – auswirken können wie Prügel. Sie hinterlassen keine sichtbaren Narben.

Svens Eltern gehörten zur typisch deutschen Nachkriegsgeneration, in der man mit den schmerzvollen Erfahrungen nichts mehr zu tun haben, sondern nach vorne schauen und sich ein neues Leben aufbauen wollte. Sven beschrieb seine Eltern als leistungsorientiert, hart und fordernd. Sein Vater hatte sich ein kleines Unternehmen aufgebaut.

Sven war als jüngstes Kind mit zwei Geschwistern immer das schwarze Schaf in der Familie gewesen. Der faule, »falsche« Sohn, der es in seinem Leben zu nichts bringen würde, wie seine Eltern ihm immer wieder drohend vorhielten. Er war für sie eine Enttäuschung.

Für den erwachsenen Sven war es kaum auszuhalten, wenn jemand drohte, von ihm enttäuscht zu werden. Das musste er unbedingt abwenden, auch wenn er sich dazu verbiegen musste. Dann ärgerte er sich darüber, dass er sich schon wieder verbogen hatte, und das Pendel schwang auf die andere Seite.

Sven hatte als kleiner Junge wegen dieser Gemeinheit und Unge-

rechtigkeit oft in sein Kissen geweint. Wurde er dabei von seinen Eltern erwischt, bekam er zu hören, er solle aufhören »zu flennen wie ein kleines Mädchen«. Wenn er als Baby geschrien hatte, wurde er in ein dunkles Zimmer mit einer dicken Tür geschoben, bis er sich wieder beruhigt hatte. In vielen Familien war das gängige Praxis. In manchen ist es heute noch so. Nur ein ruhiges Baby ist ein gutes Baby. Nun die Preisfrage: Ist das Baby, dass nach längerer Zeit still aus dem dunklen Zimmer geholt wird, a) beruhigt und entspannt oder b) traumatisiert und resigniert?
Was lernt ein Mensch so über die Welt und über seinen eigenen Wert?
Was glauben Sie, welche Glaubenssätze ein Kind entwickelt, das so ruhiggestellt worden ist?
Der englische Babytherapeut MATTHEW APPLETON spricht hier von dem *Gutes-Baby-Syndrom*: In unserer Kultur verwechseln wir oft ein resigniertes Baby – eines, das es aufgegeben hat, auf menschliche Zuwendung zu hoffen – mit einem zufriedenen Baby.

In dem erwachsenen Mann, der mir heute gegenüberstand, waren die Spuren dieser traumatischen Erlebnisse überdeutlich. Sie hatten ihn zu dem gemacht, der er war. Sven war lebens- und arbeitsfähig, aber er hatte schmerzlich erfahren müssen, dass man nahen Menschen nicht trauen kann. Sobald es nah wurde, ging sein Organismus verständlicherweise in den Alarmzustand.
Was ging da vor sich?
Um das besser verstehen zu können, lassen Sie uns einen Blick hinter die Kulissen unseres emotionalen Funktionierens und auf unsere nervliche Grundausstattung werfen.

EMOTIONALE REAKTIONSFÄHIGKEIT UND DAS AUTONOME NERVENSYSTEM

Eine zentrale Rolle bei der Regulation von emotionalen Zuständen spielt unser *vegetatives* oder auch *autonomes Nervensystem* (ANS). Das ANS steuert eine Vielzahl von Organsystemen und Vorgängen in unserem Körper und reagiert sehr sensibel auf Signale aus unserer Innen- und der Außenwelt. Es heißt »autonom«, weil es weitgehend unserer willkürlichen Kontrolle entzogen ist und selbstständig agiert.

Das ANS besteht aus zwei Nervensträngen, dem *Sympathikus* und dem *Parasympathikus.*

Die Ehe ist der Versuch, zu zweit mit den Problemen fertig zu werden, die man alleine nie gehabt hätte.
WOODY ALLEN

Vereinfacht gesagt, ist der Sympathikus für die schnelle Reaktion auf Umweltreize und die Mobilisierung des Körpers verantwortlich (»fight or flight«), der Parasympathikus für die Dämpfung der nach außen gerichteten Aktivität (»rest and digest«), für Entspannung und Regeneration und – wie wir gleich sehen werden – für die Verbindung mit anderen Menschen.

Liebe ist eine schwerwiegende Geisteskrankheit.
PLATON

Das ANS reagiert sowohl auf Umweltreize als auch auf die Innenwahrnehmung. Es vermittelt zwischen Innen und Außen, indem es den inneren Zustand auf die äußeren Bedingungen einstellt. Das ANS dient unserem Überleben, indem es ständig überprüft, ob unsere Umgebung sicher ist. Ist alles sicher, können wir beruhigt sein – wittern wir Gefahr, sind wir alarmiert. Der Sympathikus ist tagsüber aktiver, der Parasympathikus nachts. Eine (neurologisch gesprochen) *sympathische Aktivität* wäre etwa Arbeiten, Sport oder das Fliehen vor einem Löwen. Wenn wir schlafen oder uns entspannen, ist der Parasympathikus aktiver, der beispielsweise für die Verdauung oder die Zellerneuerung sorgt.

Wenn wir vor dem Löwen fliehen oder vor großem Publikum einen Vortrag halten müssen, verspüren wir logischerweise keinen Hunger. Alle Ressourcen gehen in die Aktivität, nicht in die Verdauung.

Dass wir vor einer Prüfung manchmal »die Hosen voll« haben, sprich: vor Aufregung unsere Verdauungsaktivität in Gang kommt, ist nur scheinbar ein Widerspruch. Wenn wir über längere Zeit in extremer Anspannung (= sympathischer Aktivierung) feststecken, kann es zu einem abrupten Umschlagen des ANS auf die parasympathische Seite kommen, erkennbar an einer plötzlichen Tätigkeit unserer Darmmuskulatur. Idealerweise pendeln die Aktivitätsniveaus dieser beiden Nervenstränge im Tagesverlauf, sodass wir sowohl aktiv sind als auch unsere Ruhe bekommen. Beim Sex

arbeiten beide Äste des ANS übrigens zusammen. Zu aufgeregt sollten wir für den Sex nicht sein, zu entspannt aber auch nicht.
Die Aktivität des ANS und das Gleichgewicht zwischen seinen beiden Ästen wird stark von unseren emotionalen Zuständen beeinflusst. Dauerhafter Ärger, dauerhafte Angst oder dauerhafter Stress führen zu einer chronisch hohen Aktivität des Sympathikus, was zu hoher Muskelspannung, flacher Stressatmung, einer Kontraktion der Blutgefäße, Bluthochdruck und Herzinfarkten führen kann.
Wir leben, so gesehen, in einer ziemlich *sympathischen* Kultur.
Wir können den Zustand des ANS nicht willentlich steuern, aber beispielsweise über eine bewusste und tiefere Atmung unser Stressniveau regulieren. Erst mal tief durchatmen hat tatsächlich eine beruhigende Wirkung auf unser ANS.

DIE NEUROLOGISCHEN VORAUSSETZUNGEN MENSCHLICHER VERBINDUNG – DIE POLYVAGAL-THEORIE

Für alle Stresslevels hat unser Organismus eine passende Antwort parat. Wie genau das funktioniert, hat der amerikanische Neurologe und Psychiater Stephen Porges in seinen bahnbrechenden Forschungen über die neurologische Entwicklung des Menschen erforscht. Porges hat festgestellt, dass nur Säugetiere (also auch wir Menschen) über die nervliche Ausstattung verfügen, emotionale Verbindungen mit anderen Wesen einzugehen. Und dass wir nur bis zu einem bestimmten Erregungslevel dazu in der Lage sind, emotional bezogen auf andere Menschen zu reagieren. Er fasste seine Ergebnisse in der *Polyvagal-Theorie* zusammen, die heute die wissenschaftliche Grundlage für unser Verstehen von Traumata liefert. Die Polyvagal-Theorie kann auf der Ebene des Nervensystems erklären, wieso wir uns manchmal kalt und rücksichtslos und manchmal freundlich, mitfühlend und zugewandt verhalten können.
Worum geht es?

Porges konnte zeigen, dass der Parasympathikus bei Säugetieren seinerseits zweigeteilt ist.

Da gibt es einen alten Strang, genannt: *dorsaler* (= am Rücken verlaufender) *Vagus*, den schon einfache Wirbeltiere besaßen, wie Reptilien oder Fische. Der neuere Teil, genannt: *ventraler* (= am Bauch verlaufender) *Vagus*, hat sich exklusiv bei Säugetieren entwickelt. Die beiden Teile unterscheiden sich in ihrer Ausstattung und erledigen völlig unterschiedliche Aufgaben.

Zunächst zu dem alten Teil, dem dorsalen Vagus:

Wir erinnern uns, der Sympathikus aktiviert uns, um flüchten oder kämpfen zu können. Doch was ist, wenn weder das eine noch das andere geht und ich in der Falle sitze? Dann kommt der alte Teil des Parasympathikus, der *dorsale Vagus*, ins Spiel. Der dorsale Vagus wird aktiviert, wenn alles zu spät ist, wenn uns beispielsweise ein Löwe im Maul hat (oder wenn meine Frau herausgefunden hat, dass ich eine Affäre habe). Unser ANS aktiviert augenblicklich und autonom den dorsalen Vagus und der sorgt dafür, dass wir gaaanz ruhig werden – wir werden starr vor Schreck und unsere Empfindungsfähigkeit wird herabgesetzt. Das hat zwei Vorteile: Zum einen besteht die Chance, dass der Löwe denkt: »Essen, das nicht wegrennt, schmeckt nicht!« Oder, im schlechteren Fall – er will uns trotzdem verspeisen –, bekommen wir wenigstens nicht mehr so viel davon mit. Wir *dissoziieren* vom Erleben und gehen mit unserer Wahrnehmung aus unserem Körper heraus. Bei der Begegnung mit dem Löwen ist diese Reaktion sinnvoll, im Falle der hintergangenen Ehefrau würde uns das Erstarren sicher nicht den Arsch retten.

Menschen, die einen schweren Unfall überlebt haben, oder Frauen, die vergewaltigt wurden, kennen dieses Aus-sich-Herausgehen nur zu gut. Porges bezeichnet den dorsalen Vagus deshalb auch als *Immobilisierungssystem*. Woody Allen möchte sich diesen Mechanismus dereinst in seiner Todesstunde zunutze machen:

»Ich habe keine Angst vor dem Sterben. Ich möchte nur nicht dabei sein, wenn es passiert.«

Reptilien führen ein vergleichsweise einfaches Leben. Sie müssen sich, wenn sie anderen Lebewesen begegnen, nur drei Fragen stellen: »Kann es mich fressen? Kann ich es fressen? Kann ich es ficken?«

Sie sind Überlebensmaschinen. Sozial sind sie nicht. Sie haben, soweit wir wissen, keine Gefühle für andere Wesen, sie gehen keine Bindungen ein. Sie können es auch nicht, weil ihnen dazu die biologische Ausstattung fehlt.

Menschliche Säugetiere können andere Wesen ihrer Art zum Kaffee einladen, Freundschaften pflegen oder sich liebevoll um die eigenen Kinder kümmern. Diese Fähigkeit, emotionale Bindungen einzugehen und sich zu koordinieren, verschaffte den Säugetieren einen großen evolutionären Vorteil gegenüber den Reptilien. Um dies tun zu können, entwickelte die Evolution exklusiv für die Säugetiere, den *ventralen Vagus*. Dieser ist, im Gegensatz zum *dorsalen Vagus*, mit einer Myelinschicht ummantelt, ähnlich einem Kabel. Der ventrale Vagus entspringt dem unteren Teil des Stammhirns, geht durch die Schädelbasis, die Brusthöhle, das Zwerchfell und die Bauchhöhle bis zum Becken. Er bedient u. a. die Lungen, das Herz, die Verdauungs- und die Geschlechtsorgane. Jetzt können Sie verstehen, wieso ein Kuss in den Nacken oft als besonders erotisch empfunden wird. Da stimulieren Sie direkt den Vagus, unseren direkten Draht nach unten.

Frauen sind wie Kreuzworträtsel: Senkrecht und waagrecht zusammen ergeben erst die Lösung.
HENRY MILLER

Auch die schönste Frau ist an den Füßen zu Ende.
GIACOMO CASANOVA

Der ventrale Vagus dient dem von PORGES sogenannten *System soziales Engagement*. Erst der ventrale Vagus macht es möglich, uns mit anderen Menschen emotional zu verbinden. Er steuert beispielsweise die an unserer Mimik beteiligten Muskeln, wenn wir mit anderen Menschen in Beziehung treten, oder er hilft uns, in einem lauten Café einer Unterhaltung zu folgen (der sogenannte *Cocktailparty-Effekt*), indem er die Stimme unseres Gegenübers aus den Umgebungsgeräuschen heraushebt. Soziale Kontakte (wenn wir sie als angenehm erleben), auch bestimmte Stimmfrequenzen, aktivieren ihrerseits den ventralen Vagus und beruhigen uns. Sex bekanntermaßen auch. Ist der ventrale Vagus aktiv, befinden wir uns in einem ruhigen bis mäßig erregten Zustand, wir sind zu menschlichem Kontakt bereit. Wir könnten in diesem Zustand

Bei einem Vortrag denkt nach Minuten sowieso jeder nur noch an Sex.
SIGMUND FREUD

sogar auf einen Angreifer mit einer Pistole beruhigend einwirken. Dieses *System soziales Engagement* ist nur bis zu einem gewissen Stresslevel aktiv.

Fühlen wir uns sehr gestresst oder in die Enge getrieben, werden wir *sympathisch* (was meist nicht sehr sympathisch ist), dann wollen wir entweder flüchten oder wir gehen in den Kampf. Vielleicht kennen Sie solche Zustände von sich selbst. Wenn Sie nach einem langen Arbeitstag erschöpft nach Hause kommen und schon eine kleine Bemerkung Ihrer Partnerin Sie auf die Palme bringt, ist Ihr Sympathikus aktiv.

Das System soziales Engagement ist dann deaktiviert, weil nicht zum unmittelbaren Überleben notwendig, und wir greifen auf das entwicklungsgeschichtlich ältere *Flucht/Kampf-System* zurück. Wir funktionieren hier buchstäblich auf einem primitiveren Niveau.

Wir fühlen uns alarmiert, die Muskelspannung steigt an, Herzschlag und Atmung werden schneller. Die Blutzufuhr zum Großhirn wird vermindert, weil es nicht unmittelbar überlebenswichtig ist. Die Kontrolle über unser Verhalten sinkt. Damit will ich Ihnen übrigens für den nächsten Streit keine faule Ausrede liefern!

Frauen interessieren mich nur noch am Rande.
LEONARD COHEN

Wenn das Stresslevel noch weiter ansteigt und wir uns einer von unserem Nervensystem als lebensbedrohlich eingeschätzten Gefahr gegenübersehen, schalten wir noch eine Stufe zurück, auf unser primitivstes und ältestes Reaktionssystem, genau, den *dorsalen Vagus*, das *Immobilisierungssystem* – wir atmen nur noch sehr flach, werden starr, vielleicht verwirrt und fühlen nichts mehr. Jetzt kannst du mich fressen (oder dich scheiden lassen)!

Why don't we do it in the road?
JOHN LENNON

Genial, oder?

Vielleicht verstehen Sie nun, wieso ich Ihnen diesen Ausflug in die Neurologie zugemutet habe.

Wir können genauer sehen, was mit Sven in der Sitzung passiert ist. Als Sven so erstarrt und flach atmend vor mir stand, zeigte er alle Anzeichen einer Aktivierung seines Immobilisierungssystems. Sein Organismus war im höchsten Maße alarmiert. In der Nähe mit einem anderen Menschen verhielt sich sein Körper, als hätte sein letztes Stündlein geschlagen. Von den drei neuronalen Systemen her gesehen – soziales Engagement, Flucht / Kampf, Immobilisierung – bewegte sich Sven die meiste Zeit zwischen den letzten beiden: Er kämpfte, floh oder er erstarrte. Er kam kaum in den sicheren Bereich, in dem das *System soziales Engagement* aktiviert werden konnte. Wenn wir uns seine Kindheitsgeschichte ansehen, keine große Überraschung.

Aber ist die nicht schon Jahrzehnte her? Zeitlich gesehen, ja, von seinem ANS und seinen Emotionen her ist sie noch aktuell. Das Trauma von damals besteht, solange es nicht verarbeitet, das bedeutet gefühlt und integriert, ist. Wenn ich durch eine finstere Gegend muss, in der ich letzte Woche ausgeraubt wurde, werde ich hochgradig alarmiert und wachsam sein. Alle meine Sinne scannen die Umgebung ab, ob von irgendwo Gefahr drohen könnte. Ich bin mit meiner Aufmerksamkeit komplett *draußen*. Menschen, die in ihrem Leben viel Gewalt erfahren haben, bleiben dauerhaft in diesem Alarmzustand und dieser Außenorientierung. Der Fachbegriff für diesen permanenten Alarmzustand ist: *Hypervigilanz*.

Ein Klient von mir, der eine ziemlich gewalttätige Kindheit überlebt hatte, beschrieb es einmal so: »Wenn ich die Straße entlanggehe, weiß ich jederzeit, was um mich herum los ist. Ich bekomme genau mit, wer auf der anderen Straßenseite läuft. Wenn einer hinter mir geht, rechne ich damit, dass er mir gleich ein Messer in den Rücken sticht. Eigentlich lebe ich draußen in permanenter Angst. Ich fühle mich erst wieder sicher, wenn ich zu Hause bin.«

Die *Hypervigilanz* führt im Kontakt mit anderen Menschen dazu, dass ich mit meiner Aufmerksamkeit ständig bei meinem Gegenüber bin und ihn beobachte – ob ich will oder nicht. Doch auf diese Art der Aufmerksamkeit könnten wir in einer Paarbeziehung gerne verzichten: Schon die kleinste Regung meines Gegenübers, eine hochgezogene Augenbraue zum Beispiel, kann bei mir eine explosive Reaktion hervorrufen. Ich habe keinen emotionalen Puffer, keine angemessene Grenze. Ich habe größte Mühe, in solch einem Kontakt bei mir zu bleiben und mich zu entspannen. Die Welt rückt mir ständig auf die Pelle und ich kann mich nur dagegen wehren, indem ich mich zurückziehe.

Vielleicht fragen Sie sich, was das eigentlich noch mit unserem Thema Sex zu tun hat.
Nun, jede Menge: Eine erfüllte Sexualität ist ohne emotionale Nähe und sichere eigene Grenzen nicht möglich. Sven hatte eine starke Sehnsucht nach einer befriedigenden Sexualität. In der Menge und in der Abwechslung hatte er die Befriedigung nicht gefunden. Zugleich machte ihm genau das panische Angst, was den Sex wirklich erfüllend gemacht hätte – die emotionale Nähe zu der Frau, mit der er schläft.
Im Amerikanischen gibt es das Sprichwort: »Bleib der Küche fern, wenn du die Hitze nicht verträgst!« Aber ist das nicht ein ziemlich fragwürdiger Rat, wenn ich am Verhungern bin? Der Hunger nach menschlicher Nähe geht nicht weg. Konnte Sven etwas tun, um schließlich doch »satt« zu werden?
Ähnlich wie seine Ehe war auch unsere Therapie lange Zeit eine On-off-Beziehung, die sich über mehrere Jahre hinzog. Vielen Männern mit sexsüchtigen Tendenzen fehlt meist das Durchhaltevermögen für eine längere Therapie. Sven aber kam auch nach längeren Pausen wieder zurück. Es hatte eine Weile gedauert, bis wir uns seinen zentralen Themen widmen konnten: die noch in ihm steckenden Gewalterfahrungen, seine Angst vor Nähe und sein eingesperrtes Herz.
Und siehe da: Hinter dem zeternden, immer geilen Mann, der ein ziemliches Ekel sein konnte, kam ein fühlendes, liebendes, verantwortlich handelndes menschliches Wesen zum Vorschein, das sich zum ersten Mal in seinem Leben emotional auf die Nähe mit einer Frau und mit anderen Menschen einlassen konnte.
Im Zentrum seiner sexuellen Schwierigkeiten stand, wie bei sehr vielen Männern – sein verletztes Herz.
»Wo spürst du dieses Unbefriedigtsein im Körper, wenn du so spitz aus dem Puff kommst?«, fragte ich Sven (wir waren mittlerweile per du).
»Mmh, eher hier oben, in der Brust und auch im Kopf«, antwortete er.
»Hast du dieses Gefühl schon mal bei anderer Gelegenheit gehabt?«
»Ja, als meine Kinder auf die Welt gekommen sind.«

Offenbar war Sven emotional berührbar. Sven nahm auf der körperlichen Ebene etwas in sich wahr, es hatte aber noch keine für ihn benennbare emotionale Qualität. Sein Hinweis, welches Gefühl sich da in ihm wohl bemerkbar machte, erschien mir jedoch deutlich.

Ich ließ ihn sich auf die in meinem Therapieraum liegende Matratze hinlegen und bat ihn, etwas tiefer zu atmen. Sein mächtiger Brustkorb bewegte sich dabei zunächst kaum. Er wirkte wie aufgeblasen und schien in der Einatmung festzustecken. Ich sehe häufig bei Männern, dass ihre Brust beim Atmen fast unbewegt bleibt. Der Brustkorb bekommt dann etwas von dem schützenden Brustpanzer einer Ritterrüstung. Wie alle *Panzerungen* (ein Begriff WILHELM REICHS für diese Art muskulärer Verspannungen), hatte auch dieser sowohl etwas Schützendes als auch etwas Einengendes. Geschützt – und beengt – wird hier unser verletzliches Herz.

Seid nett aufeinander.

BEATE UHSE

Mit seinem Einverständnis massierte und lockerte ich seinen Brustkorb. Svens Atmung vertiefte sich etwas. Er genoss es und entspannte sich erstaunlich schnell. Er merkte, wie gut ihm eine Phase der Ruhe tat, die nähme er sich viel zu selten, sagte er.

Als er wieder aufgestanden war, geschah etwas Unerwartetes: Er umarmte mich spontan.

»Da schlägt ja doch ein fühlendes Herz in den Tiefen deiner Brust!«, sagte ich freudig überrascht.

Ist es Ihnen auch aufgefallen? Als Svens Stressniveau durch das Liegen, das Atmen und die Arbeit an seinem Brustkorb abgesenkt war, meldete sich spontan sein ventraler Vagus, das System soziales Engagement: Er handelte als berührbarer Mensch und drückte spontan seine Freude und Dankbarkeit aus. Er wurde herzlich.

DIE HERZ-HIRN-KOHÄRENZ

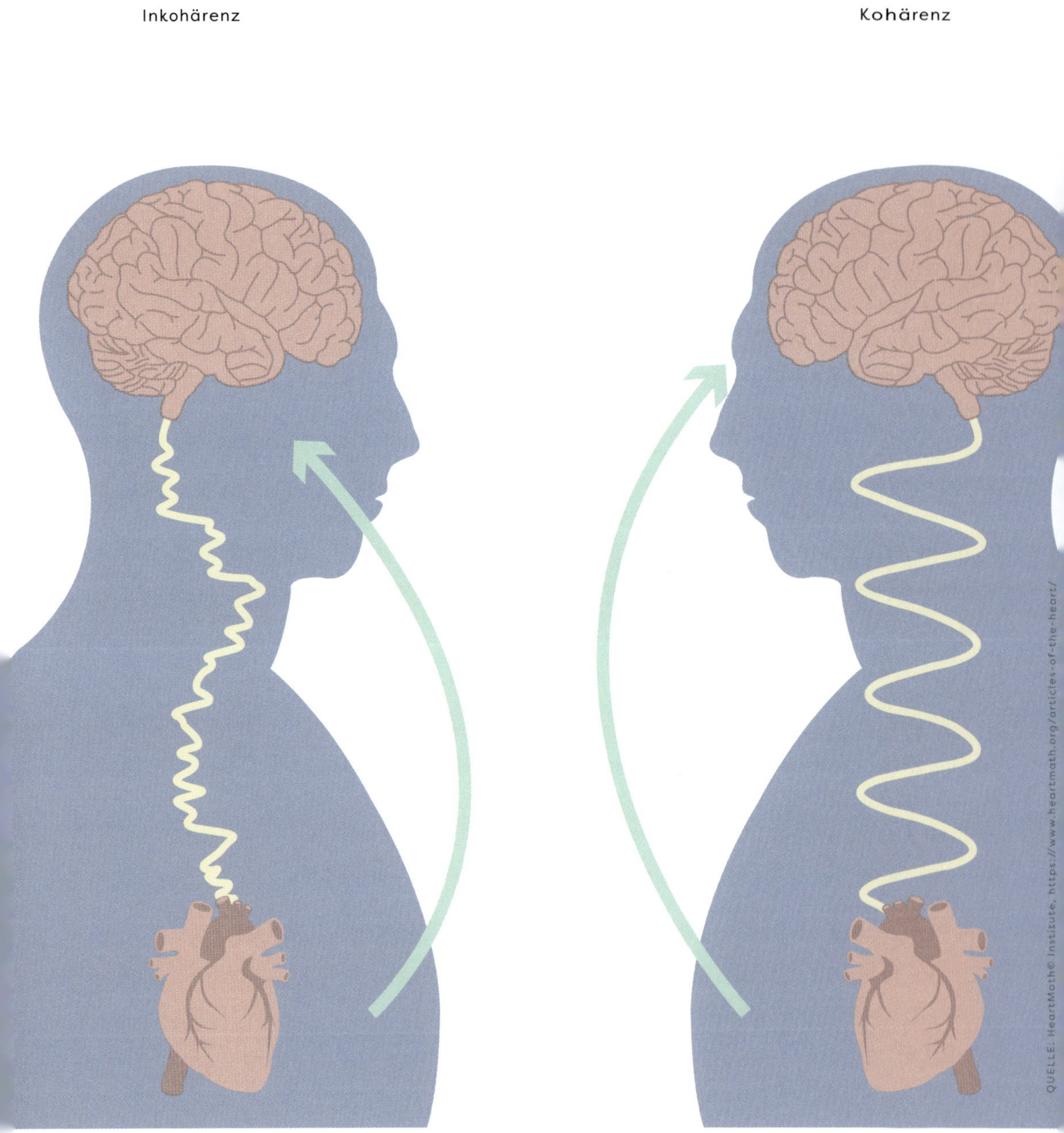

QUELLE: HeartMath® Institute, https://www.heartmath.org/articles-of-the-heart/

DAS HERZ ALS ZENTRUM

Für unsere Sprache und unsere Alltagskultur ist das Herz das Organ, das wir mit Liebe, Integrität und emotionaler Verbindung verknüpfen. Über das Herz gibt es unzählige Redewendungen, Gedichte, Geschichten und Liedtexte: »Sich etwas zu Herzen nehmen«, »mir ist schwer ums Herz«, »dem Herzen folgen«, »herzliche Glückwünsche«, »aus seinem Herzen eine Mördergrube machen«, »gebrochenes Herz«, »das Herz stehlen«, »Hand aufs Herz«, *Unchain my Heart*, »gib mir mein Herz zurück«. Das Herz ist für uns der Sitz der Liebe, der Wahrheit, der Intuition, der persönlichen Integrität und der Seele.

Kein anderes Organ wird so oft besungen, bedichtet oder beschworen. Das Gehirn beispielsweise, das in den letzten Jahren in der Wissenschaft groß Karriere gemacht hat, kann da nicht im Entferntesten mithalten. Für die Naturwissenschaften und die Medizin hingegen war das Herz lange Zeit nicht viel mehr als eine Art muskulärer Umwälzpumpe. Erst seit den 1990er-Jahren gibt es wissenschaftliche Arbeiten, die für unsere intuitiven Annahmen über das Herz auch naturwissenschaftliche Belege liefern konnten. Der neu entstandene Forschungsbereich nannte sich *Neurokardiologie*. Einer der Pioniere dieser Disziplin, der kanadische Professor J. Andrew Armour, hatte in seinen Forschungen festgestellt, dass das Herz über ein hochkomplexes eigenes Nervensystem verfügt. Er folgerte daraus, dass das Herz ein »kleines Gehirn« sei, welches er Herzgehirn (*heart brain*) nannte. Das Nervensystem des Herzen besitzt rund 40.000 Nervenzellen, die Informationen, zum Beispiel über den Herzschlag und den Blutdruck, an das Gehirn weiterleiten. Mit jedem Schlag pumpt das Herz nicht nur Blut, sondern es sendet komplexe neurologische, hormonelle und elektromagnetische Informationen über unseren Gesamtzustand an das Gehirn. Diese Statusmeldungen an das Gehirn beeinflussen unsere Wahrnehmung, unsere geistigen Prozesse und unsere Gefühlszustände. Wenn wir uns ärgern oder gestresst fühlen, sehen die elektromagnetischen Kurven des Herzens (messbar im Elektrokardiogramm EKG) und des Gehirns (messbar in der Elektroenzephalographie

EEG) sehr zackig aus. Dann befinden wir uns in einem *inkohärenten* Zustand. Wenn wir uns jedoch wohl- und entspannt fühlen, wenn wir positiv gestimmt sind, kommt es zu einer bemerkenswerten Abstimmung zwischen dem Herzen, dem Gehirn und anderen Organen sowie der Atmung. Diese Abstimmung wird zum großen Teil über das ANS vermittelt. Die elektromagnetischen Kurven des Herzens und des Gehirns stimmen sich aufeinander ein – man nennt diesen Zustand auch *Kohärenz* (von lat.: *cohaerere* = zusammenhängen). Die Kurve des Herzens wird weicher und runder, was einhergeht mit einem Gefühl von Freude und Gelassenheit.

Die folgende einfache Übung, um das Herz in einen positiven, kohärenten Zustand zu bringen, wurde vom kalifornischen Heartmath Institute entwickelt. Das Heartmath Institute betreibt Forschungen zur Rolle des Herzens und gibt hierzu eine Vielzahl von Büchern, Videos und Biofeedbackgeräten heraus.

SO STÄRKEN SIE IHRE HERZKOHÄRENZ

Suchen Sie sich einen ruhigen Ort und nehmen Sie eine bequeme Haltung im Sitzen, Stehen oder Liegen ein. Schließen Sie Ihre Augen und atmen Sie langsam tief ein und aus. Lassen Sie die Ausatmung länger sein als die Einatmung und warten Sie einen Augenblick, bevor Sie wieder einatmen.

Stellen Sich sich vor, dass Sie direkt durch Ihr Herz atmen können. Stellen Sie sich vor, wie der Sauerstoff, den Sie durch Ihr Herz einatmen, in Ihren Körper strömt und jede Ihrer Zellen versorgt. Beim Ausatmen stellen Sie sich vor, wie alles Negative mit herausfließt. Lassen Sie in sich das Bild entstehen, wie Ihr Herz zu leuchten beginnt und wie dieses Licht Ihren ganzen Körper erfüllt.

Wenn Sie noch einen Schritt weitergehen möchten, können Sie zusätzlich eine angenehme Erinnerung in Ihr Gedächtnis rufen. Tauchen Sie in diese Erinnerung ein und erleben Sie die guten Gefühle von damals wieder. Vielleicht waren Sie dort glücklich, zufrieden oder euphorisch?

Nach ca. 10–15 Minuten beenden Sie die Übung. Atmen Sie noch einige Male tief ein und aus und öffnen Sie wieder Ihre Augen.

In anderen Experimenten konnte gezeigt werden, dass ein Mensch in einem *kohärenten* Zustand einen in der Nähe befindlichen Menschen, der gerade gestresst ist, diesen mit seiner *Kohärenz* »anstecken« kann. Befinden sich die beiden eine Weile im selben Raum, gleichen sich Herz- und Hirnkurven des gestressten Menschen messbar denen desjenigen an, der sich entspannt und wohlfühlt. Ausgeglichenheit und Freude sind ansteckend! Wie kommt es zu dieser Fernwirkung?

Kennen Sie das Experiment mit den beiden Pendeluhren, die auf einem Regalbrett stehen? Nach einer Weile ticken beide Uhren unweigerlich gleich. Die Bewegungen der Pendel synchronisieren sich aufgrund von Schwingungsübertragung durch das Regalbrett. So können wir uns das wohl auch mit der Synchronisierung bei uns Menschen vorstellen. Das Übertragungsmedium für diese Information von einem Menschen zum anderen könnte dabei das elektromagnetische Feld des Herzens sein, das das stärkste unseres Körpers ist. Das elektrische Feld des Herzens ist 60 Mal so stark wie das des Gehirns, das magnetische Feld sogar 5000 Mal so stark. Diese Felder reagieren deutlich auf unsere emotionalen Zustände. Sie sind messbar und feinfühlige Menschen können sie offenbar sinnlich wahrnehmen.

In einer in Finnland durchgeführten Studie wurden die Teilnehmer aufgefordert zu beschreiben, in welchem Körperteil sie bestimmte Emotionen wahrnehmen. Furcht empfanden die Teilnehmer vor allem in der Brust, am deutlichsten in der Umgebung des Herzens. Ähnliches galt für die Liebe – diese fühlten die Befragten im Oberkörper und in der Körpermitte. Bei allen emotionalen Zuständen, mit Ausnahme des Ekels, der mehr den Verdauungstrakt betrifft, ist das Herz auffallend beteiligt.

Studien besagen, dass mehr Frauen als Männer am *Broken-Heart-Syndrom* leiden. Davon spricht man, wenn einschneidende emotionale Erfahrungen zu Symptomen führen, die einem Herzinfarkt ähneln. Neben Rauchen, mangelnder Bewegung und falscher Ernährung ist emotionaler Stress ein wesentlicher Risikofaktor bei echten Herzinfarkten – unter denen deutlich mehr Männer als Frauen leiden.

Im vorangegangenen Kapitel sprach ich davon, dass wir unsere Aggression brauchen, um handlungsfähig zu bleiben. Ich erwähnte auch die alte indische Lehre der *Chakren* (Energiezentren). Die Aggression ist mit dem *Solarplexus-Chakra* verbunden.

Die Liebe, eine Etage höher, ist mit dem *Herzchakra* assoziiert, das sich in der Mitte des Brustbeins befindet. Wenn Sie Ihr Brustbein ertasten, können Sie dort vielleicht eine besonders sensible und druckempfindliche Stelle spüren, dort sitzt das *Herzchakra*.

Das Herz braucht unsere Fähigkeit zur Aggression. Ich kann mein Herz erst öffnen, wenn ich selbst entscheiden kann, wen ich wann hineinlasse. Wir können uns den *Solarplexus* wie einen Wächter vorstellen, der den Eingang zum Königspalast, dem Herzen, bewacht. Der Wächter kann unliebsame Besucher abweisen und erwünschte Gäste hineinlassen.

Ich kann nur zu etwas »Ja« sagen, wenn ich auch »Nein« sagen kann. Sonst komme ich über ein lauwarmes »Jein« nicht hinaus. Wenn der Wächter – unsere positive Aggression – es versäumt, unser Herz zu schützen, versuchen wir diesen mangelnden Schutz durch einen Brustpanzer auszugleichen. Der Brustkorb bewegt sich dann in der Atmung kaum und wirkt wie eingeklemmt. Der obere Rücken und der Schultergürtel sind chronisch verspannt. Das Herz und zartere Gefühle haben nur wenig Platz.

Übrigens braucht die Aggression auch das Herz, so wie das Herz die Aggression braucht.

Der Männeraktivist Robert Bly hat in seinem Buch *Eisenhans* zwischen dem Soldaten und dem Krieger unterschieden. Der Soldat ist in seinem Verständnis der junge Mann, der sein Herz noch nicht entdeckt hat und den man deshalb zur gnadenlosen Kampfmaschine abrichten kann. Der Krieger hingegen stellt seine Aggression in den Dienst der Liebe. Er schützt das, was verletzlich und schützenswert ist und kämpft für das Leben, so wie in der Figur Aragorn aus *Der Herr der Ringe* verkörpert.

Christlich orientierte Klienten erinnere ich an dieser Stelle gerne an die Geschichte, wie Jesus die Tische der Geldwechsler umstieß und die Geldwechsler aus dem Tempel vertrieb. Selbst Jesus konnte also wütend werden, wenn es nötig war.

WO IM KÖRPER EMOTIONEN GEFÜHLT WERDEN

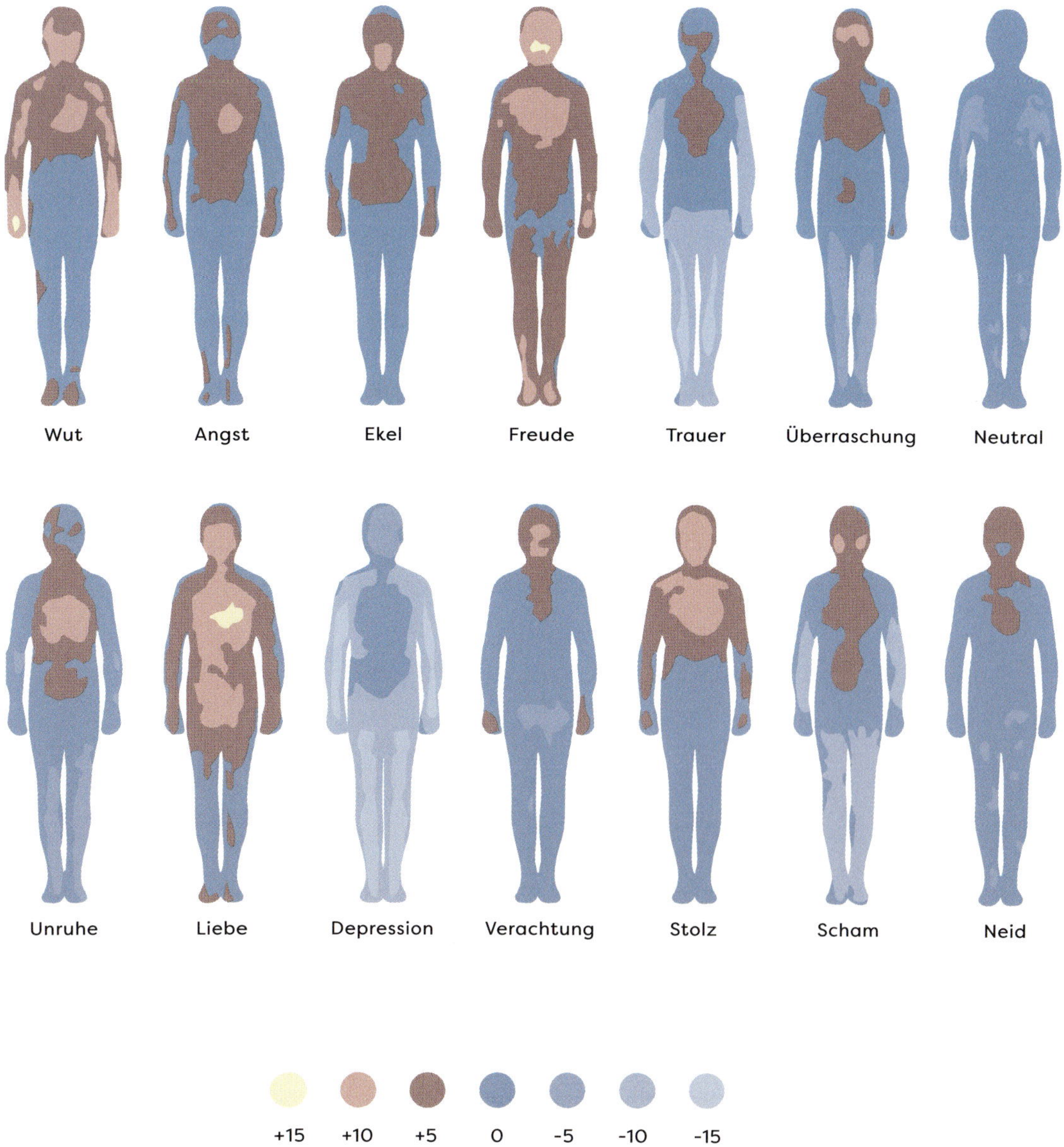

emotions, PNAS, Vol. 111 No. 2, 2013: 646-651

VOM »KROKODIL« ZUM LIEBENDEN MANN

Svens Sexualität hatte bislang überwiegend in seinem Becken stattgefunden. Dort wo der Sex vielleicht geil, aber unpersönlich war. Die Verbindung zum Herzen und zu seinen Augen – da wo der Sex persönlich wird – war dagegen noch wenig entwickelt. Was er von seiner Sexualität erzählte und wie er von seinen Frauen sprach, hatte oft etwas Liebloses, Unpersönliches und manchmal sogar Verachtendes. Es ging weniger um emotionalen Kontakt als um Spannungsabbau. Man könnte sagen, seiner Sexualität fehlten die oberen – emotionalen und persönlichen – Frequenzbereiche, die den Sex erst vollständig und befriedigend machen. Bisher bestand seine sexuelle Musik zum großen Teil aus wummernden Bässen. Es gab noch keine oder nur eine sehr leise emotionale Melodielinie. Hoffnungsvoll für unsere weitere Zusammenarbeit stimmte mich, dass er die Sehnsucht in seiner Brust fühlen konnte. Da spürte ich, noch gut versteckt, einen Verbündeten im Inneren seiner Brust – sein Herz. In der prosaischen Sprache des *Sexocorporel* ging es bei Sven um die »Emotionalisierung der Genitalität« – um die Verbindung von Penis und Herz.

Füße und Unterarme einer Frau müssen von exhibitionistischer Schönheit sein.
SALVADOR DALÍ

Auch einem relativ »harten Brocken«, wie Sven einer gewesen war, gelang es immer mehr, sein Herz mit seinem Penis zu verbinden. Das geschah natürlich nicht über Nacht.

Sven war zunächst erschrocken gewesen, erkennen zu müssen, wie oft er im emotionalen Überforderungsmodus funktionierte. Wir fanden als Begriff dafür, wenn er mal wieder nur beißen oder erstarren konnte: »das Krokodil«. Im Laufe unserer Zusammenarbeit bekam Sven seine emotionalen Zustände genauer mit und lernte, sich darum zu kümmern. Wir gingen oft Auseinandersetzungen mit seiner Frau oder seinen Kunden durch und erforschten, was dabei in ihm passiert war und wie er hätte anders handeln können. Das war für ihn harte Arbeit, die mit vielen reptiliären Rückfällen verbunden war. Es begann ihm leidzutun, wenn er sich so verhielt. Er spürte zuerst Scham darüber, später Reue. Scham und Reue wirken sich sehr unterschiedlich auf

uns aus. Die Scham macht uns eher starr und handlungsunfähig (*Immobilisierungsreaktion*!). Wir möchten uns in ein Mauseloch verkriechen.
Die Reue ist ein Gefühl des Herzens. Sie macht uns weicher und handlungsfähig.
Es freute ihn, wenn ich ihn darauf hinwies, dass ein Krokodil keine Reue empfinden könne – nur Menschen.

Wir widmeten uns immer wieder seinem festgehaltenen Brustkorb. Um seinem inneren Rückzug auf die Spur zu kommen, durfte ich ihn in einer Sitzung (mit seinem Einverständnis) etwas malträtieren: Er lag auf dem Rücken und ich drückte mit dem Daumen kräftig in die Muskeln zwischen seinen Rippen. Das tat weh. Er fühlte sich dem Schmerz zunächst machtlos ausgeliefert. Er redete sich ein, dass es nicht so schlimm sei und er das aushalten könne. Ich schlug ihm vor, es mir einfach zu sagen, wenn er wollte, dass ich aufhöre.
Er bemerkte, wie vom Wahrnehmen des Schmerzes bis zu seinem Stopp regelmäßig mindestens zehn Sekunden vergingen. Er war überrascht zu sehen, wie schwer es ihm fiel, auf seinen Schmerz mit einer angemessenen Handlung zu reagieren.
Diese erlernte Hilflosigkeit entsteht, wenn ich über längere Zeit einem schmerzhaften Ereignis ausgesetzt bin, aber nichts dagegen tun kann (*dorsaler Vagus*). Wie bei einem Baby, das man wiederholt in ein dunkles Zimmer bringt, damit es sich beruhigt. Wenn wir dann groß werden, verhalten wir uns oft weiter so, als ob wir klein und machtlos wären, obwohl es schon längst nicht mehr so ist.
Ich erzählte Sven die Parabel von dem Jungen, der mit seinem Vater in den Zirkus geht. Dort beobachten Vater und Sohn neben dem Zirkus einen großen Elefanten, der mit einem Seil an einem lächerlich mickrigen Holzpflock angebunden ist. Der Junge fragt seinen Vater, wieso der Elefant den Pflock nicht einfach herauszieht, was er doch mit Leichtigkeit tun könnte. Sie finden darauf keine Antwort. Erst der Zirkusdirektor kann das Rätsel auflösen. Er erklärt ihnen, dass der Elefant schon sein ganzes

Leben hindurch an diesem Pflock angebunden gewesen ist. Als kleiner Elefant hatte er vergeblich versucht, ihn herauszuziehen. Schließlich hat er aufgegeben und es nie wieder versucht.
Sven kamen die Tränen. Er wusste, wovon ich sprach.
(Sie finden diese und viele weitere wunderbaren Geschichten in dem Band des argentinischen Psychotherapeuten JORGE BUCAY: *Komm, ich erzähl dir eine Geschichte.*)

In manchen Sitzungen hatte Sven Bilder von dem weinenden zehnjährigen Sven vor Augen und er bekam mit ihm und dessen damaliger verzweifelter Situation Mitgefühl. Mitgefühl mit sich selbst ist etwas völlig anderes als Selbstmitleid. Er bekam auch Mitgefühl mit seinen Eltern, die er in ihren Umständen und ihrer Begrenztheit sehen konnte. Mitgefühl ist eine essenzielle Qualität unseres Herzens.
Seine Eltern waren nun alt und wenn er heute von aktuellen Begegnungen mit seinem Vater sprach, schwang Verständnis und Liebe mit. Er sprach nicht mehr als der bedürftige Sohn, der von seinen Eltern dringend Anerkennung brauchte. Er sprach als erwachsener Mann, der die Verantwortung für sein eigenes Sein und seine persönliche Geschichte übernommen hatte.
Die Fähigkeiten zu verzeihen und Verantwortung zu übernehmen sind ebenso essenzielle Qualitäten des Herzens.

Da man aber nicht immer nur schreiben kann, gab es große Lücken zu füllen. Ich füllte sie mit Scotch, Bier, Ale und Frauen. Mit den Frauen hatte ich meistens Pech, und die Folge war, dass ich mich stark aufs Trinken konzentrierte.
CHARLES BUKOWSKI

Sven hatte sich inzwischen endgültig von seiner Frau getrennt. Die Trennung gelang beiden ohne »Blutvergießen«. Sie wollten weiter als Eltern für ihre beiden Kinder da sein und sie gaben ihr Bestes, dieser Verantwortung gerecht zu werden.
Sven hatte seit einiger Zeit eine neue Freundin. Auch mit ihr gab es bald Konflikte, die die beiden aber schneller, als er es von früher kannte, beilegen konnten. Er sah ein, dass Reibung und Streit dazu gehörten und kein Zeichen dafür sind, mal wieder »an die Falsche« geraten zu sein. Er konnte, auch in Stresssituationen, meistens das Krokodil an die Leine nehmen und handlungsfähig bleiben. Gewann das Krokodil dennoch einmal die Oberhand, übernahm er dafür die Verantwortung und klärte das im Nachhinein.

Den Sex mit seiner Freundin fand er sehr befriedigend, zärtlich und nah. Sie redeten viel miteinander, auch über ihre Sexualität und über ihre Ängste und Schwierigkeiten. Manchmal war er verunsichert, wenn sie nicht zum Orgasmus kam und auch keinen wollte. Er stellte aber auch bei sich selbst fest, dass er hin und wieder keinen Orgasmus bekam und nicht immer einen brauchte. Das war neu für ihn. Es entspannte ihre sexuellen Begegnungen. Ihr Sex hatte mehr Spiel- und Entwicklungsraum bekommen.

Der Vollständigkeit halber sei angemerkt, dass er manchmal noch Prostituierte besuchte, wenn er viel Stress hatte, wenn auch seltener als früher.

Schließlich hatten wir beide eines Tages den Eindruck, dass unsere Arbeit in der Therapie geleistet war. Wir verabschiedeten uns mit einer herzlichen Umarmung. »Du bist in meinem Herzen!«, sagte er. »Und du in meinem!«, antwortete ich.

Wie ich einige Monate später von Sven erfuhr, hatte die Öffnung seines Herzens eine für ihn unerwartete Wirkung. Er schrieb mir in einer Mail, es würden seltsame Dinge mit ihm passieren, und er bat mich um eine weitere Sitzung. Als wir uns trafen, erzählte er, dass er neuerdings große Angst bekomme, wenn sich seine Freundin eine Weile nicht bei ihm meldete. Dann würde er eifersüchtig und ärgerlich. »So kenn ich mich gar nicht!«, sagte er. »So habe ich mich höchstens manchmal als Teenie gefühlt.«

Er erzählte weiter, dass er neulich nachts aufgewacht sei und erschrocken feststellte, dass seine Freundin nicht mehr neben ihm lag. Er suchte das Haus ab und fand sie schließlich friedlich schlafend auf der Couch. Sie hatte sich nur dahin zurückgezogen, weil er so laut geschnarcht hatte. Sven war daraufhin wütend und fühlte sich zurückgesetzt. Ihm kam seine Reaktion selbst unangemessen stark vor. Er befürchtete, damit seine Beziehung kaputt zu machen. »Werde ich jetzt verrückt?«, fragte er mich.

Ich konnte ihn beruhigen.

Was war mit Sven passiert?

Das Verhalten seiner Freundin hatte bei ihm lange erledigt geglaubte Gefühle von Verlassenheit und Einsamkeit an die Oberfläche gespült. Sein nun durchlässigeres Herz hatte diese alten Gefühle wieder freigegeben. Der »alte« Sven hatte diese Verlassenheitsängste erfolgreich abgewehrt, indem er Frauen auf Abstand gehalten hatte. So waren seine Beziehungen nicht wirklich nah, aber eben auch nicht gefährlich. Nun war er zum ersten Mal dabei, sich wirklich auf eine Frau einzulassen, und sein Herz erinnerte sich daran, wie unerträglich und schrecklich es für ihn gewesen war, als er von der ersten Frau in seinem Leben – seiner Mutter – als Baby zum Schreien alleine in ein dunkles Zimmer geschoben wurde. Und diese Szene war nur eine von vielen leidvollen Szenen in Svens Kindheit und Jugend gewesen.

Dieser alte Schmerz tauchte nun wieder in ihm auf, und ich sah das als gutes Zeichen. Denn Sven war nun dazu in der Lage, dieses alte Trauma zu heilen.

Es kann in unser aller Leben immer wieder unverhofft alter Schmerz auftauchen. Wir können ihn als den Versuch unserer Seele verstehen, uns von altem Leid zu erzählen: »Das war so schrecklich für mich, ich dachte, ich bleibe für immer alleine!« Nicht immer können wir dieses alte Leid so gut zuordnen, wie Sven es konnte. Wenn wir einen Schmerz zu einem gegebenen Zeitpunkt nicht verarbeiten konnten, kommt er erst mal innerlich »in die Ablage«. Auf dieser Ablage steht jedoch: *Zur Wiedervorlage.*

Die gute Nachricht ist: Wir Menschen sind enorm widerstandsfähig und wir können auch mit sehr schlimmen Erlebnissen klarkommen, ohne für immer beschädigt zu bleiben. Im Gegenteil: Wirklich überwundener Schmerz macht uns stärker. Um den Schmerz überwinden zu können, braucht es jedoch eines: unsere Bereitschaft, dieses alte Leid in uns selbst mitzufühlen und anzuerkennen. Manchmal benötigen wir einen Zeugen, der sich unsere Geschichte mitfühlend anhört. Viele Menschen geben sich selbst erst dann die Erlaubnis, mit sich selbst mitzufühlen, wenn sie das Mitgefühl von einem anderen Menschen bekommen. Da das Trauma im Kontakt mit nahen Menschen entstanden ist, braucht es auch einen nahen Menschen, um dieses Trauma heilen zu können.

Sven brauchte mich ab da nicht mehr. Der erwachsene Teil in ihm war entwickelt genug, um für seinen alten Schmerz die Verantwortung übernehmen zu können. Er erzählte seiner Freundin, was in ihm geschehen war, und bat sie um etwas Geduld, wenn er mal wieder unangemessen ärgerlich oder eifersüchtig reagierte. Er nahm, bildlich gesprochen, den kleinen Sven in den Arm, wenn der sich mal wieder verlassen fühlte und Angst hatte. Sven war dazu entschlossen, sich und seine Beziehung nicht mehr von seinen alten ängstlichen Begrenzungen regieren zu lassen. Sven hatte sich eingangs eine befriedigendere Sexualität gewünscht. Die hat er bekommen – und noch einiges mehr, womit er nicht gerechnet hatte.

WENN HERZ UND PENIS NICHT IM EINKLANG SIND

Bei einer gestörten Verbindung zwischen Becken und Herz wird der Sex als nicht befriedigend erlebt. Wir spüren, dass etwas fehlt. Wir haben nicht das Gefühl, mit unserer Sexualpartnerin eine emotionale Verbindung einzugehen. Wir kommen uns nicht wirklich nahe.

Sexuelle Erregung findet überwiegend unten, im Penis und in den Hoden statt. Es ist wenig Gefühl im Spiel. Das, was unten im Becken passiert, und das, was oben, in Brust und Kopf, passiert, kann sich ziemlich getrennt anfühlen. Vielleicht versuche ich, die fehlende emotionale Verbindung auszugleichen, indem ich beim Sex in meine sexuelle Fantasiewelt abtauche. Vielleicht schweife ich auch gedanklich ab und denke an die Arbeit. Der Sex ist damit leicht irritierbar. Es kann passieren, dass meine Erektion plötzlich weggeht oder dass ich gleich drohe zu kommen, ohne es vorher bemerkt zu haben. Meine Partnerin und ich schauen uns beim Sex kaum an und wir tauschen uns nicht aus. Jeder ist mit sich selbst beschäftigt. Da die emotionale Seite der Erregung als Unterstützung fehlt, ist es manchmal harte körperliche Arbeit, zum Orgasmus zu kommen. Ich muss auf den letzten Metern zum

> Ich bevorzuge junge Männer – sie wissen zwar nicht, was sie tun, aber sie tun es die ganze Nacht.
> MADONNA

Ziel rammeln. Der Orgasmus verschafft mir eine kurzfristige, körperliche Erleichterung. Er fühlt sich danach aber oft schal und leer an. Ich möchte eher weg von demjenigen, mit dem ich gerade Sex hatte, und ich will meine Ruhe.
Meistens lässt sich diese gestörte Verbindung zwischen Penis und Herz auch im Körper wahrnehmen: Der Brustkorb wird festgehalten – er hat etwas von dem Brustpanzer einer Ritterrüstung, oft einhergehend mit verdickten und verhärteten Muskeln am oberen Rücken. Der Bauch und das Zwerchfell können chronisch fest sein. Das Becken und der untere Rücken sind relativ starr miteinander verbunden.

WENN HERZ UND PENIS IM EINKLANG SIND

Wenn die Verbindung von Penis und Herz Verbindung intakt ist, spüre ich die Erregung im ganzen Körper. Ich erlebe sie sowohl als sexuell als auch als emotional erregend. Meine Augen suchen aktiv die Augen meines Gegenübers. Ich nutze meine Augen als erotisches Instrument der Verbindung. Ich lasse mich sehen, ich öffne die »Fenster zu meiner Seele«. Ein tiefer Augenkontakt oder ein Kuss mit dem begehrten Wesen wärmen mein Herz und lassen sexuelle Erregung in mein Becken fließen. Ich bleibe beim Sex mit meinem körperlichen Erleben, meinen Gefühlen und mit meiner Sexualpartnerin in Verbindung. Ich atme voll und tief und meine Muskulatur ist beweglich (Sie erinnern sich: *Wellenförmiger Erregungsmodus*). Ich verteile und moduliere so die Erregung in meinem ganzen Körper. Da die Erregungswellen den ganzen Körper als »Hinterland« haben, nicht nur das Becken, kann ich die Erregung steigern und steuern. Ich erlebe die erregte Spannung als lustvoll. Ich muss sie deshalb nicht sofort wieder loswerden, sie »wegficken«. Ich kann auf den Erregungswellen surfen. Die Bewegungen des Körpers sind wellenartig verbunden und weich. Sie fließen ungehindert vom Becken über die Brust bis zum Kopf. Da ich die Erregung gut in mir halten kann, gibt es keinen inneren Zwang, unbedingt zum Orgasmus kommen zu müssen. Wenn ich kommen möchte, steigere ich die Erregung über etwas schnellere und stärkere Bewegungen und Anspannung des Beckenbodens und anderer Muskeln bis zum Höhepunkt. Wenn ich zum Orgasmus komme, spüre ich den in meinem ganzen Körper, nicht nur als ein körperliches, sondern auch als ein seelisches Glücksgefühl. Ich fühle mich meiner Sexualpartnerin nah.

Kein Grund zur Verzweiflung, sollten Sie sich in Ihrem eigenen sexuellen Erleben mehr in der ersten Beschreibung wiederfinden als in der zweiten. Was ich hier beschreibe, sind nur die beiden Enden eines Kontinuums von Möglichkeiten. Nichts ist absolut und unveränderlich, nicht einmal dann, wenn es bei Ihnen »schon immer« so gewesen sein sollte. Und auch ein Mann, der grundsätzlich zu einer emotional verbundenen Sexualität in der Lage ist, kann diese Fähigkeit in stressigen Zeiten einbüßen.

Wenn Sie diese Verbindung stärken wollen, können Sie sich den Übungen, um die eigene Sexualität zu verbessern, auf Seite 147 widmen.

Körper wären nicht so schön, wenn sie sich nicht bewegten.
JOHANNES KEPLER

DIE WIEDERVEREINIGUNG VON SEX UND HERZ

Wir sagen »Liebe machen« oder »jemanden lieben«, wenn wir *Sex* meinen. Irgendwie scheinen die emotionale und die körperliche Liebe einmal eins gewesen zu sein. In unserer Kultur werden diese Welten meist getrennt behandelt. Wenn wir über Sex sprechen, wird es meist entweder technisch-nüchtern oder verdruckstschmuddelig, wenn der Penis in Sexkolumnen »sein bestes Stück« genannt wird.

Immerhin: Nach diversen sexuellen Revolutionen in den letzten hundert Jahren wird heute bei uns anerkannt, dass wir Menschen sexuelle Wesen sind und ein Recht auf Sexualität haben. Dennoch führen uns die öffentlichen Bilder der Sexualität, wie wir sie in Filmen, beileibe nicht nur in Pornos und in der Werbung, sehen, in die Irre. Wir bekommen eine glatte, geile, vordergründige Sexualität vorgeführt – junge Körper, volle Brüste, pralle Hintern, lasziv geöffnete Lippen und Schlafzimmerblick. Oder junge, furchtlos-spöttisch dreinblickende Männer mit Waschbrettbauch (und nicht sichtbarem Dauerständer). Das mag hübsch anzusehen sein, aber mit der sexuellen Wirklichkeit hat das nichts zu tun. Selbst ein Mann, der regelmäßig für *Men's Health* Modell steht, hat es mit den gleichen sexuellen Herausforderungen und Schwierigkeiten zu tun wie wir alle. Und seine Frau wird sich irgendwann im Liebesleben mit ihm langweilen und ihn fragen, was gerade in ihm vorgeht.

Die Frauen haben es ja von Zeit zu Zeit auch nicht leicht.
Wir Männer aber müssen uns rasieren.
KURT TUCHOLSKY

Wir haben damit leben gelernt, dass der Sex von der Liebe getrennt wird.

Ich möchte damit keinesfalls sagen, Sex darf man nur mit jemandem haben, wenn man ihn oder sie aus ganzem Herzen liebt. One-Night-Stands, Quickies auf dem Küchentisch, Reizwäsche, Sexspielzeug oder abgefahrene Rollenspiele haben absolut ihre Berechtigung. Manchmal muss und darf Sex eben einfach nur geil sein. Nur macht uns Sex, der immer nur geil, aber unpersönlich ist, nicht satt. Wir wünschen uns auf lange Sicht Sex, der etwas bedeutet, einen erotischen Sex, einen, der uns berührt.

Sex ohne Erotik ist Porno.

Doch was ist eigentlich Erotik?

Es kommt gewiss nicht bloß auf das Äußere einer Frau an.
Auch die Dessous sind wichtig.
KARL KRAUS

Erotik kommt vom griechischen Wort *eros* und das bedeutet: »Liebe«.

Damit etwas erotisch ist, muss unser Herz beteiligt sein. Erotik hat mit dem Wecken einer Sehnsucht zu tun, von der wir nicht wissen, ob sie gestillt werden wird. Der Vollzug, die tatsächliche Erfüllung, ist für die Erotik nicht von Bedeutung. Gerade das Ungefähre macht ihren Reiz aus.

Wenn wir uns verlieben, empfinden wir alles am Objekt unserer Anbetung als erotisch: ihre Stimme, ein Blick in ihre Augen, eine zufällige Berührung, ein Stück nackter Haut, ihr Duft – alles kann uns vor Verzücken innerlich erbeben lassen. Erotik ist zart, persönlich und intim.

Wir können aber auch mit fremden Menschen erotische Begegnungen haben – wenn meine Augen plötzlich denen eines Wesens

begegnen, das mich einen bedeutungsvollen Moment zu lange ansieht, ein Lächeln an der Supermarktkasse, ein Kribbeln, wenn ich neben einer attraktiven Frau im Fahrstuhl stehe.
Hier muss nichts weiter passieren. Es genügt zu spüren: Ich bin ein erotischer Mann und ich werde als solcher von einem anderen erotischen Wesen wahrgenommen. Ich spüre, dass ich lebendig bin.
Erotik zielt nicht unbedingt auf Sex.
Ebenso wie die »Liebe« wird auch der Begriff »Erotik« für alles Mögliche missbraucht. Wenn ein Geschäft *Erotikbedarf* vertreibt (mit Herzchen auf der abgeklebten Schaufensterscheibe), wissen wir, dass wir hier Sexspielzeug, Reizwäsche und Pornofilme finden, aber garantiert keine Erotik. Wir haben uns stillschweigend mit dieser völligen Umdeutung der Begriffe abgefunden und lassen uns einreden, »erotisch« wäre gleichbedeutend mit einer Frau, die rote Spitzenunterwäsche oder einen Stringtanga trägt. Wenn ich etwas pervers finde, dann das. Nein, nicht die Spitzenunterwäsche – aber Erotik darauf reduzieren zu wollen. Das wird der zarten, emotionalen Seite der menschlichen Erotik nicht gerecht.
In ihrem Artikel *Der Unterschied zwischen Erotik und Sex* kommt die Journalistin JOHANNA MERHOF in der *Welt* zu den gleichen Schlussfolgerungen: »Erotik bedeutet: langsames Ertasten. Sie hat mit Respekt zu tun, ein wenig auch mit Stolz und ganz viel mit Integrität und Würde. Die besten Chancen auf eine Umarmung der großen Unbekannten, der Erotik, hat man immer zu Anfang einer Beziehung, beim ersten Blick, wenn alles noch frisch, neu, jung und so noch nicht gedacht, gesehen, gefühlt ist. Da fällt natürlich das Kennenlernen eines neuen Menschen darunter, ebenso aber auch: das erste Mal einem Song lauschen, von einem Film hingerissen sein oder eine Fotografie zu betrachten.«
Nun ist die Frage der Fragen: Wenn Erotik vor allem mit dem Anfang einer Beziehung verknüpft ist, gibt es dann eine Möglichkeit, die Erotik zu erhalten, wenn zwei eine längere Beziehung miteinander haben?

ZUSAMMENGEFASST

Wir erleben Sexualität dann als befriedigend, wenn wir nicht nur sexuell erregt, sondern auch emotional beteiligt sind. Bei Männern, die beim Sex bevorzugt im *mechanischen Erregungsmodus* (MEM) funktionieren, bleibt die Erregung weitgehend auf das Becken begrenzt. Die emotionale und persönliche Seite der Sexualität ist nur eingeschränkt vorhanden oder fehlt ganz. Genitalien und Herz fühlen sich voneinander getrennt an und wir gehen mit unserer Partnerin beim Sex keine tiefere emotionale Verbindung ein. Dies kann zu hypersexuellem Verhalten führen – wir versuchen, die ausbleibende sexuelle Befriedigung über mehr Sex oder Sex mit vielen Partnerinnen auszugleichen. Der *mechanische Erregungsmodus* ist meist nur eine früh erlernte Möglichkeit, die sexuelle Erregung über Reibung und Muskelspannung zu steigen. Er muss nicht von traumatischen Erfahrungen herrühren und kann sich dann relativ leicht verändern lassen. Da emotionale Verwundungen und Traumatisierungen jedoch ebenfalls mit einem allgemein erhöhten Spannungsniveau und muskulären Verspannungen einhergehen, können sie ein weiterer Grund dafür sein, dass ein Mann sich im MEM erregt. Um Herz und Genitalien verbinden zu können, braucht es in diesen Fällen eine Aufarbeitung dieser emotionalen Verletzung, um dem Herzen nahen emotionalen Kontakt wieder möglich zu machen.

8.

Für Fortgeschrittene: Sex in Beziehungen

»UND SIE VÖGELTEN GLÜCKLICH BIS ANS ENDE IHRER TAGE«

Wir haben uns in diesem Buch bisher damit beschäftigt, wie eng verwoben unsere Sexualität mit unserem ganzen Sein ist – unserem Körper, unserer Lebensgeschichte, unseren Gefühlen, unserem seelischen Zustand.
Ein Mann, der diese Hinweise beherzigt, hat das Zeug zum guten Liebhaber. Konnte ich Ihnen die in ungezählten Artikeln und Büchern beschworene »Liebesformel« verraten? Von nun an »garantiert für immer Hammersex«?

Ich habe eine gute und eine schlechte Nachricht für Sie.
Fangen wir mit der schlechten an: Gleichbleibend aufregender Sex wie am ersten Tag ist das Äquivalent zum in Nigeria verstorbenen Millionär ohne Familie, dessen Vermögen Ihnen nun ein freundlicher Bankangestellter überweisen möchte. Es gibt ihn nicht. Er ist ein modernes Märchen.
Werfen Sie dieses Buch bitte trotzdem nicht frustriert in die Ecke – die gute Nachricht kommt gleich.
Lassen Sich mich Ihnen zeigen, warum es die störungsfreie Sexualität nicht gibt, um Ihnen dann erklären zu können, dass Ihre Sexualität diese Störungen braucht, um tiefer und verbundener werden zu können.
Sicher ist es von Vorteil, dass wir heute die körperlichen Vorgänge in der Sexualität verstehen, doch allein aus ihnen heraus können wir menschliche Sexualität nicht erklären.
Sexualität ist mehr als Geilheit und biologischer Trieb. Meine Sexualität ist ein Ausdruck meiner Persönlichkeit. Sie ist so persönlich wie meine Handschrift oder meine Stimme. Wir können aus den unterschiedlichsten Motiven heraus Sex haben wollen: Weil wir geil sind, den Sexualpartner lieben, ihn hassen, ihn demütigen wollen, uns bestätigt fühlen wollen, weil uns langweilig ist, wir Nähe suchen, uns entspannen wollen und viele weitere mehr.
Es ist eine noch relativ junge Erkenntnis der Sexualtherapie, dass an den Geschlechtsorganen ganze Menschen hängen. Und dass

diese Menschen ihre Sexualität am häufigsten in einer Beziehung leben. Nach Studien des Hamburger Instituts für Sexualforschung spielen sich rund 95 Prozent aller Sexualkontakte in festen Beziehungen ab. Der Sexualwissenschaftler VOLKMAR SIGUSCH berichtet: »Singles machen 25 Prozent der Bevölkerung aus, bekommen aber nur fünf Prozent der Sexualkontakte ab. Sie ziehen Nacht für Nacht frustriert von einer Bar zur anderen, während 60-jährige Frauen und Männer, die in einer festen Beziehung leben, relativ regelmäßig miteinander schlafen.«

Liebe ist die zeitweilige Blindheit für die Reize anderer Frauen.
MARCELLO MASTROIANNI

Für die meisten Menschen sind also Beziehungen der Rahmen, in dem sie sexuell aktiv sind.

Menschliche Sexualität ist an sich schon vielschichtig, doch die Komplexität erhöht sich noch einmal um ein Vielfaches, wenn wir den Einfluss der Beziehung auf den Sex berücksichtigen.

Ein sexuelles Symptom, wie Lustlosigkeit oder eine Erektionsstörung, lässt sich nicht losgelöst vom Leben und der Beziehung des betroffenen Menschen behandeln. Die Dynamik einer Beziehung hat einen entscheidenden Einfluss auf unsere Sexualität. Deshalb sollten wir den Begriff »Sexualstörung« nur mit Vorsicht verwenden. Warum? Stellen Sie sich eine Frau vor, die Schmerzen beim Sex hat (*Dyspareunie*) und nicht feucht wird. Was stimmt nicht mit ihr? Ist sie einfach zu »verklemmt« oder vielleicht früher einmal sexuell missbraucht worden? Diese Faktoren können eine Rolle spielen, doch wir kommen des Rätsels Lösung erst näher, wenn wir uns ansehen, was im Bett mit ihrem Partner passiert. Wir erfahren: Er knetet ihr zum Vorspiel regelmäßig erst mechanisch die Brüste und rubbelt anschließend an ihrer Klitoris – das sind doch schließlich die wichtigsten erogenen Zonen der Frau, oder? –, bevor er schließlich in sie eindringt. Seltsamerweise wird sie nicht feucht. Leidet diese Frau nun an einer Sexualstörung? Wenn ja, wie würden Sie diese behandeln? Finden Sie nicht, es ist eine sehr gesunde Reaktion, wenn der Körper dieser Frau die lieblose Behandlung nicht widerspruchslos über sich ergehen lässt? Eine andere Frage wäre, wieso die Frau ihrem Mann nicht mitteilt, dass sie sich eine andere Sexualität wünscht.

Die Frauenseele ist für mich ein offenes Buch – geschrieben in einer unverständlichen Sprache.
EPHRAIM KISHON

Ein anderes Beispiel: Leidet ein Mann an einer Sexualstörung, der Schwierigkeiten hat, eine Erektion zu bekommen, dessen Frau ihm beim Sex zu verstehen gibt, wie sehr sie Penisse ekeln und wie sehr sie Männer eigentlich verachtet? Verhält sich sein Penis nicht vernünftig, wenn er nicht in einer Frau stecken möchte, die ihn hasst?
Sie ahnen vielleicht: Eine »Sexualstörung« kann der erste Schritt zur Lösung eines viel grundlegenderen Problems sein. Um Sexualität in ihrem natürlichen Lebensraum »Beziehung« verstehen zu können, müssen wir uns also genauer ansehen, was mit der Sexualität geschieht, wenn sie in einer Paarbeziehung stattfindet.

DIE HORIZONTALE UND DIE VERTIKALE EBENE DER SEXUALITÄT

Sie haben es vielleicht schon einmal erlebt: Der Sex mit jemandem, in den man frisch verliebt ist, ist aufregend und neu. Man ist süchtig nach Berührung des neuen Körpers und kann die Finger nicht voneinander lassen. Trotz schlaflos durchvögelter Nacht springt man danach gut gelaunt und beschwingt aus dem Bett.
Wenn wir frisch verliebt sind, rauscht ein ganzer Hormon-Cocktail durch unsere Blutbahn und vernebelt uns die Sinne. In dem Cocktail befinden sich neben den Geschlechtshormonen wie dem Testosteron eine Vielzahl von Botenstoffen wie das sogenannte Glückshormon *Dopamin*. Biochemisch gibt es viele Gemeinsamkeiten zwischen Verliebten und Drogensüchtigen. Sie schweben im siebten Himmel und wollen so viel wie möglich von ihrer »Droge« haben. Und frisch Verliebte verhalten sich ja auch so unzurechnungsfähig wie Drogensüchtige. Wenn man verliebt ist, werden im Gehirn die gleichen Rezeptoren besetzt wie bei Alkohol- oder Heroinsüchtigen. Doch dieser verliebte Hormonrausch-Sex hat ein Verfallsdatum. Nach einigen Wochen bis einigen Monaten legt sich der Rausch. Man muss sagen: Glücklicherweise, denn in dem Zustand sind wir kaum arbeitsfähig und auch sonst zu wenig anderem zu gebrauchen.

Ist man zu Beginn der Beziehung manchmal mehrmals am Tag übereinander hergefallen, sinkt die Frequenz im Laufe der Zeit deutlich ab und zwar weitgehend unabhängig vom Alter. Nach drei bis fünf Beziehungsjahren ist die Verkehrsdichte auf durchschnittlich zweimal in der Woche gesunken. Nach dem zehnten Beziehungsjahr bleibt die Sexualität eines Paares dann aber über 20 bis 25 Jahre erstaunlich stabil, bei durchschnittlich einmal pro Woche, mit großen Abweichungen in beide Richtungen. Manche Paare tun es auch später noch häufiger, andere vielleicht zweimal im Jahr, wieder andere überhaupt nicht mehr. Es ist, was die Häufigkeit anbelangt, übrigens kaum von Bedeutung, ob man eine Beziehung mit 30 oder mit 60 Jahren beginnt. Der entscheidende Faktor ist die Dauer des Zusammenseins.

Klar ist also, Sie werden weniger Sex haben, wenn Sie länger zusammen sind, als zu Beginn Ihrer Beziehung. Ich vermute, damit können Sie leben. Es ist übrigens weder gesetzlich noch in medizinischen Lehrbüchern festgeschrieben, wie viel Sex »normal« ist. Wenn beide sich mit ihrer gemeinsamen Verkehrsfrequenz wohlfühlen, ist alles in Ordnung – unabhängig davon, wie oft es mein bester Freund oder meine Kollegen (angeblich) tun. Auch Paare, die nur einmal im Jahr miteinander Sex haben, können damit glücklich sein.

Wie heißt es so schön: »Ein Problem ist erst dann ein Problem, wenn es ein Problem ist.«

Schließlich verfügen wir in einer längeren Beziehung über eine Vielzahl von Möglichkeiten, uns unserer Verbindung zu versichern. Dazu zählen gemeinsame Projekte wie der Bau eines Hauses, ein Kind oder gemeinsame Urlaube und Unternehmungen. Ist der Sex zu Beginn einer Beziehung häufiger noch als Beziehungsbindemittel im Vordergrund, tritt er im Laufe der Zeit wieder zurück. So weit, so unproblematisch.

Doch was ist, wenn die sexuellen Bedürfnisse auseinandergehen, wenn einer von beiden mit dem Sex unzufrieden ist, wenn es im Bett langweilig wird oder die Paarsexualität ganz einzutrocknen droht?

Auch wenn Sie alles »richtig« machen, werden Sie es nicht verhindern können, dass Ihr Sexualleben Krisen durchläuft; dass Sie Phasen durchleben, in denen Sie sexuell frustriert sein werden oder selbst keinen Bock auf Ihre Partnerin haben; Phasen, in denen Sie schlicht keine Zeit und Kraft mehr füreinander haben und Ihnen Ihr Schlaf wichtiger sein wird als Sex. Ihr Körper und der Ihrer Partnerin verändern sich, so tun es auch Ihre Bedürfnisse und Ihr Sexualleben. Auch wenn Sie zu Beginn sexuell wunderbar harmonieren sollten, wird der Sex allmählich an Attraktion einbüßen und in der praktizierten Form langweilig werden. Genauso wie es Ihnen wahrscheinlich langweilig würde, wenn Sie jeden Tag Ihr Lieblingsgericht essen müssten.

Die Ehe ist ein Spielplan mit gleichbleibendem Repertoire. Folglich sollte man wenigstens die Inszenierung ändern.
FEDERICO FELLINI

Was also tun gegen »die Flaute im Bett«, gegen den »Tod im Schlafzimmer«?

In Sexratgebern wird an dieser Stelle üblicherweise empfohlen: »Bringen Sie Abwechslung in Ihr Sexualleben!«

Viele Paare versuchen dann, wieder mehr Schwung in ihren Sex zu bringen, indem sie mit neuen Elementen experimentieren: sexy Wäsche, andere Stellungen, Sex an ungewöhnlichen Orten, Sexspielzeug, Swinger-Clubs, heimliche Affären, »offene Beziehung«, BDSM und was es sonst noch Schönes gibt.

Ich will Sie keineswegs davon abhalten, Neues auszuprobieren. Solange es beiden Spaß macht, ist alles erlaubt. Nur: Versprechen Sie sich davon nicht die dauerhafte Rettung Ihrer Paarsexualität. Warum nicht?

Eine neue Stellung, ein Quickie im Aufzug oder Sex mit wechselnden Partnerinnen stellen, neurologisch gesprochen, einfache Reize dar. Unsere Sinne gewöhnen sich relativ schnell daran. Beim ersten Mal ist es noch aufregend. Aber schon beim dritten oder vierten Mal tritt ein gewisser Gewöhnungseffekt ein. Wir müssen dann die Reize verändern und verstärken, damit sich etwas bei uns regt. Wir müssen die Dosis erhöhen, bis wir uns auch daran gewöhnt haben. Aus demselben Grund nimmt man eine neue Armbanduhr schon nach kurzer Zeit nicht mehr wahr. Der neue Reiz wird bald von unserem Nervensystem als Normalität eingepreist.

Man könnte sagen, all diese Veränderungen finden auf der gleichen, der horizontalen Ebene statt. Es sind lediglich Variationen zum Thema, aber es gibt darin keine Weiterentwicklung. Diese Art von Abwechslung fühlt sich früher oder später schal an. Sie haben alles Mögliche ausprobiert und es befriedigt Sie nicht wirklich, so wie ein Actionfilm mit atemberaubenden *special effects*, aber ohne eine Geschichte, die Sie emotional anspricht.

Die Ehe ist eine polizeilich anerkannte Freundschaft.
ROBERT LOUIS STEVENSON

Früher oder später hat mindestens einer der Partner in einer Beziehung auf diese Art von Sex keine Lust mehr (in Heterobeziehungen sind es erfahrungsgemäß häufiger die Frauen, aber diese Entwicklung gibt es genauso bei schwulen und lesbischen Paaren). Man fragt sein Gegenüber ratlos: »Was ist denn nun los, bisher hast du das doch immer gemocht?«

Manche Ehemänner halten es für einen unglücklichen Zufall, dass sie und ihre Frau am selben Tag geheiratet haben.
PETER SELLERS

Diese einfachen Formen sexueller Abwechslung können die Sexualität nicht dauerhaft vor der Veränderung bewahren, denn ihnen fehlt das, was die menschliche Sexualität so einzigartig macht – Bedeutung und persönliche Tiefe. Die Tiefe kann unsere Sexualität erst im Laufe unseres Lebens bekommen, denn, wie der Sexualtherapeut DAVID SCHNARCH anmerkt, zu Beginn unseres Sexuallebens kennen wir uns ja selbst kaum, wie können wir da dem anderen zeigen, wer wir wirklich sind?

Zu Beginn unserer sexuellen Aktivitäten mit einer Partnerin sind wir Männer heilfroh, wenn alles irgendwie funktioniert: Erektion bekommen, gehalten, ins Ziel gebracht – wir sind drin! Jetzt nicht zu schnell kommen! Hat sie ihren Spaß? Sieht so aus. Super Sex!

Wir bleiben meist bei dem, was funktioniert – »never change a running system« – bis es eben nicht mehr funktioniert.

Ich hatte Ihnen doch noch die gute Nachricht versprochen. Hier kommt sie.

Unsere sexuelle Entwicklung ist hier nicht zu Ende.

DAVID SCHNARCH sagt in seinem Buch *Die Psychologie sexueller Leidenschaft*, dass Jungen eher lernen, auf ihre genitalen Empfindungen zu achten, während Mädchen Sex mit Liebe und Intimität in Verbindung bringen. Doch das ist für ihn nur der Anfang der Geschichte. SCHNARCH erklärt:

»Wer aber meint, wir würden über diese kindliche Stufe nie hinauskommen, der verwechselt sexuelle Unreife mit grundsätzlichen

Geschlechtsunterschieden. Tatsache ist, dass Frauen sich im Laufe der Jahre mehr auf die eigenen genitalen Empfindungen einlassen und die sexuelle Begegnung mehr genießen können. Unterdessen wächst das Interesse der Männer an Intimität und einer engen emotionalen Verbundenheit.«

Als erwachsene Menschen wollen wir, dass der Sex mit einem Partner, mit dem wir eine Beziehung führen, neben dem körperlichen Vergnügen etwas bedeutet. Wir wollen, dass der Sex, den wir haben, mehr ist als eine Art gemeinsamer sexueller Entleerung. Wir wollen irgendwann von der Person, mit der wir körperlich so nah zusammen sind, gesehen werden als der, der wir wirklich sind, und wir möchten unsererseits den Menschen sehen – »... und sie erkannten einander«, heißt passenderweise die biblische Umschreibung für Sex.

Diese Tiefendimension des Sex können wir die *vertikale Ebene* nennen. Hier passiert etwas grundlegend Neues und Aufregendes, wir erlauben es unserer Sexualität, persönlich, intim und entspannter zu werden.

Eine große Schwierigkeit ist, dass wir kulturell keine Vorbilder einer reifen Sexualität kennen, ebenso wenig wie wir ein Verständnis davon haben, wie eine reife Beziehung aussieht. In den meisten Geschichten und Filmen gibt es, wenn es um Paare und Sex geht, eigentlich nur diese beiden Stereotype: Entweder zwei sind frisch verliebt und können die Finger nicht voneinander lassen oder das Paar ist schon länger zusammen, schweigt sich an oder streitet sich. Der Sex ist öde beziehungsweise nicht mehr existent.

»Wenn es bei uns nicht mehr klappt, passen wir vielleicht doch nicht zusammen, wir sind zu verschieden oder wir lieben uns nicht mehr!«, denken sich dann viele Paare. Wir bekommen beim Übergang von der Anfangssexualität zu einer fortgeschrittenen Paarsexualität kaum Hilfestellung.

Ein weiteres Hindernis: Das Zulassen von Bedeutung und Intimität in der Sexualität ist für die meisten von uns eine mehr oder weniger große Herausforderung, je nachdem, wie wohl wir uns damit fühlen, einem anderen Menschen wirklich nahe zu sein. In der Geschichte von Sven war zu sehen, wie er einerseits eine unge-

stillte Sehnsucht nach nahen, herzvollen sexuellen Begegnungen hatte und zugleich vor dieser Nähe zurückschreckte. Er war darin gefangen wie eine Fliege, die nach draußen will, aber immer wieder gegen die Scheibe brummt. Sven fühlte, dass seinem Sex etwas fehlte, doch er wusste nicht, wo er es finden konnte, zumindest nicht im Rahmen seiner bisherigen Möglichkeiten.
Es war Zeit für eine Krise.

LOB DER KRISE

Der hormongesteuerte Sex der Paar-Anfangszeit wird in unserer Kultur mit dem erstrebenswerten Sex gleichgesetzt. Tatsächlich stellt er nur die erste Stufe der Paarsexualität dar. Die Sexual- und Paartherapeutin Berit Brockhausen merkt in ihrem (sehr lesenswerten) Buch *Guter Sex geht anders* treffend an, dass man ja auch sein Handy nicht wegwerfen würde, nur weil das Startguthaben verbraucht ist.
Wie geht es also weiter, wenn »das Startguthaben verbraucht ist«? Um einen qualitativ neuen Entwicklungsschritt machen zu können, müssen wir in der Regel erst durch eine Krise. Die sexuelle Krise ist das notwendige Durchgangsstadium zur nächsten Stufe.

Alles was lebt, verändert sich. Wenn es sich nicht mehr verändert, ist es tot. Machen wir dazu ein Gedankenspiel – stellen wir uns vor, Ihre Beziehung wäre Ihr Kind.
Sie wären davon überzeugt, dass Kinder immer klein und süß sind. Überall um sich herum sehen Sie nur Bilder von kleinen, süßen Kindern. Doch nach einiger Zeit passiert etwas Erschreckendes und Unerwartetes mit Ihrem Kind. Sie können Ihre Augen nicht länger davor verschließen – Ihr Kind hat sich besorgniserregend verändert! Es ist so groß geworden, picklig, einsilbig. Es hat eine tiefe Stimme bekommen, hört seltsame Musik und benutzt neuerdings Ihren Rasierapparat. Sie fragen sich vielleicht, ob es krank ist und was Sie falsch gemacht haben. Sie lesen Ratgeber und gehen mit dem Kind zum Arzt. Möglicherweise bitten Sie es sogar in

einem Anfall von Verzweiflung, doch bitte wieder mit der niedlichen Kinderstimme zu sprechen und den süßen Sandmännchenschlafanzug anzuziehen (und verdammt noch mal diesen furchtbaren Lärm auszumachen!). Vielleicht entwickelt sich alles wieder zurück und es wird wieder so, wie es war? Wir wissen natürlich, dieses Kind ist in die Pubertät gekommen. So unangenehm und verunsichernd die Pubertät für alle Beteiligten sein kann – uns ist bewusst, dass sie eine völlig normale Phase in der Entwicklung eines Menschen ist. Sie ist ein Zeichen dafür, dass alles seinen natürlichen Gang geht. Wir wissen auch, dass es kein Zurück zum vorigen Zustand gibt. Die Pubertät ist eine natürliche Entwicklungsphase und sie ist nur eine von vielen Krisen, denen wir uns in unserem Leben stellen müssen.

Wenn Sie dieses Buch lesen, haben Sie sicher schon einige solcher Krisen in Ihrem Leben überstanden: die eigene Geburt, der erste Besuch eines Kindergartens, die Einschulung, die Pubertät, die erste Liebe, das Ende der Schulzeit, Beginn des Berufslebens, der Auszug aus dem Elternhaus, Partnersuche.

Weitere Krisen, die die meisten von uns erleben, haben zu tun mit: Jobverlust, Trennungen, Krankheiten, Todesfällen, Umzügen, Altern, der Auseinandersetzung mit der eigenen Sterblichkeit, der Suche nach dem Sinn. Krise bedeutet: Ich kann nicht so weitermachen wie bisher.

Aber auch positive Ereignisse können uns in eine Krise bringen. Etwa, wenn wir eine neue Stelle antreten, heiraten oder ein Kind bekommen. Bei jedem wichtigen Schritt in unserem Leben müssen wir uns von etwas Altem verabschieden, um etwas Neues begrüßen zu können. Plötzlich gelten alte Gewissheiten nicht mehr und wir wissen nicht, was als Nächstes kommt. Wir sind verunsichert und manchmal ratlos. Wir müssen etwas erlernen, was wir bisher nicht beherrschen. Es mag ein Trost sein, dass es anderen auch so geht, doch müssen wir unseren eigenen Weg aus der Krise finden. In der Krise müssen wir uns an neue Gegebenheiten anpassen und neue Fähigkeiten entwickeln.

Das Gute ist: Krisen sind zeitlich beschränkt. Nur wenn wir uns weigern, einen Entwicklungsschritt zu machen, machen wir aus einer normalen, befristeten Entwicklungskrise eine Dauerkrise. Wenn es hingegen gut läuft, stellen wir irgendwann fest, dass die Krise vorbei ist.

Wir kommen mit der neuen Lebenssituation besser klar und fühlen uns gestärkt und sind vielleicht stolz auf das Erreichte: Die Trennung ist verarbeitet und ich freue mich über die gewonnene Freiheit oder eine neue Beziehung winkt; ich habe mich in der Arbeitslosigkeit beruflich umorientiert und mache eine Weiterbildung, die viel mehr mit meinen wahren Interessen zu tun hat; die Auseinandersetzung mit meiner Endlichkeit lässt mich klarer erkennen, welche Prioritäten ich in meinem Leben setzen möchte, und dergleichen mehr.

Nach einer Krise bieten sich uns zuvor ungeahnte neue Möglichkeiten: Wir sind durch sie gewachsen. Das gilt für Krisen allgemein und ebenso für die sexuelle Krise einer Paarbeziehung.

Wenn wir zum wiederholten Male feststellen müssen, dass auch mit der aktuellen Frau oder dem aktuellen Mann der Sex (und die Beziehung) schwierig wird, obwohl es doch zu Beginn so verheißungsvoll ausgesehen hatte, dämmert es uns, dass der Grund nicht ein weiterer Fehlgriff bei unserer Partnerwahl gewesen ist.

Wir verstehen, dass diese Phase anscheinend unabhängig vom Partner kommt und wir stellen uns der Krise, anstatt wieder einmal die Partnerin zu wechseln.

WIESO ALLE PAARE DURCH DIE SEXUELLE KRISE MÜSSEN

Es gibt in jeder Paarbeziehung eine zunächst paradox scheinende Entwicklung – Paare vermeiden es mit zunehmender Dauer, sich gegenseitig an ihrem Innenleben teilhaben zu lassen. Sie sind weniger intim miteinander.

Wie kommt das?

Schauen wir uns als Beispiel für diesen Prozess die Geschichte von Lars und Nadja an. Diese Geschichte beginnt mit einem Ende: Lars' Freundin, Pia, hatte sich letztes Jahr von ihm getrennt.

Sie hatte bemängelt, dass er zu oft zurückgezogen in seinem Zimmer *World of Warcraft* gespielt hatte, sich zu wenig an Hausarbeiten beteiligt und sie nicht an seinem Innenleben hatte teilhaben lassen. Lars war eher der schüchterne Typ und er war sich sicher, dass an Pias Klagen was dran war und mit ihm etwas nicht stimmte. Schließlich hatte es in früheren Beziehungen auch schon ähnliche Klagen gegeben. Pia machte es allerdings auch nicht wirklich besser. Was Lars von ihr zu hören bekommen hatte, war ein nicht enden wollender Strom an Klagen über seine mangelnden Qualitäten als Partner. Das ärgerte Lars und als Antwort zog er sich von ihr zurück.

Wie verunsichert Pia mit sich selbst war, hatte sie für sich behalten. Die beiden wussten nicht, was im jeweils anderen vor sich ging. Sex hatte es zwischen ihnen beiden am Ende nur noch sehr sporadisch gegeben und Pia ließ Lars im Bett spüren, dass er ihr auch als Liebhaber nicht genügte.

Ein Mann, der einem Hut hinterherläuft, ist nicht halb so lächerlich wie ein Mann, der einer Frau hinterherläuft.
GILBERT K. CHESTERTON

Eines Tages kam es, wie es kommen musste: Pia hatte sich in einen Kollegen verliebt. Sie trennte sich kurzerhand und zog aus der gemeinsamen Wohnung aus.

Obwohl die Beziehung alles andere als glücklich gewesen war, war Lars durch die Trennung sehr niedergeschlagen.

Nach einigen Monaten des Wundenleckens lernte Lars über eine Dating-App Nadja kennen. Nadja war für ihn eine Offenbarung. Eine intelligente, attraktive und beruflich erfolgreiche Frau, die sich für ihn und sein Leben interessierte. Er konnte erst gar nicht glauben, dass »so eine« an ihm Gefallen finden konnte. Sie hörte seinen Schilderungen vom Scheitern seiner vorherigen Beziehung anteilnehmend zu. Aber auch Nadja fand in Lars einen sensiblen Zuhörer mit einem feinen Sinn für Humor.

Alle Frauenkleider sind nur Variationen des ewigen Streites zwischen dem eingestandenen Wunsch, sich zu kleiden, und dem uneingestandenen Wunsch, sich zu entkleiden.
LAO-TSE

Als sie dann zum ersten Mal miteinander schlafen wollten, spielte zu Lars' Entsetzen seine Erektion nicht mit. Und das passierte auch noch die folgenden Male. Doch er vertraute Nadja. Deshalb fasste er sich ein Herz und erzählte zum ersten Mal von seiner Anspannung und seiner Unsicherheit, ob er als Liebhaber einer Frau genügen könnte. Nadja fand gerade das besonders anziehend – endlich ein Mann, der seine Unsicherheit nicht überspielen musste! Nadja erzählte Lars daraufhin zögernd von ihren eigenen Unsicherheiten mit ihrem Körper. Sie fand ihren Hintern zu groß und ihre Brüste zu klein und sie musste sich eingestehen, dass sie keine 25 mehr war und ihr Körper erste Alterungserscheinungen zeigte. Sie war sehr erleichtert, als das für Lars anscheinend überhaupt kein Problem war. Ihr voriger Freund hatte sich manchmal bewundernd über die Oberweiten anderer Frauen geäußert, was ihre Unsicherheit nur vertieft hatte.

Lars' Erektionen waren nach kurzer Zeit kein Problem mehr und man konnte aus ihrem Schlafzimmer sogar ausgelassenes Lachen hören. Lars fühlte sich zum ersten Mal in seinem Leben richtig wohl in seiner Haut und er fand, dass er als Mann eigentlich gar nicht so übel ist. Nadja erfuhr sich durch Lars' Zuwendung endlich als attraktive, begehrenswerte und leidenschaftliche Frau.

Beide waren davon überzeugt: Sie hatten den richtigen Partner gefunden! Sie waren sehr verliebt und glücklich.

72 Prozent sagen: Zu viel Sex im Fernsehen! Die meisten würden gerne umschalten – aber sie haben keine Hand mehr frei!
HARALD SCHMIDT

Nach einem Jahr zogen sie zusammen.

Nadja war sich sicher, Lars war der Mann, mit dem sie ein Kind wollte, und zwar bald. Lars druckste herum. Grundsätzlich konnte er sich Kinder schon vorstellen, aber er brauchte noch etwas Zeit. Irgendwie fühlte er sich noch nicht so weit. Er wollte die schöne Zeit mit Nadja noch ein wenig alleine auskosten, um ihre Beziehung weiter zu festigen. Er hatte aus dem Bekanntenkreis viele abschreckende Geschichten gehört, wie die Beziehung durch die Geburt eines Kindes belastet worden ist.

Manche Männer bemühen sich lebenslang, das Wesen einer Frau zu verstehen. Andere befassen sich mit weniger schwierigen Dingen, zum Beispiel der Relativitätstheorie.
ALBERT EINSTEIN

Nadja war Mitte dreißig und sie fand, es war für ein Kind nun höchste Eisenbahn. Sie liebten sich und finanziell ging es ihnen beiden auch gut – was also sprach gegen eine baldige Elternschaft? Worauf wartete Lars? Wollte er sich ein Hintertürchen offen halten? Stand er doch nicht so klar zu ihr, wie er immer behauptete? Lars fühlte sich von ihr unter Druck gesetzt, er fand, dass es auf ein Jahr mehr oder weniger doch wirklich nicht ankomme. Ihn erschreckte ihre Vehemenz bei dem Kinderthema, die ihm sehr egoistisch vorkam, und er fand, sie sah neuerdings recht verkniffen aus. Manchmal war er sich seiner Gefühle ihr gegenüber doch nicht mehr so ganz sicher. Das beunruhigte ihn, was er ihr aber – natürlich – nicht mitteilte, weil er sie nicht verletzen wollte. Nadja ärgerte sich über sein Ausweichen und seine zunehmende Einsilbigkeit. Was verschwieg er? Lars war nun wieder verstärkt in seinem Zimmer am Computer anzutreffen oder sie saßen abends schweigend vor dem Fernseher. Ihr Sex wurde immer langweiliger und deutlich weni-ger, was Nadjas Alarmglocken noch lauter schrillen ließ. Gelegentlich ließ ihn auch seine Erektion wieder im Stich. Fand er sie vielleicht nicht mehr attraktiv, fragte sich Nadja. Die Beziehung von Nadja und Lars war in ihre erste richtige Krise geraten.

Diese Geschichte zeigt einen ziemlich typischen Verlauf, wie aus einem verliebten Paar ein Paar in der (nicht nur sexuellen) Krise wird. Es gibt diese Geschichte in vielen Varianten, aber das Grundmuster bleibt dasselbe: Zu Beginn bekommen wir von unserer Partnerin die Bestätigung und Annahme, die wir uns immer gewünscht haben. Wir zeigen uns auch in unseren schwierigen und unsicheren Seiten, was unsere Partnerin aber nicht abschreckt, sondern sogar begrüßt. Sie lässt uns ihrerseits an ihrem Innenleben teilhaben und wir fühlen uns einander sehr nah.

Träumen wir nicht alle davon, einen Menschen zu finden, der uns so nimmt, wie wir wirklich sind, auch mit unseren peinlichen Seiten und Unsicherheiten? Fühlt es sich nicht genau so an, wenn wir »die Richtige« gefunden haben? Zu Beginn sieht es so aus und das Glück scheint vollkommen. Doch egal wie viele Gemeinsamkeiten wir anfangs auch immer haben sollten, früher oder später müssen wir erkennen, dass unsere Partnerin in manchen Bereichen anders ist als wir. Sei es bei den »großen« Themen, wie Kinder, Wohnen, Lebensgestaltung, Finanzen oder bei den »kleinen«, wie Ordnung, Haushalt, Zeitmanagement, Urlaubsziele, Freizeitgestaltung oder wie oft wir Sex haben.

Wir sind früher oder später zwangsläufig mit unserer Unterschiedlichkeit konfrontiert und die macht Angst. Eine Weile können wir versuchen, die schwierigen Themen auszuklammern, wir haben ja noch so viel andere Gemeinsamkeiten, doch irgendwann geht das nicht mehr.

DIFFERENZIERUNG

Dieser schmerzhafte Prozess wurde von David Schnarch *Differenzierung* genannt. Er hat als Erster beschrieben, wieso es völlig normal ist, dass eine Paarbeziehung in die Krise kommt – und wieso uns das dabei hilft, erwachsen zu werden.

Erwachsene Menschen müssen lernen, ihre Gefühle selbst zu beruhigen, um in naher emotionaler Verbindung bleiben zu können, denn die Unterschiedlichkeit ist ein unvermeidbarer Bestandteil jeder Paarbeziehung. Selbst wenn Menschen sich in der Regel Partner suchen, mit denen sie in vielfacher Hinsicht übereinstimmen, treten nach einer Weile die Unterschiede umso deutlicher hervor. Nur durch das Entwickeln der Fähigkeit, Unlust, Spannung, Angst und emotionalen Schmerz zu ertragen, können Menschen eine intime Nähe wagen, die nicht auf gespielte Harmonie angelegt ist. *Differenzierung* entsteht nach Schnarch durch die schmerzhafte Auseinandersetzung mit dem Anderssein eines anderen Menschen. Differenzierte Menschen verlieren sich nicht im nahen Kontakt oder müssen ihn meiden. Sie entwickeln ihre Liebesfähigkeit und ihr erwachsenes Selbst durch Herausforderungen, nicht durch die permanente Bestätigung von außen.

Wenn ein Frauenkörper spricht, haben die Männer nicht genug Augen, um zuzuhören.
ALEXANDER CALDER

Wenn wir uns selbst befragen, in welchen Situationen wir Entwicklungsschritte gemacht haben, finden wir fast immer heraus, dass das in Situationen war, in denen wir auf uns zurückgeworfen waren und unsere eigene Antwort finden mussten.

»DIE VIER ASPEKTE DER BALANCE« NACH DAVID SCHNARCH

SCHNARCH zufolge helfen uns Beziehungen (und Beziehungskrise, zu differenzierten, selbstbestimmten und bindungsfähigen Menschen zu werden. Man könnte auch sagen: Sie machen uns zu erwachseneren Menschen. *Differenzierung* entsteht durch ein Gleichgewicht der zwei grundlegenden menschlichen Antriebskräfte: Bindung und Autonomie (Selbstbestimmung).
Dieses Gleichgewicht muss in vielen Lebenssituationen immer wieder neu errungen werden. SCHNARCH hat einige Kennzeichen dieses Prozesses formuliert. Er nennt sie *Die vier Aspekte der Balance*:

DIE VIER ASPEKTE DER BALANCE

1. Stabiles, flexibles Selbst
Ihr Handeln wird durch Ihre ureigenen Werte, Prinzipien und Ziele – Ihrer Integrität – bestimmt. Sie stehen zu sich und sind zugleich offen für Ihr Gegenüber. Auch dann, wenn die Menschen um Sie herum und die Situationen, in denen Sie sich befinden, Ihre emotionale Ausgeglichenheit bedrohen. Sie sind dabei nicht starr, sondern behalten die Fähigkeit, abweichende Positionen zu berücksichtigen. Ein stabiles, erwachsenes Selbst entsteht durch die Abwesenheit der Bestätigung durch andere (wenn Sie beispielsweise etwas tun, was Ihre Partnerin nicht gutheißt).

2. Stiller Geist, ruhiges Herz
Sie können Ihre eigenen Ängste und unangenehmen Gefühle annehmen und besänftigen. Sie übernehmen die Verantwortung für das Wohlbefinden des eigenen Herzens. Nicht der andere ist schuld an meinem Zustand. Diese emotionale Unabhängigkeit sorgt in der Beziehung für Stabilität und Flexibilität.

3. Angemessenes Reagieren
Sie können starke Gefühle in sich selbst regulieren. Dadurch ist es Ihnen möglich, angemessen auf schwierige Situationen und Menschen zu reagieren. Nur weil Ihr Gegenüber überreagiert, tun Sie das nicht auch. Angemessen bedeutet aber auch, nicht »unterzureagieren«.

4. Sinnvolle Beharrlichkeit
Sie wissen, dass wir manchmal unangenehme Gefühle aushalten müssen, um ein Ziel zu erreichen. Sie werfen die Flinte nicht ins Korn, auch im Angesicht von Frustration, Versagen und Enttäuschung. Sie sprechen Themen auch dann an, wenn Sie ihnen lieber ausweichen würden. Wichtig ist dabei eine realistische Einschätzung, ob Ihr Ausharren sinnvoll ist oder ob Sie »ein totes Pferd reiten«. Es ist deshalb gut, sich hier selbst zu fragen, welcher Teil meiner Persönlichkeit durchhalten will – der, der sowieso schon immer Unerträgliches ausgehalten hat, oder der, der erkennt, dass es wert wäre, dranzubleiben.

INTIMITÄT IST MANCHMAL UNBEQUEM

Wenn wir von Intimität reden, meinen wir meist die kuschelige und tröstende Variante, wie zu Beginn einer Liebesbeziehung. Schnarch nennt diese Form: *fremdbestätigte Intimität* – »Bestätigst du mich, bestätige ich dich«. Das ist angenehm und wärmend und sicher notwendig, um sich aufeinander einzulassen. Doch in jeder Paarbeziehung endet diese Form der Intimität früher oder später. Denn sobald wir in einer Beziehung an wirklich strittige Punkte kommen (wie Kinder, Geld, Wohnen, Arbeitsteilung, Sex), bekommen wir keine positive Bestätigung mehr von unserer Partnerin. Wenn unsere Beziehung hier nicht enden soll, müssen wir lernen, uns mit dem Anderssein unseres Gegenübers auseinanderzusetzen. Das macht Angst, denn wir befürchten, das könnte das Ende der Beziehung sein.

Ein differenzierter Mensch kann den nahen, emotionalen Kontakt mit einem anderen Menschen aushalten, auch wenn der völlig anderer Meinung ist und erwartet, dass wir uns ihm anpassen. Diese Form der Intimität nennt Schnarch *selbstbestätigte Intimität*. Um die zu erreichen, muss ich eigene, schwierige Gefühle – wie Angst und Wut – so weit selbst beruhigen können, dass ich die emotionale Verbindung zu meinem Gegenüber halten kann. Die Fähigkeit zur *selbstbestätigten Intimität* zeichnet einen erwachsenen Menschen aus. Keine Sorge, wenn Sie sich mehr in der ersten

Variante wiederfinden sollten und Sie zu den Männern gehören, die sich selbst als »harmoniebedürftig« beschreiben. SCHNARCH meint: »Keiner ist bereit für die Liebesbeziehung, die Beziehung selbst macht uns bereit dafür.« Das ist »training on the job«. Eine Beziehung lehrt uns, dass Auseinandersetzungen ein notwendiger Anpassungsmechanismus einer Beziehung sind. Wir müssen es nicht mögen, aber wir kommen nicht umhin zu lernen, die Spannung einer Auseinandersetzung auszuhalten. Ohne diese Fähigkeit wird es irgendwann schwierig bis unmöglich, miteinander Sex zu haben. Denn wie sollen wir uns intim begegnen, wenn wir die emotionale Nähe zueinander nicht ertragen?

Was haben Frauen mit einem Hurrikan gemeinsam? Wenn sie kommen, sind sie wild und feucht, wenn sie gehen, nehmen sie dein Haus und dein Auto mit.
ANONYM

AUF ZU NEUEN UFERN – EIN PAAR BEFREIT SICH AUS DER SEXUELLEN KRISE

Wir haben gesehen, warum Paare in die sexuelle Krise kommen. Und wie kommen sie nun wieder heraus? Wie sieht das aus, wenn man *differenzierter* wird?
Begleiten Sie mit mir beispielhaft ein Paar ein Stück dieses Weges durch seine Krise. Lassen Sie mich Ihnen Ulf und Martina vorstellen, ein Paar mit einem kleinen Kind. Wenn wir ihren Prozess verfolgen, der über fast drei Jahre gegangen ist, können wir viele Themen sehen, die Paaren typischerweise in der sexuellen Krise und auf dem Weg heraus begegnen.

Die besten Frauenkenner sind die Meteorologen: Sie geben den Wirbelstürmen Frauennamen.
PETER USTINOV

Martina und Ulf kamen zu mir, weil sie seit einiger Zeit immer gereizter miteinander umgegangen waren. Ein zentraler Streitpunkt: Ulf fand, sie hätten zu wenig Sex und Martina zeige zu wenig sexuelles Interesse. Sie hatten zwar teilweise mehrfach in der Woche Sex, der fast immer von ihm ausging, doch für sie schien das eher eine lästige Pflicht als ein freudiger Abschluss des Tages zu sein. Ulf kränkte das. Er fühlte sich in der Rolle des Bittstellers. Er fragte sich, was mit Martina nicht stimmte. Wenn es nach ihm ginge, könnte es jeden Tag Sex geben.
Martina und Ulf waren in ihren späten Dreißigern. Sie waren seit zehn Jahren zusammen und sie hatten vor zwei Jahren ein Kind

bekommen. Bis zur Geburt ihres Sohnes, sagen beide, hätten sie sich gut verstanden, sie hätten viele gemeinsame Interessen und auch im Bett hätte es gut geklappt. Doch seit das Kind da ist, steht Martina abends der Sinn eher nach Ruhe und Schlaf als nach sexuellen Abenteuern.

»Wenn Ulf dann abends angerobbt kommt, denke ich, jetzt will der auch noch was von mir!«, erzählt Martina. »Manchmal gehe ich extra früh ins Bett und lese, um einfach ein bisschen Zeit für mich zu haben. Wenn ich dann höre, dass er auch ins Schlafzimmer kommt, mache ich oft schnell das Licht aus und stelle mich schlafend.« Sie schielt schuldbewusst und mit roten Backen zu ihrem Mann herüber.

Der blickt mit finsterer Miene schweigend ins Leere.

WENN EIN KIND DAZU GEKOMMEN IST

Die Erfahrung, dass der Sex nach der Geburt eines Kindes schwieriger wird, machen die meisten Paare. Die Arbeitsbelastung steigt, die Tage werden länger und die Auszeiten schwinden – zumindest in den ersten Jahren. »Schlaf« schlägt auf der Prioritätenliste »Sex« nun mit Leichtigkeit. Zudem beschreiben vor allem Frauen, dass ihre Bedürfnisse nach Körperkontakt durch ein Baby oder Kleinkind völlig gedeckt sind. »Zeit für sich« folgt deshalb auf der Prioritätenliste direkt dem »Schlaf«. »Sex« rutscht für viele junge Mütter auf der Liste erst mal weit nach hinten. Manchmal bleiben von der Geburt auch Narben an der Vagina zurück, die beim Sex Schmerzen bereiten können. Und viele Frauen beschreiben, insbesondere, wenn es zu vielen medizinischen Eingriffen unter der Geburt gekommen ist, dass sie sich ihre Vagina und ihre Lust nach einer Geburt erst wieder aneignen müssen. Sie müssen erst wieder selbst in ihrer eigenen veränderten sexuellen Landschaft heimisch werden. Die Geburt eines Kindes ist somit ein häufiger Grund für die sexuelle Krise.

Lass dir unsere Kinder als Lehre dienen, Peg! Es kann nichts Gutes beim Sex rauskommen!
AL BUNDY

Viele Männer fühlen sich zurückgesetzt und es muss für die veränderte Konstellation – aus einer Zweierbeziehung ist eine Dreierbeziehung geworden – erst ein neues Gleichgewicht gefunden werden. Ihr sexuelles Selbstbewusstsein wird auf die Probe gestellt. Ängste tauchen auf: Ist das jetzt das Ende der sexuellen Beziehung, vor dem alle gewarnt haben?

Ein Kind ist zwar eine sehr verbreitete, aber beileibe nicht die einzige Ursache für die Krise im Bett. Jede Art von Veränderung kann zu dieser Krise führen: eine höhere Arbeitsbelastung, körperliche Veränderungen, das Alter, Sorgen, Krankheiten oder schlicht: die Ernüchterung, wenn der anfängliche Hormonrausch dem Alltag gewichen ist.

Es zeigt sich, welche bisher funktionierenden Beziehungsstrategien nun nicht mehr ausreichen, weil sie zu begrenzt und zu starr sind. Hier wird ein Paar geprüft, wie gut es auf veränderte Bedingungen reagieren kann, wie flexibel und widerstandsfähig ihre Beziehung ist. Das Kind ist übrigens nicht schuld an der sexuellen Krise. Es deckt nur auf, wo die Beziehung zu wenig anpassungsfähig ist.

ANTI-VERFÜHRUNG

Ulf steht dem nachlassenden Verlangen seiner Frau erst einmal hilflos gegenüber. Er hat keine Ahnung, was er dafür tun kann, dass sie Lust auf Sex mit ihm bekommt, anstatt den Sex einfach nur hinter sich zu bringen. Er tut das, was in der Situation die meisten tun: Er beklagt sich über das nachlassende sexuelle Interesse seiner Frau. Tatsächlich ist »Klagen« bei Paaren die beliebteste Anti-Verführungsstrategie, um das unlustige Gegenüber zum Beischlaf zu bewegen. Anti-Verführung, weil keiner Lust bekommt, wenn ihm sein Gegenüber mit Vorwürfen in den Ohren liegt. Übrigens ist es bei Paaren keineswegs ausgemacht, dass immer die Männer das höhere Verlangen mitbringen. Tatsächlich ist das Verhältnis ziemlich ausgeglichen. Wenn Sie in Ihrer Beziehung als Mann das geringere Verlangen nach Sex haben sollten, lesen Sie dieses Kapitel bitte einfach mit umgekehrten Vorzeichen. Beklagen kann man sich auf unterschiedliche Weise.

HÄUFIGE KLAGEVARIANTEN

Die interessierte: »Hast du heute etwa schon wieder keine Lust?«
Die subtile: »Bist du sehr müde?«
Die traurige: »Kein Sex heute?«
Die raffinierte: »Findest du es eigentlich normal, dass wir schon zwei Wochen keinen Sex mehr hatten?«
Die fürsorgliche: »Ich mache mir Sorgen um deine Gesundheit. Ich finde, du solltest mal checken lassen, ob mit deinen Hormonen alles in Ordnung ist!«
Die systemische: »Wenn du nicht aufpasst, wirst du die gleiche verklemmte Kuh wie deine Mutter!«
Die nonverbale: sich schnaubend auf die Seite drehen, wenn Ihre Frau nicht gleich Ihren Pyjama aufknöpft, nachdem Sie ihr über die Wange gestreichelt haben.
Vielleicht kennen Sie noch weitere.

Wenn es einem Mann gelingt, seiner Frau mit seinen Beschwerden ein schlechtes Gewissen zu machen, bekommt er, wenn er Glück hat, eine Art von Gnadensex. Befriedigend ist das für keinen von beiden.
Genauso war es auch bei unserem Paar: Ulf bekam zwar Sex, aber von minderer Qualität. Martina hatte ein schlechtes Gewissen und war insgeheim ärgerlich auf sich selbst und auf Ulf. Sie klagte, dass Ulf im Alltag wenig zugewandt und sehr sparsam mit Zärtlichkeit und Aufmerksamkeit sei. Diese Klage ist häufig vom Partner desjenigen zu hören, der sich über zu wenig Sex beklagt.
Sie brauche mehr Nähe mit ihm, um Lust auf Sex mit ihm zu bekommen. »Oft sitzt er den ganzen Abend vor dem Fernseher. Und wenn er dann ins Bett kommt, erwartet er gleich, dass was passiert. Zwischendurch mal ein nettes Wort oder eine Zärtlichkeit …«
Hier erwacht Ulf zum Leben: »Ach, das ist es doch gar nicht! Ich habe dich gestern in der Küche umarmt, aber das war dir anscheinend auch nicht recht! Ich weiß wirklich nicht, was ich noch machen soll!«

»Ja, aber doch nur, weil du immer gleich mehr willst! Du tust es nie einfach nur für mich«, beschwert sie sich.

»Jetzt wirft sie mir auch noch vor, dass ich sie attraktiv finde, anstatt sich zu freuen, dass ich sie begehre!«, erklärt er mir entrüstet.

Die Bilder, die die beiden zu Beginn unserer Therapie voneinander entwarfen, waren deutlich: Sie war mit einem Sexbesessenen zusammen, der nie genug bekommen konnte und kein tieferes Interesse an ihr als Frau hatte (wie Männer nun mal sind); er wiederum war mit einer Frau zusammen, die ihn nicht begehrte und die mit vorgeschobenen Begründungen und Forderungen ihr geringes sexuelles Begehren zu kaschieren versuchte (typisch Frau eben).

Diese Zerrbilder waren natürlich mehr Projektionen der eigenen Ängste als echte Realität. Zugleich taten beide etwas dafür, sich diese Zerrbilder zu bestätigen.

Wenn wir uns mit unseren Partnern in fruchtlosen Streiten verkeilen, haben wir es immer mit Schatten aus der Vergangenheit zu tun, die uns gegenwärtige Geschehnisse als Wiedergänger alter Verletzungen verkaufen wollen. Diese Schatten rufen uns innerlich zu: »Das ist genauso wie immer! Hört das denn nie auf?« Es fällt uns dann sehr schwer zu erkennen, dass die heutige Realität ganz anders und viel positiver aussieht.

Eine Frau macht niemals einen Mann zum Narren. Sie sitzt nur dabei und sieht zu, wie er sich selbst dazu macht.
FRANK SINATRA

Denn, nüchtern und von außen betrachtet, standen die beiden eigentlich gut da.

Sie hatten weitaus häufiger Sex als die meisten Paare, die schon so lange zusammen sind. Und obwohl Ulf der Partner mit dem höheren Verlangen nach Sex war, lagen die beiden ja so weit nicht auseinander. Martina konnte sich auf eine recht hohe Verkehrsdichte einlassen. Ihr fehlender sexueller Enthusiasmus traf Ulf jedoch bis ins Mark. Es schien ihn hilflos und ärgerlich zu machen und wohl auch zu ängstigen.

Ich versuchte herauszufinden, welche alten Schatten Martina und Ulf in ihre Beziehung einbrachten.

Ich sprach Martina auf ihre auffallend defensive Haltung an.

Was hielt sie davon ab, Ulf klar zu sagen, wann sie Sex wollte und wann nicht (die wesentliche Frage, *welchen* Sex sie eigentlich will, behielt ich einstweilen im Hinterkopf)? Hatte sie ein schlechtes Gewissen?

»Ulf wird dann so brummelig und wenn er brummelig ist, habe ich ein schlechtes Gewissen. Ich denke dann, er ist sauer, weil wir zu wenig Sex haben.«

»Das ist auch so«, brummt Ulf.

»Haben Sie denn an sich selbst die Erwartung, immer wollen zu müssen?«, frage ich sie.

»Ja«, antwortet sie, »ich erwarte von mir, dass ich es besser hinbekommen müsste.«

Und ehe ich mich versehe, verfärbt sich ihr Gesicht rot und sie verfällt in eine ärgerlich-schuldbewusste Rechtfertigungs-Suada, aus der erkennbar wird, dass sie findet, sie müsste eine bessere Hausfrau, Mutter und eine leidenschaftlichere Sexualpartnerin sein sowie disziplinierter für ihre laufende Weiterbildung lernen. Zugleich ärgert sie sich über diese Erwartung an sich selbst und sie rechtfertigt sich uns gegenüber, als ob Ulf und ich das ebenfalls von ihr erwarten würden. Es wird deutlich, dass sie sich selbst als nicht genügend betrachtet. Sie mustert mich lauernd, bereit auf mich loszugehen, falls ich diese defizitäre Sicht auf sie teilen sollte.

Facelifting? Nein, dann würde ich ja alle diese großartigen Falten zerstören.
CLINT EASTWOOD

Ich sage: »Wissen Sie, wenn ich solche Ansprüche an mich selbst hätte, würde ich auch keine Lust haben. Wenn es nach mir ginge, müssten Sie mit Ihrem Mann nie wieder Sex haben, wenn Sie das nicht wollen.«

Sie entspannt sich und erwidert lachend: »Da würde ich mir ins eigene Fleisch schneiden! Ich möchte ja Sex mit ihm. Es ärgert mich nur, wenn er abends noch bedürftig ankommt und mit mir vögeln will und ich am nächsten Tag früh rausmuss.«

Der Unterschied zwischen Monogamie und Monotonie liegt darin, dass Monotonie etwas interessanter ist.
HENRY MILLER

»Dennoch lassen Sie sich auf einen Sex ein, der Ihnen nichts bedeutet. Als ob Sie sich ein ›Nein‹ zu diesem Sex nicht gestatten. Nur wenn Sie die Wahl haben und zu etwas ›Nein‹ sagen können, können Sie auch zu etwas ›Ja‹ sagen«, sage ich. »Woher haben Sie die Idee, dass Sie keine Wahl haben?«

Wir schauten in Martinas Familiengeschichte.

In Martinas Familie war es laut und aggressiv hergegangen, Konflikte wurden dennoch nie wirklich geklärt. Martina war ein wildes und aufmüpfiges Mädchen, doch wenn sie mit ihrer Mutter Streit hatte, musste sich Martina am Ende bei ihr entschuldigen, auch wenn die Mutter im Unrecht war. Martina hatte also gelernt, um des lieben Friedens willen, eigene Bedürfnisse zurückzustellen und sich unterzuordnen. Das hat Spuren in ihr hinterlassen. Es blieben eine misstrauische Distanz gegenüber anderen Menschen, Ärger und Selbstzweifel in ihr zurück. Wie die meisten Menschen, die sich klare Ansagen gegenüber ihnen nahen Menschen nicht trauen, umgab sich Martina daher mit einer diffusen Wolke des Ungefähren. Man wusste nicht genau, woran man bei ihr war. Ich konnte verstehen, wieso das für ihren Mann verunsichernd war.

Martinas Entwicklung vom Mädchen zur Frau wurde von ihrer Mutter mit Argwohn beäugt.

Einmal, Martina war 18, wollte sie mit ihrem Freund ausgehen und sie hatte sich einen Minirock angezogen. Ihre Mutter hatte abschätzig ihre Beine gemustert und gesagt, mit ihren »Krautstampfern« sei der Rock wohl keine so gute Idee.

Zwischen 14 und 18 Jahren hatte Martina eine schwere Neurodermitis. Das übliche erotische Ausprobieren fiel für sie in dieser wichtigen Entwicklungsphase komplett weg. Die Neurodermitis konnte sie später weitgehend überwinden, doch mit ihrem Körper hatte sie seither bestenfalls einen Waffenstillstand geschlossen, keinen wirklichen Frieden, sagte Martina. Sie war sich ihrer selbst nicht sicher und nicht heimisch in ihrem Körper. Sie war zwar durchaus ein sexuell ansprechbares Wesen und sie hatte keine Schwierigkeiten, schnell zum Orgasmus zu kommen. Aber eine erotische Frau? Sie fand, dazu berühre sie der Sex nicht genug. Aber vielleicht, mutmaßte sie, sei sie dazu grundsätzlich gar nicht fähig, sich tiefer berühren zu lassen?

Richtig verheiratet ist der Mann erst dann, wenn er jedes Wort versteht, das seine Frau nicht gesagt hat.
ALFRED HITCHCOCK

Martina, dachte ich bei mir, brauchte einen Partner, der sich von ihrer Angewohnheit, Menschen auf Distanz zu halten, nicht abschrecken lässt. Der Ulf, wie er mir hier begegnete, war dazu allerdings (noch) nicht in der Lage. Ihre Distanz traf ihn so tief, dass er sich schmollend und klagend zurückzog.

Was machte ihn so mutlos?

Für Ulf war der Sex mit Martina praktisch der einzige Kanal, um mit ihr Nähe und emotionale Verbindung zu erleben. Sie bekamen Alltagsbelange und die Elternschaft zwar gut geregelt und Ulf war ein geradliniger und zuverlässiger Mann. Doch von Streiten abgesehen, redeten sie miteinander nie über die wesentlichen Themen, die sie innerlich beschäftigten. Nähe gab es für ihn nur beim Sex. Umso schlimmer, wenn sich Martina dieser Nähe verweigerte. Wenn der Sex das einzige Medium ist, um mit meinem Partner nah sein zu können, wird der Sex damit völlig überfrachtet. Und irgendwann verweigert er sich.

Wie hat Ulf »Nähe gelernt«?

Ulf kam aus einer gutbürgerlichen Familie, die man oberflächlich betrachtet als »heil« bezeichnen würde. Doch wie so oft in diesen Familien blieben die Beziehungen zueinander eher formal-distanziert. Man spielte die Beziehung eher, als dass sie gefühlt und gefüllt gewesen wäre. Gefühle wurden nicht offen gezeigt, Konflikte nicht offen ausgetragen. Kein Wunder, sagt der heutige Ulf, er brauche es »harmonisch«. Ulf gab den braven Jungen und funktionierte unauffällig. Wesentliches machte er mit sich alleine ab und er fühlte sich als Jugendlicher oft einsam. Er hatte auch keine engen Freunde. Er wusste nicht so recht, wie er mit Mädchen in Kontakt kommen konnte. Er fühlte sich oft wie ein Hund, der ihnen hinterherdackelte, aber dann doch nicht zum Zuge kam. Da er als Jugendlicher nicht ausging und er lange keine Freundin hatte, machten sich seine Eltern Sorgen. Sein Vater hatte ihn dann einmal zur Seite genommen und ihm den wohlmeinenden Rat gegeben, wenn man nicht so gut aussehe, müsse man die Mädchen eben mit inneren Werten gewinnen. Ulf hatte es verständlicherweise sehr verletzt zu hören, dass sein Vater ihn für hässlich hielt.

Erstaunlich, dachte ich, als ich beide Geschichten gehört hatte, wie beide, so verschieden ihre Familien waren, von ihren gleichgeschlechtlichen Elternteilen in ihren Identitäten als weibliche und männliche Wesen so beschämt und geschwächt worden sind.

»Deshalb hat es für mich eine große Bedeutung, wenn ich mal echte Nähe bekomme, und deshalb macht es mir so viel aus, wenn Martina mich zurückweist«, schließt Ulf.

Martina hört aufmerksam und berührt zu. So viel wie heute bekam sie von Ulfs Innenleben sonst nie zu sehen.
Wir hatten schon längere Zeit miteinander gearbeitet, um an diesen Punkt zu kommen. Das Problem war damit zwar noch nicht vom Tisch (respektive aus dem Bett), aber sie bekamen mehr Verständnis füreinander und die Fronten weichten allmählich auf.

LÖSUNGSVERSUCHE

Beide bemühten sich, Bewegung in ihre Situation zu bringen, und versuchten dies durch kleine Veränderungen. Sie sahen ein, dass sie beide etwas tun mussten, um ihr Glück in der Beziehung wiederherzustellen.
Diese Bereitschaft war die Voraussetzung dafür, dass es allmählich besser zwischen ihnen wurde – Rückfälle und entmutigende Phasen inklusive. Die beiden beeindruckten mich mit ihrer Kreativität und Hartnäckigkeit, die sie an den Tag legten. Erinnern Sie sich an den vierten Punkt von SCHNARCHS *Vier Punkte der Balance*? »Sinnvolle Beharrlichkeit«! Wie sich zeigte, war es dazu manchmal auch notwendig, Wege zu gehen, die in einer Sackgasse endeten. Dann wussten sie wenigstens: Hier geht's nicht weiter.
Eine solche Sackgasse war Ulfs Versuch, Martina nicht mehr zu zeigen, wenn er Sex mit ihr wollte, um sie nicht unter Druck zu setzen. Das funktionierte natürlich nicht, denn sie wusste ja, was er wollte, auch wenn er versuchte, es ihr zu verheimlichen. Beide waren mit ihren feinen Antennen so auf den anderen ausgerichtet, dass sie genau spürten, was bei ihm oder ihr los war.
Wenn er abends um Martina rumscharwenzelte, um auf kleine Anzeichen dafür zu achten, ob sie heute vielleicht in Stimmung sein könnte, blieb ihr das selbstverständlich nicht verborgen und es machte sie rasend – nachvollziehbarerweise.
Wir hatten bereits von diesem, bei Paaren häufigen, Phänomen gesprochen, das im *Sexocorporel* »Heterozentrierung« genannt wird. »Heterozentrierung« bedeutet, dass ich mit meiner Aufmerksamkeit ganz bei meinem Gegenüber bin. Er wird mein Mittelpunkt.

Das ist jedoch keinesfalls angenehm, weil beide so ihren inneren Schwerpunkt verlieren und deshalb durch jede nicht erwünschte Lebensäußerung des anderen aus der Bahn geworfen werden können. Im Streit verkeilte Paare können dieses ungute Beieinandersein nicht abstellen. Jedes Augenrollen, jedes laute Ausatmen kann so einen Wutausbruch erzeugen. Heterozentrierung ist deshalb ein weiterer großer Abtörner beim Aufbau erotischer Spannung und ein Kennzeichen geringer *Differenzierung*.

Die Jugend wäre eine schönere Zeit, wenn sie erst später im Leben käme.
CHARLIE CHAPLIN

Wie soll ich Erregung aufbauen, wenn ich gar nicht bei mir bin?
Für beide war es eine große Herausforderung zu üben, bei sich selbst zu bleiben, auch wenn der eine etwas wollte, was dem anderen nicht gefiel.
Ulf entspannte sich, als Martina ihm den Vorschlag gemacht hatte, dass er klar ansagen solle, wenn er Sex wolle, und sie versprach, ihm eine klare Antwort zu geben. Martina war inzwischen längst nicht mehr so abweisend und defensiv wie zu Beginn und sie traute sich, deutlicher »Nein« zu sagen.
Das eröffnete, wie erwartet, neue Möglichkeiten.
An einem Abend hatte sie ihm gesagt, dass sie heute keinen Sex mit ihm wolle. Obwohl es ihm einen Stich versetzte, zog Ulf sich dennoch nicht enttäuscht zurück. Stattdessen kamen die beiden miteinander ins Gespräch über das, was sie gerade innerlich umtrieb. Es wurde ein schöner Abend und am Schluss bot sie ihm sogar einen Quickie an (den er gerne annahm). Anscheinend war es nicht schlechtes Gewissen, was sie zu diesem Angebot bewogen hatte, sondern Großzügigkeit. Es war daran zu merken, dass sie hinterher nicht ärgerlich war. Ulf lernte zunehmend, den Frust über eine Zurückweisung nicht mehr die Kontrolle über sich bekommen zu lassen. Seine wachsende Fähigkeit zur Selbstberuhigung half ihm, dranbleiben zu können.
Wie gelang ihm das?
Unsere Gespräche halfen ihm dabei, sich sein eigenes Verhalten mit etwas Distanz ansehen zu können. Wenn uns selbst auffällt, dass unsere emotionale Reaktion auf einen aktuellen Anlass, wie eine Zurückweisung, unangemessen stark ist, dann kann der erwachsene Teil in uns dafür die Verantwortung übernehmen und

sich beruhigen. Ulfs erwachsener Verstand konnte immer mehr erkennen, dass seine Frau ihn nicht grundsätzlich ablehnte, wenn sie keine Lust auf Sex mit ihm hatte. Der verletzte und verlassene Teil in ihm reagierte zwar unmittelbar, aber er konnte ihm zur Seite stehen. Es ist nie gut, wenn der verletzte kleine Junge oder das verlassene Baby in uns in den Chefsessel klettern und unser Handeln bestimmen.

Bei einer anderen Gelegenheit hatte Martina unter der Woche morgens Zeit und der Sohn war schon im Kindergarten. Ulf hatte auf Sex mit ihr gehofft. Sie wollte jedoch lieber zum Sport. Zu seiner Überraschung kam sie aber nach kurzer Zeit wieder und verführte ihn. »Es gefällt mir, wenn ich dich überraschen kann!«, erklärte sie.

Es gab viele Situationen im Alltag, in denen sie sich beide gut selbst beruhigen konnten und dadurch nahe Begegnungen möglich wurden, auch außerhalb des Bettes.

Martina zeigte sich in den Sitzungen immer offener und auskunftsfreudiger. Sie wich nicht mehr aus.

Einmal berichteten sie von einem »Rückfall«: Sie hatte ihm eines Tages ärgerlich vorgeworfen, dass sie ihm nie genügen werde, und sich dann verletzt weinend zurückgezogen. Doch anders als früher gingen sie nicht tagelang in die innere Emigration. Am nächsten Morgen redeten sie ruhig über das, was in ihnen passiert war, und klärten die Situation.

Nachdem wir schon eine Weile miteinander gearbeitet hatten, sagten beide in einer Sitzung, sie seien viel besser im Gespräch miteinander und würden liebevoller miteinander umgehen. Sie hatten auch wieder etwas Neues ausprobiert:

Obwohl das Martina eigentlich unter Erwartungsdruck setzte, hatten sie sich zum Sex verabredet.

Ihr war es wichtig, erst mal mit ihm über das zu reden, was sie gerade beschäftigte, um sich darüber näher zu kommen. Danach schliefen sie miteinander, was beide als sehr schön und nah beschrieben.

»Das entsprach viel mehr meinem Tempo«, sagt Martina, »ich habe mich nach ein bisschen Anlauf öffnen und entspannen können. Da kann es für mich weitergehen!«

Er bestätigt dieses positive Erlebnis, doch während er das sagt, sieht er düster und traurig aus. Obwohl sich zwischen ihnen schon viel bewegt hatte, ging Ulfs Blick weiterhin stärker auf die schwierigen Begebenheiten zwischen ihnen. Die vielen positiven Entwicklungen machten anscheinend auf seine Hoffnungslosigkeit keinen sehr starken Eindruck.

Er berichtet von einer Begegnung mit ihr im Bett, die ihn wieder mutlos gemacht hatte, weil sie wütend seine Hand weggewischt hatte, als diese auf ihren Bauch wandern wollte.

»Ja, ich werde in letzter Zeit oft wütend beim Sex«, sagt sie. »Ich kann mir selbst nicht so ganz erklären, wieso ich so heftig reagiert habe.«

»Ich vermute, das ist ein Zeichen dafür, dass Sie die Signale Ihres Körpers ernster nehmen und Ihre Grenzen wahren«, sage ich. »An der Form können Sie vielleicht noch arbeiten, aber Sie machen nicht mehr alles mit. Das finde ich eine gute Nachricht. Auch wenn Sie Ulf damit frustrieren.«

Dass beim Sex auch scheinbar unpassende Gefühle auftauchen können – wie Angst, Wut oder Traurigkeit –, kommt ziemlich häufig vor. Sie erinnern sich an das Körpergedächtnis? Wenn wir uns öffnen, können immer auch alte emotionale Erinnerungen auftauchen, die in unserem Gewebe eingefroren waren. Das können frühere gewaltsame sexuelle Erfahrungen sein, die Erinnerung an eine schmerzhafte Geburt oder andere Erinnerungen, die mit der Sexualität gar nichts zu tun haben. Wenn diese Gefühle auftauchen, ist das ein gutes Zeichen, weil sich etwas öffnet und damit die alte Erinnerung freigegeben wird. Es besteht dann die Möglichkeit, dass wir diesen Teil von uns fühlen, seine Herkunft erkennen, vielleicht ein Verhalten verändern und schließlich loslassen. Für eine Frau wie Martina, die sich früher schwertat, ihre Grenze zu setzen, war es ein großer Fortschritt, wenn sie ihren Ärger wahrnehmen konnte. Er zeigte ihr, dass gerade etwas mit ihr passiert, was ihr nicht gefiel. Ihr Ärger half ihr, es abzustellen.

Ulf stimmt Martinas kleiner Wutausbruch im Bett weniger froh: »Mich hat das deprimiert und mir mal wieder gezeigt, dass meine Bedürfnisse keine große Rolle spielen. Ich will mehr Sex und sie kontrolliert, wie viel Sex wir haben.«

»Das ist die übliche Rolle des Partners mit dem niedrigeren Verlangen«, antworte ich. »Das ist völlig normal. Sie wiederum sind in Ihrer Beziehung der Partner mit dem niedrigeren Verlangen für Gespräche. Da bestimmen Sie, wie oft das passiert.«

Begehren ist nicht nur wünschen. Begehren ist, das zu werden, was man im Wesentlichen ist.
HENRY MILLER

WIESO DER PARTNER MIT DEM NIEDRIGEREN VERLANGEN DEN SEX KONTROLLIERT

Falls es Sie beruhigt (aber auch, falls es Sie beunruhigt) – eine von David Schnarchs Erkenntnissen ist: Es gibt in Beziehungen *immer* einen Partner mit höherem (*PhV*) und einen mit niedrigerem Verlangen *(PnV)*. Das gilt für fast alle Lebensbereiche, nicht nur für den Sex.

Sie können es ja einmal durchspielen – in welchen Lebensbereichen sind Sie derjenige mit dem höheren Verlangen und in welchen Ihre Partnerin? Beliebte Themen sind neben dem Sex: Zärtlichkeiten, Intimität, Kinder, Gespräche, Sauberkeit, Ordnung, frische Luft im Schlafzimmer, Planung, Sport treiben, Zeitung lesen, Familie treffen, Fernsehen, ins Theater gehen, Partys und dergleichen mehr. Sie werden feststellen, dass die Rollen je nach Thema unterschiedlich verteilt sind. Mal sind Sie der PhV, mal sind Sie der PnV. In der Regel versuchen sich die einzelnen Partner zunächst einmal diesem Dilemma zu entziehen, indem sie sich auf eine fiktive Normalität berufen und dem anderen zu verstehen geben, er sei nicht normal und müsse da mal was machen: »Zweimal am Tag / in der Woche / im Monat / im Jahr Sex – das ist doch nicht normal!«

»Du und dein krankhafter Ordnungsfimmel!«

»Wieso muss eigentlich immer ich mich darum kümmern, was wir am Wochenende machen?«

Wie wir gesehen haben, bringt das jedoch bestenfalls ein schlechtes Gewissen beim PnV.
Tatsächlich gibt es diese Rollen – PhV/PnV – immer nur relativ zueinander und nie absolut.
Der scheinbare Sauberkeitsnazi kann in einer neuen Beziehung im Vergleich plötzlich zum Krümelmonster werden. Und wenn A dreimal die Woche Sex will, B aber täglich, bekommt A, der in einer früheren Beziehung vielleicht einmal »sexsüchtig« genannt worden ist, plötzlich in dieser Beziehung Krach, weil er »so selten Lust hat«. Ja, selbst wenn Sie sich über die Verkehrsdichte absolut einig sein sollten, gibt es immer noch die Chance, dass Sie sich darüber streiten, ob der Sex morgens oder abends zu erfolgen hat (und dann darüber, auf welche Weise, wie lange, in welchem Rahmen, mit Zähneputzen oder ohne …).
Aus dieser Logik folgt: Der Partner mit dem niedrigeren Verlangen kontrolliert diesen Lebensbereich. Es gibt höchstens so viel Sex/Kinder/Gespräche, wie der PnV in diesem Bereich zulassen will. Das ist keine böse Absicht des PnV, sondern liegt in der Natur der Sache.
Man kann natürlich eine böse Absicht daraus machen.
Da die Rollen je nach Thema unterschiedlich verteilt sind, könnten wir das auch schlauerweise dazu nutzen, uns gegenseitig damit zu erpressen: »Wenn du nicht mit mir redest, habe ich keine Lust auf Sex mit dir.« Das fällt einem wegen der Wechselseitigkeit allerdings schnell auf die Füße: »Wenn du mit mir keinen Sex hast, rede ich nicht mit dir!«
Noch schlauer ist es allerdings anzuerkennen, dass weder PhV noch PnV richtig oder falsch sind, sondern dass wir nicht umhinkommen, uns mit unseren unterschiedlichen Bedürfnissen auseinanderzusetzen, um so neue Bewegungsspielräume zu eröffnen. Denn hier ist ja nichts in Stein gemeißelt. Es ist schon häufiger vorgekommen, dass der PnV plötzlich zum PhV wird, wenn der praktizierte Sex für ihn attraktiver wird.

Eines Tages machte Martina Ulf einen weiteren Vorschlag.
Sie schlug vor, im Wechsel eine Woche lang täglich Sex zu haben

und eine Woche gar keinen. Das gab zumindest Planungssicherheit. Zu wissen, woran sie waren, brachte eine Zeit lang Entspannung in die Beziehung. In den »Sexwochen« war der Sex für sie eine tägliche Routine wie das Zähneputzen. Sonderlich aufregend war der zwar nicht und nach fünf Minuten vorbei, aber sie schien damit einverstanden zu sein.

Sein Problem blieb, dass er ihre Lust vermisste. Die täglichen Quickies befriedigten auch ihn immer weniger.

Als er das in einer Sitzung anspricht, wird sie wütend: »Ich gebe dir schon meinen Körper und jetzt willst du auch noch meine Lust! Das ist meine!«, ruft sie aus.

Sie beruhigt sich schnell wieder. Sie sieht, dass er hier wieder an ihrem wunden Punkt rührt, dass sie nie genüge. Doch sie verrät sich selbst nicht und bleibt dran.

»Du kannst nicht die Menge *und* Qualität erwarten!«, sagt sie herausfordernd. »Meine Lust braucht einfach mehr Zeit und mehr Verbindung mit dir, um sich entfalten zu können. Das geht nicht nach Feierabend in ein paar Minuten.«

Er überlegt kurz (wir konnten hier zusehen, wie er die innerliche Entscheidung fällt, nicht trotzig zu reagieren) und sagt: »Das kann ich einsehen. Weißt du was? Ich kann mir ab und zu einen Vormittag freinehmen, dann hätten wir die Zeit dafür. Wie wäre es mit nächstem Freitag?«

Martina macht ein Gesicht, als ob er ihr eine Wurzelbehandlung angeboten hätte. Ich spreche sie darauf an.

»Na ja, offen gestanden, ich wäre da schon dabei, aber mich würde das auch unter Druck setzen: ›Jetzt muss es passieren! Jetzt muss ich Lust haben‹ «, antwortet sie.

»Wie wäre es«, schlage ich vor, »wenn Sie zu Ulf sagen könnten: ›Ich möchte es gerne mit dir ausprobieren, aber ich kann dir nichts versprechen?‹ Wer A sagt, muss keineswegs B sagen. Nur wenn Sie sich jederzeit das Recht herausnehmen, etwas nicht oder anders wollen zu dürfen, können Sie dabeibleiben.«

»Da wird mir ganz schwummerig!«, antwortet sie. »Ich sehne mich nach einem anderen Sex, aber ich habe keine Ahnung, wie das geht.«

Wir gehen ins Detail, wie sie so eine Verabredung gestalten würden:

Ich bin für mehr Sex – mehr Schweinereien, keine Tabus.
CHARLOTTE ROCHE

Freitag früh – ihr Sohn wäre im Kindergarten und sie müsste erst noch ein paar Runden in der Wohnung drehen und vielleicht Sachen wegräumen, sagt sie.
»Wie wäre das für Sie«, frage ich Ulf, »würden Sie ihr Verzögerungstaktik vorwerfen?«
»Nein«, lacht er, »die Zeit kann ich ihr gut lassen.«
Dann gingen beide ins Schlafzimmer.
»Würden Sie ihm von Ihrer Nervosität erzählen?«, frage ich sie.
»Eher nein. Dabei fände ich es erleichternd, wenn ich es ihm mitteilen könnte.«
»Es würde Ihnen helfen, einfach so sein zu dürfen, wie Sie gerade sind, oder? Manchmal braucht es für Intimität nicht viel mehr, als den anderen an dem teilhaben zu lassen, was gerade geschieht«, sage ich.
Ist es nicht erstaunlich, dass Menschen, die schon so lange zusammen sind, sich scheuen, einander ehrlich mitzuteilen, wie es ihnen gerade geht? Erstaunlich vielleicht, nachvollziehbar ist es schon. Die beiden haben erlebt, dass solche Mitteilungen Anlass zu Streiten sein können. So hätte Ulf früher gekränkt reagiert, wenn seine Frau jetzt nervös ist, anstatt sich auf die Begegnung mit ihm zu freuen. Diese Art von Intimität verlangt uns ein gewisses emotionales Stehvermögen ab.
Wir spielen die Szene weiter durch.
Sie haben sich selbst ausgezogen (Martina gibt zu bedenken, dass es bei engen Jeans oft eine lange und wenig erotische Angelegenheit sei, sie sich gegenseitig auszuziehen) und liegen im Bett nackt nebeneinander.

Was ist der Unterschied zwischen erotisch und pervers?
Erotisch ist, wenn man eine Frau mit einer Feder streichelt.
Pervers ist, wenn das Huhn noch dranhängt.
ANONYM

»Was passiert als Nächstes?«, frage ich.
»Ich würde versuchen, sie zu streicheln, um Nähe herzustellen, ich wäre mir dabei aber unsicher, ob ich es richtig mache und ob es ihr gefällt«, antwortet er.
»Da fühle ich mich dir gleich näher, wenn du das zugibst«, lacht sie. »Dann weiß ich, ich bin nicht die einzige Unsichere hier.«
Die beiden sehen sich lange in die Augen.

»Wissen Sie«, meint sie mit geröteten Wangen, ohne den Blick von Ulf abzuwenden, »wir beide kommen mir vor wie zwei etwas unbeholfene, kichernde Teenager beim ersten Sex. Irgendwie finde ich das alles aber auch sehr aufregend und sehr intim. Dabei haben wir hier noch nicht mal über Sex gesprochen!«
Er wirft ein: »Ich weiß auch nicht, wie es geht, aber ich würde am liebsten sofort nach Hause und es ausprobieren.«
Martina nickt.
Der Raum scheint sehr warm geworden zu sein.

Als ich die beiden das nächste Mal sehe, hatten sie sich zwischenzeitlich zweimal vormittags zum Sex verabredet. Es war ein bisschen so, wie wir es durchgesprochen hatten, doch ihre Nervosität hatte sich schnell gelegt, als sie sah, dass Ulf ihr diese zugestehen konnte – und er sich selbst seine auch. Martina fand ihn auf eine gute Weise klar und bei sich. Er wirkte nicht bedürftig auf sie, sondern wie ein Mann, der sie begehrte. Das habe ihr sehr geholfen, sich zu entspannen. Den Sex fand sie in diesen Begegnungen erfüllend und sie fühlte sich Ulf nah.
Ihre abendlichen Verabredungen zum Sex gab es weiterhin, wenn auch mit etwas mehr Flexibilität. Es kam bei beiden vor, dass sie sagten, heute wollten sie nicht, und es war kein Drama.
Eigentlich müsste Ulf jetzt ziemlich zufrieden sein, dachte ich. Es war viel gute Bewegung in ihr Sexual- und Beziehungsleben gekommen. Beide waren sichtlich aufgeblüht, klarer und präsenter. Es war zu sehen, dass Martina offenbar nicht nur ein sexuelles, sondern auch ein erotisches Wesen war. Ihr schlechtes Gewissen war zwar nicht völlig verschwunden, aber es hielt sie nicht mehr im Klammergriff. Sie konnte nicht nur »Nein« und »Ja« sagen, sondern sie hatte begonnen, ihre Sexualität selbst zu gestalten und zu erforschen. Sie verriet sich nicht mehr selbst. Auch mit viel gutem oder bösem Willen war Ulfs altes Bild von Martina als einer Frau, die sich nichts aus Sex machte und ihn nicht begehrte, nicht weiter aufrechtzuerhalten.
Ich frage ihn, wie er das sieht.
»Ich sehe diese Fortschritte und ich freue mich auch, doch irgend-

wie bleibt meine Hoffnungslosigkeit davon unberührt«, antwortet er bedrückt. »Sie schwingt in mir weiter, wie ein trauriger Grundton, den man dauernd leise im Hintergrund hören kann. Mir ist klar, dass meine Hoffnungslosigkeit nicht von Martina kommt. Aber woher kommt sie dann? Und was mache ich dagegen?«

»Meist entstehen diese Grundtöne in unserer frühen Lebensgeschichte«, antworte ich. »Was wissen Sie über Ihre?«

Wir leben in einer Wegwerfgesellschaft, auch was den Ehepartner betrifft.
HAROLD PINTER

Viele erfolgreiche Männer haben keine erfolgreichen Qualifikationen außer der, keine Frau zu sein.
VIRGINIA WOOLF

Ulf berichtet:

Die erste Zeit nach seiner Geburt hat er, überwiegend von der Mutter getrennt, in einem großen Saal voller schreiender Babys verbracht. Es war in Krankenhäusern bis in die 1980er-Jahre hinein gängige Praxis, Neugeborene erst einmal von ihren Müttern zu trennen und sie ihnen nur alle paar Stunden zum Stillen zu geben. Vom Stillen sei seiner Mutter abgeraten worden.

Da seine Eltern beruflich sehr eingespannt waren, hat Ulf die ersten drei Jahre bei seiner Oma, einer Bäuerin, verbracht. Die arbeitete tagsüber auf dem Feld und konnte sich nicht viel um ihn kümmern. Er verbrachte deshalb viel Zeit im Laufställchen. Man erzählte, er sei ein braver Junge gewesen.

Hier bekommen wir die Kehrseite dieser Bravheit zu spüren – seine Resignation.

Während Ulf erzählt, senkt sich eine ruhige, traurige Schwere über den Raum. Es fühlt sich so an, als ob wir ein fehlendes Puzzleteil gefunden haben. Seine Geschichte passt zu seinem hoffnungslosen Grundton.

Er spürt eine große Schwere in seiner Brust. Er sitzt einige Augenblicke schweigend traurig da.

»Was soll ich jetzt tun? Ich kann meine Geschichte ja nicht zurückdrehen.«

»Wissen Sie, wir alle tragen teilweise schwere alte Verwundungen in uns«, antworte ich. »Das ist an sich nicht das Problem, denn wir Menschen können auch schlimme seelische Verletzungen verarbeiten. Dass diese Aussichtslosigkeit heute noch in Ihnen ist, hat damit zu tun, dass es niemanden gab, der Ihr Leid wirklich gesehen hat. Ihre Wunde ist noch nicht verarbeitet. Was diese alte Wunde von Ihnen braucht, ist, dass Sie mit sich selbst und dem kleinen Jungen mitfühlen können; dass Sie anerkennen können, wie unerträglich es für Sie gewesen ist und wie hoffnungslos und einsam Sie sich gefühlt haben. Nach meiner Erfahrung hilft diese innere Zuwendung langfristig. Heute können Sie Ihren Schmerz als Erwachsener bezeugen und Martina und ich können es ebenfalls. Der alte Schmerz wird im Laufe der Zeit weniger, wenn Sie ihm in sich einen Platz geben können. Und es ist gut, sich daran zu erinnern, dass Sie heute ein erwachsener Mann sind und Sie sich aus dieser verzweifelten Situation herausbewegt haben. Sie sind nicht mehr der hilflose kleine Junge, es fühlt sich lediglich so an. Diese Gefühle sind Echos aus Ihrer Vergangenheit, sie spiegeln nicht Ihre heutige Lebenssituation wider.«

Ulf nickt: »Ja, das stimmt, mein Leben sieht heute ganz anders aus. Eigentlich geht es mir sogar ziemlich gut. In meiner Familie hat man sich nie laut gefreut.«

Wir vereinbaren eine Pause von mehreren Monaten. Beide fühlen sich gerüstet, das Anstehende alleine klären zu können.

Und tatsächlich – als wir uns wiedersehen, sind sie weiterhin ein Paar, das sich bewegt und reibt, ein Paar das großzügiger, humorvoller und liebevoller miteinander umgeht. Die »Sexwochen« wurden abgeschafft. Martina und Ulf waren nun stabil genug, ihre sexuellen Begegnungen auszuhandeln und es auszuhalten, wenn sie sich einmal nicht einig waren. Ulf nahm sich immer wieder mal einen Vormittag frei, um Zeit für die Liebe zu schaffen. Martina fühlte sich davon kaum mehr unter Druck gesetzt. Schließlich fand sie diesen Sex, den sie dabei waren zu entwickeln, ebenfalls erstrebenswert.

»Es fühlt sich an wie eine Wanderung durch eine schöne Landschaft«, sagt sie. »Wir machen weniger als früher und langsamer und es taucht dabei immer wieder etwas Neues auf, was ich so noch nicht gefühlt habe.«

»Eigentlich war mir mein Orgasmus immer sehr wichtig«, ergänzt Ulf, »aber es muss jetzt nicht mehr jedes Mal sein. Es ist schön zu sehen, wie Martina unser Zusammensein genießt. Und ich lerne es auch immer mehr zu genießen.«

Auch außerhalb des Bettes beobachten sie Veränderungen.
Neulich, erzählt Ulf in unserer letzten Sitzung, sei er ziemlich erledigt von der Arbeit nach Hause gekommen und wollte einfach nur alle viere von sich strecken. Doch als er sah, dass Martina noch mehr in den Seilen hing als er, erledigte er die anstehenden Hausarbeiten und entlastete sie damit. Das wäre früher eigentlich ein Punkt gewesen, an dem sie sich in die Haare bekommen hätten. »So aufmerksam und großzügig warst du früher nicht«, sagt Martina.
War damit alles gut? Natürlich nicht. Aber Martina und Ulf fühlten sich gerüstet für die Herausforderungen, die vor ihnen lagen, und sie merkten, dass diese Herausforderungen sie sogar zusammenführen können.
»Mein größtes Aha-Erlebnis«, sagt Ulf, »war zu sehen, dass ich selbst etwas tun kann, um unseren Sex zu verbessern.«

Vielleicht kommen Ihnen manche der Themen von Ulf und Martina bekannt vor. Wir haben hier ein Paar, das eine sexuelle Krise bei einer relativ hohen Sexfrequenz erlebt. Andere Paare haben zuweilen jahrelang keinen Sex mehr gehabt. Doch unabhängig davon, ob es bei Ihnen ähnlich ist oder ganz anders, ob Sie dreimal die Woche oder einmal pro Schaltjahr miteinander schlafen, gibt es bei allen Paaren ein ähnliches Muster.
Paare vermeiden es im Verlauf einer Beziehung, sich bestimmten Wahrheiten zu stellen und sie sich selbst und ihrem Gegenüber zuzumuten. Dieses Vermeiden beeinträchtigt ihre Sexualität, es höhlt sie aus und lässt sie blutleer und langweilig werden. Paare schwächen somit die Intimität, die die Paarsexualität lebendig hält.
Ulf nutzte zu Beginn den Sex, um sich einem anderen Menschen nahe fühlen zu können. Das ist an sich nicht verwerflich. Weil es aber seine einzige Möglichkeit war, Nähe zu seiner Frau herzustellen, wurde der Sex damit überfrachtet und Martina verweigerte sich dem. Für Ulf war der Sex immer auch eine Bestätigung und Martina war nicht mehr bereit, ihm diese Bestätigung zu geben. Ulf lernte auf dem Weg, welche anderen Möglichkeiten er nutzen

kann, um Martina nahe zu sein. Er lernte, sich einem anderen Menschen gegenüber zu öffnen. Er lernte außerdem die Quelle seiner inneren Einsamkeit kennen und übernahm dafür die Verantwortung. Wenn ein Partner die Verantwortung für sich selbst übernimmt – und das bedeutet, die Verantwortung für alles, was in einem ist –, entlastet das die Beziehung und eröffnet Spielräume, die man vorher nicht gesehen hat.

Martinas angeknackster Selbstwert und das daraus resultierende Gefühl, nie gut genug zu sein, hat sie daran gehindert, für sich und ihre Grenzen zu sorgen. Sie verschwand hinter einer Nebelwand aus Gereiztheit, Uneindeutigkeit und schlechtem Gewissen. Erst als sie es riskieren durfte, eigene Bedürfnisse mindestens ebenso wichtig zu nehmen wie die ihres Mannes und sich eingestehen konnte, dass sie auf der Suche nach einer anderen Sexualität war als der, mit der sie beide gestartet waren, kam Bewegung in die Sache.

Martinas »Nein« zu ihrer ursprünglichen Paarsexualität hat für das Paar paradoxerweise neue erotische Wege eröffnet. Manchmal kann ein »Nein« ein Akt der Liebe sein.

Der Fokus ging weg von »wie oft« hin zu »wie«.

Ihre Sexualität und ihre Beziehung sind dadurch nicht von allen Konflikten befreit worden (wenn es in Ihrer Beziehung nie Konflikte gäbe, wäre das Anlass zum Nachdenken). Die beiden haben aber gelernt, ihre Themen konstruktiv zu bearbeiten. Ihre Beziehung und ihre Sexualität sind lebendiger, flexibler, tiefer und liebevoller geworden. Im Prozess sind zwei Menschen entstanden, die sich selbst besser annehmen und dadurch die Intimität mit einem anderen Menschen – die keineswegs immer kuschelig und angenehm ist – besser ertragen können.

Martina und Ulf haben auf ihrem Weg einige Strategien entwickelt, die auch anderen Paaren in ähnlichen Situationen schon geholfen haben. Diese und noch ein paar andere möchte ich Ihnen nun etwas genauer vorstellen.

Stell dir vor, du sitzt auf einem Karussell.
Ist wunderschön –
warum solltest du runter. Auf jeden Fall stell dir vor,
du sitzt auf einem Karussell.
Irgendwann musst du runter und nach Hause.
Klar kann man mal ne Nacht
durchdrehen, aber irgendwann musst du nach Hause.

Na ja, auf jeden Fall stell dir vor,
du sitzt auf einem Karussell und willst runter.
Tut verdammt weh,
denn das Ding dreht sich.
Ist nicht so einfach, aber vielleicht überlegst du das
nächste Mal, bevor du aufs Karussell gehst,
Dummkopf.

Vitali Gelwich

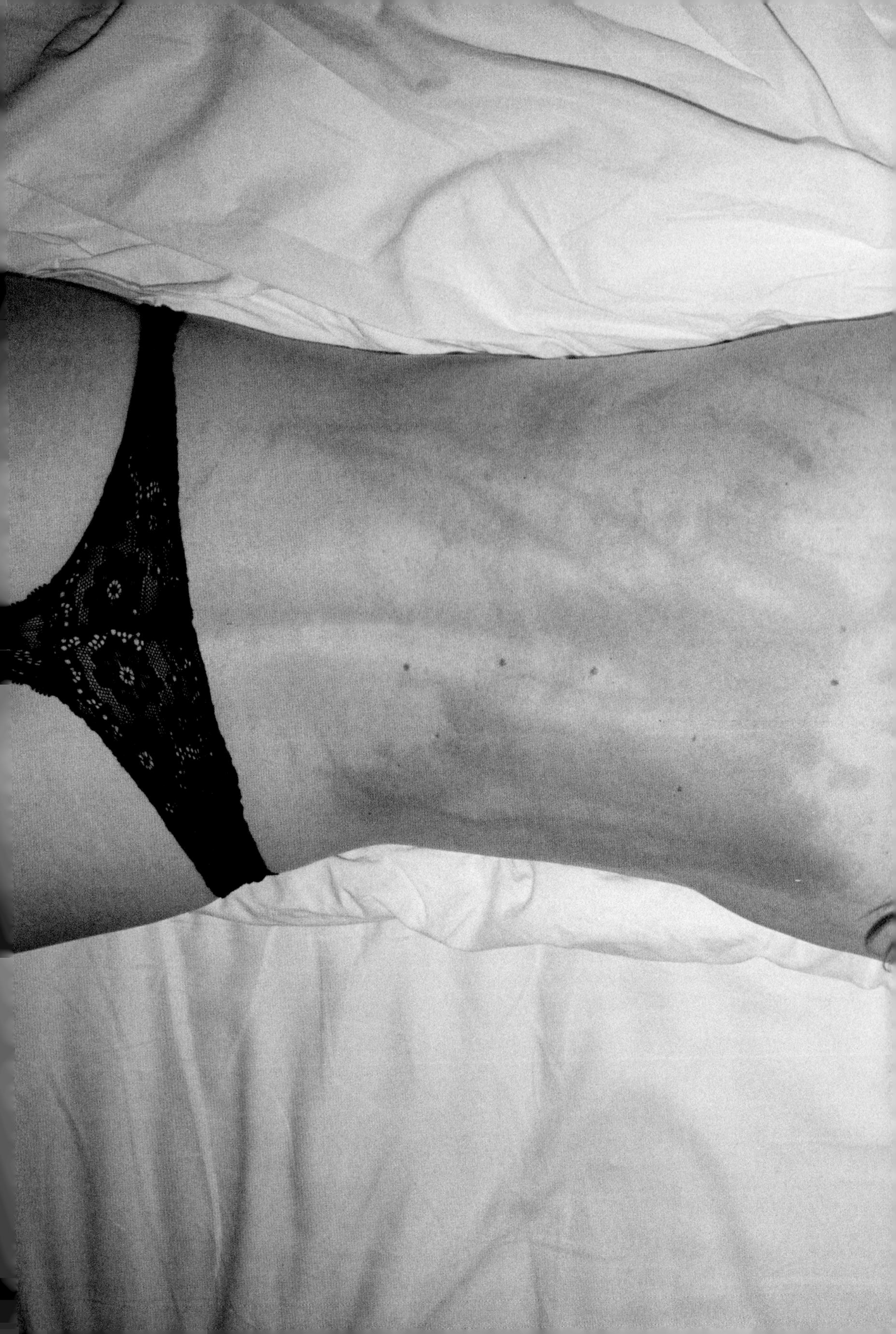

testarossa

9.

Die erotische Kultur

WIE WIR EROTIK UND SEX EINEN BODEN BEREITEN

Nach ein paar Jahren des Zusammenseins reicht ein Blick auf den nackten Knöchel unserer Liebsten häufig nicht mehr, um uns erotisch in Wallung zu bringen. Ich sprach vorhin von der *horizontalen* und der *vertikalen Ebene* beim Sex. Die horizontale ist der Versuch, den Sex über neue Reize prickelnd zu halten, die vertikale, den Sex nah und intim werden zu lassen. Sich mit jemand Neuem nah und intim zu fühlen ist leicht, weil wir uns nicht wirklich kennen und nur die schönen Seiten aneinander sehen. Mit jemandem intimen Sex haben zu wollen, der uns gut kennt und uns zuweilen Dinge sagt wie »Musst du eigentlich immer vor deinem Computer hocken?«, oder »Es nervt mich, wenn ich ständig deine Klamotten wegräumen muss!« ist da schon eine größere Herausforderung.

Das Gelingen von gutem Sex in einer Liebesbeziehung ist mit der Beobachtung von wilden Tieren vergleichbar.

Wir wissen, wo wir das Wild antreffen können, und wir wissen, dass es hilft, Futter bereitzustellen und keinen Lärm zu machen, doch sicher ist es deshalb noch lange nicht, dass wir gerade heute einen kapitalen Hirsch zu sehen zu bekommen. Sicher ist nur, dass die Lichtung leer bleibt, wenn wir ungeduldig rufen sollten: »Nun zeig dich endlich, du Mistvieh!«

Beim Sex ist es genauso: Sie können ihm günstige Bedingungen verschaffen, doch es gibt keine Garantie, dass es hier und heute zu einer erfüllenden sexuellen Begegnung zwischen Ihnen kommen wird. Ich möchte Ihnen nun ein paar Möglichkeiten vorstellen, mit denen Sie die Wahrscheinlichkeit, einen Hirsch zu sehen bekommen, vergrößern können. Es kann sein, dass Ihnen manche dieser Ideen ansprechender vorkommen als andere. Kein Problem – sehen Sie die folgenden Beschreibungen als Anregungen, nicht als To-do-Liste. Nehmen Sie sich das, was für Sie passt. Vielleicht passt etwas anderes zu einem späteren Zeitpunkt.

GELEGENHEIT MACHT LIEBE: GEPLANTER SEX – WIE UNROMANTISCH?

Für viele ist das eine schreckliche Vorstellung: »Sex zu planen! Wie soll das gehen? Man kann doch nicht auf Befehl Lust haben«, ist ein häufiger Einwand.

Die meisten Paare kennen das Problem, dass der übliche Alltag zwischen Arbeit, Haushalt und vielleicht Kindern nicht so wahnsinnig viel Brennstoff für das erotische Feuer bereithält. Abends ist mindestens eine von beiden Parteien müde. Viel mehr als ein routinierter Quickie ist da unter der Woche oft nicht drin. Und das »erotische Guthaben« der Anfangszeit ist schon eine Weile aufgebraucht. Was tun?

Für viele, zumindest die Kinderlosen, bieten sich natürlicherweise samstag- oder sonntagmorgens für ein entspanntes Zusammensein an. Da gibt es statistisch auch den meisten Sex. Für Eltern, zumindest kleinerer Kinder, ist diese Zeit meist nicht so ungestört. Selbst wenn Sie mit Ihren Kindern besprechen, dass Sie unter sich sein möchten, besteht immer die Möglichkeit, dass unverhofft ein Kind in der Schlafzimmertür steht und ruft: »Mama, Janik hat die Cornflakes umgekippt!«

> Ein Kuss ist eine Sache,
> für die man
> beide Hände braucht.
> MARK TWAIN

Eltern fehlt häufig die Ruhe für Sex.

Viele Paare machen es deshalb wie Martina und Ulf. Sie planen Zeit für die Liebe, denn oft braucht einer von beiden mehr Muße, um sich auf eine solche Begegnung einlassen zu können.

Der Einwand, dass man nicht auf Befehl Lust haben kann, ist nicht von der Hand zu weisen. Aber die Lust lässt sich auch in einem geplanten Rahmen leicht wecken, wenn wir ein paar Regeln beachten. Der erotische Appetit kommt beim Essen.

Sagen wir also, Sie hätten sich auf eine solche Verabredung eingelassen. Was nun? Erogene Zonen aktivieren?

Sachte, sachte!

ZWISCHEN DEM ALLTAG UND DER EROTIK BRAUCHT ES EINE SCHLEUSE

Vielleicht haben Sie es auch schon beobachtet: Wenn ich mich mit einem Menschen treffe, braucht es meist eine Weile, bis wir uns aufeinander »eingeschwungen« haben. Das gilt für Liebespartner nicht weniger als für Freunde. Selbst wenn wir zusammenwohnen, befinden wir uns in unterschiedlichen Welten und sind innerlich mit unterschiedlichen Dingen beschäftigt. Manchmal versuchen wir, diese Grenze zwischen uns zu überspringen oder sie zu ignorieren. Das funktioniert nicht. Geben Sie sich die Zeit und erwarten Sie nicht, dass Sie, nur weil Sie im selben Bett liegen, sich emotional nahe sind. Die emotionale Nähe ist der Treibstoff für die erotische Begegnung und diese Nähe muss immer wieder neu hergestellt werden.

Es gibt viele Wege, sich nahe zu kommen. Einer der einfachsten (und doch für viele Paare schwierigsten) ist das Reden über das, was gerade ist. Nicht um es zu analysieren, sondern um mein Gegenüber wissen zu lassen, wo ich mich gerade befinde:

»Ich bin mit meinem Kopf noch bei meinem Projekt. Ich fühle mich ziemlich verspannt vom Sitzen am Schreibtisch. Ist irgendwie aufregend, mit dir hier zu sein. Ich mache mir Druck, dass jetzt etwas ganz Tolles passieren muss, und dann werde ich gleich noch angespannter.«

Oder: »Ich bin ganz schön müde. Ich denke, was will der jetzt noch von mir! Gleichzeitig denke ich, das darf ich nicht denken, ich muss doch jetzt wild und sexy sein. Ich fühle mich aber gar nicht wild und sexy. Außerdem finde ich, ich bin in letzter Zeit ganz schön fett geworden. Ich traue mich kaum, mich dir nackt zu zeigen.«

Seltsamer *Sextalk*, oder?

So wenig erotisch und vielleicht sogar beängstigend sich das zunächst anhört – dieses Paar macht sich auf den Weg zueinander. Erst wenn ich das anerkenne, was ist, kann ich es auch hinter mir lassen. Und ich gebe dir dadurch die Möglichkeit, mit mir mitzukommen.

Alkohol facht das Verlangen an, aber er hemmt die Ausführung.
WILLIAM SHAKESPEARE

Wenn wir frisch verliebt sind, treten finanzielle und andere Sorgen in den Hintergrund. Doch im Paaralltag sind sie wieder da. Das ist nicht tragisch, sondern völlig normal. Es bedeutet lediglich, dass wir erst durch diese Alltagsschlacken hindurchmüssen, um an die erotische Glut zu kommen.

In einer Paartherapie berichtete eine Frau einmal:

»Das Anstrengendste am Sex finde ich, die ganze Zeit zu denken, ich müsste jetzt eigentlich ganz anders sein und anders fühlen. Wenn er mich so nimmt, wie ich bin, und natürlich auch, wenn ich mich selbst so sein lassen kann, entspanne ich mich. Dann geht etwas auf in mir und ich kann mich auf die Begegnung mit ihm einlassen.«

Ihr Partner ergänzte:

»Manchmal muss ich mir von ihr zu Beginn unserer Verabredungen ziemliche Knaller anhören – was sie an mir in letzter Zeit alles doof findet und so weiter. Da wäre ich noch vor ein paar Jahren beleidigt rausgezischt und hätte ihr danach zwei Tage die kalte Schulter gezeigt. Mittlerweile weiß ich, dass sie mir damit nicht sagt, dass sie mich generell ablehnt. Sie gibt nur ihren jetzigen Zustand wieder. Ich weiß, dass der sich schnell verändern kann. Und eigentlich ist ihre Emotionalität ja auch das, was mich an ihr anzieht. Ich habe mit ihr die Erfahrung gemacht, dass wir manchmal sehr schöne und nahe erotische Begegnungen hatten, wenn ich diesem ersten Sturm standgehalten habe.«

»Ja«, fügt sie hinzu, »irgendwie teste ich dich damit auch. Ich muss gestehen, es macht dich attraktiv, wenn du dich davon nicht beirren lässt!«

Man braucht sehr lange, um jung zu werden.
PABLO PICASSO

Viele Paare vermeiden diese Offenheit miteinander, weil sie befürchten, dass es den anderen kränken könnte, wenn sie ihm ehrlich mitteilen, wie es gerade in ihnen aussieht. Wenn ich die Kränkung aushalten kann, dass meine Partnerin sich gerade nicht vor Verlangen nach mir verzehrt, oder wenn meine Partnerin es aushalten kann, dass ich meine Gedanken noch von meiner Steuererklärung lösen muss, dann besteht die Chance, dass wir das erotische Feuer entfachen können.

Wenn wir einfach so sein dürfen, wie wir sind, und nicht versu-

chen, irgendwelchen Bildern zu entsprechen – dann findet echte Begegnung statt. Neben dem Reden nutzen Paare eine Vielzahl von Möglichkeiten, um sich aufeinander einzuschwingen: zusammen tanzen, sich gegenseitig massieren, Yoga, meditieren, lachen, sich kabbeln, singen, ein Glas Wein und dergleichen mehr.
So – und was machen sie nun, wenn sie sich genug angenähert haben?

DIE ENTDECKUNG DER LANGSAMKEIT – SLOW SEX

Die Tantralehrerin Diana Richardson nennt es *Slow Sex*, die Autorin Eva-Maria Zurhorst *Soulsex*, doch im Kern meinen sie dasselbe: »Nehmt den Stress aus dem Sex und gebt ihm Raum zum Atmen. Lasst ihn eine Begegnung zwischen realen Menschen sein. Guter Sex ist etwas anderes als zwei Orgasmen.«
Es ist kein Wunder, dass es mehr Frauen sind, die sich zu dieser Art von Sexualität hingezogen fühlen. Vielen Frauen ist der »Rein-raus-Sex« langweilig geworden. Nach einer Statistik der Sexualberatungsstelle der Universität Hamburg haben sich zwischen 1975 und 1994 die Klagen der weiblichen Ratsuchenden über sexuelle Lustlosigkeit von 8 Prozent auf 58 Prozent erhöht, während die Klagen über Erregungs- und Orgasmusstörungen von 80 Prozent auf 29 Prozent sanken.
Frauen kennen sich heute besser als früher mit ihren Körpern und ihrer Lust aus. Sie haben eine Ahnung davon, dass es da noch viel mehr zu erleben gibt, als es die glatten, öffentlichen Bilder von Sex suggerieren. Sie sagen sich: »Das kann doch nicht alles gewesen sein!«, oder: »Wenn das alles sein sollte, interessiert es mich nicht.« *Slow Sex* & Co. ist aber mitnichten nur ein Frauen-Ding. Für uns Männer kann es sehr entlastend sein, wenn auch wir im Sex nichts mehr leisten müssen. Wenn der Sex offener, langsamer, spielerischer und gefühlvoller wird, entdecken Männer an sich manchmal ganz neue Qualitäten als Liebhaber. Der Sex wird mehr zum Dialog.

Was passiert mit der Sexualität, wenn ein Orgasmus zwar sein darf, aber nicht muss? Wenn wir uns Zeit nehmen füreinander und wir beim Sex auch mal innehalten dürfen, um zu spüren und zu lauschen? Wenn Wellen der Erregung kommen und gehen können? Wenn wir sein dürfen, wie wir wirklich sind? Wenn wir uns erlauben, uns dem hinzugeben, was ist? Wenn wir kein Ziel verfolgen? Wenn wir uns wirklich begegnen?

Ein Mann erzählt von seinen Erfahrungen damit:

»Ich war zuerst ja skeptisch, ob das für mich funktioniert: ›Sex ohne Ziel‹ und so. Es hat auch ein wenig gedauert, bis ich mich von meinen alten Vorstellungen, wie Sex zu sein hat, verabschieden konnte. Aber mir war klar, dass wir nach acht Jahren Beziehung was anderes versuchen mussten. Meine Freundin war mit dem Sex, den wir sonst hatten, immer weniger hinter dem Ofen vorzulocken. Fremdgehen wollte ich nicht. Was mich dann allmählich überzeugt hat, war, dass uns diese Art von Sex eine neue Freiheit gab, bei der nicht auf Teufel komm raus die Engelein ›Halleluja‹ singen müssen. Manchmal ging die Erregung weg und wir redeten dann oder kuschelten und keiner war enttäuscht. Manchmal geht die Erektion weg und kommt dann wieder, das hat mich überrascht. Das hätte ich früher gar nicht mitbekommen, weil ich gesagt hätte ›Heute wird's nichts!‹ und mich auf die Seite gedreht hätte. Es ist offener, was passiert, weniger vorhersagbar. Und manchmal fühlt es sich so an, dass wir, wenn ich längere Zeit ohne viel Bewegung in ihr bin, nach einer Weile in neue Bereiche vordringen. Als ob plötzlich eine Tür aufgeht und es wird sehr aufregend, intensiv und irgendwie neu. Und das in der angeblich so langweiligen Missionarsstellung. Das fühlt sich dann an, als ob mich ihre Scheide einlädt und sie mich wirklich willkommen heißt. Dann bin ich ganz berührt und dankbar und ich fühle mich ihr sehr nah. Das macht mich ziemlich an! Es kann sein, dass es dann zu einem Orgasmus kommt, wenn wir weiter gehen, das ist aber nicht mehr so wichtig. Ich hätte das früher nie gedacht, aber selbst wenn ich nicht gekommen bin, fühle ich mich hinterher satt und zufrieden. Also nix ›blaue Eier‹ und so.«

Wie bereits erwähnt, bewegt sich mit zunehmender sexueller Reife die Entwicklung bei beiden Geschlechtern aufeinander zu: Frauen werden mit zunehmenden Alter sexuell selbstbewusster und Männer emotional zugänglicher und geduldiger. Dass der sexuelle Drang bei Männern im Alter weniger wird, kann also einen positiven Einfluss auf ihre Paarsexualität haben.

Viele Paare, die diesen Weg gegangen sind, beschreiben, dass sich nicht nur ihre Lust dadurch sehr verfeinert und vertieft hat, sondern auch ihre Beziehung zueinander.

Neugierige Paare können sich übrigens auch auf Seminaren theoretisch und praktisch mit dem langsamen Sex vertraut machen.

AUGEN AUF BEIM VERKEHR

Früher wurde Ratsuchenden in der Sexualtherapie geraten, sich beim Sex auf die eigene Erregung und, falls nötig, auf die eigenen Fantasien zu konzentrieren und sich vom Partner nicht ablenken zu lassen. Das funktioniert zu einem gewissen Grad, macht den Sex aber unpersönlich. Letztlich benutzen wir uns bei dieser Art von Sex gegenseitig, um uns aneinander zu befriedigen. Der Partner kann so ein wenig zum Störenfried der eigenen Erregung werden. Solange es beiden damit gut geht, spricht natürlich nichts dagegen.

Wenn Sie sich jedoch einen persönlicheren Sex wünschen, schauen Sie sich beim Sex in die Augen. Über unsere Augen erreichen wir direkt das Herz. Wir laden die emotionale Seite in unsere Begegnung ein.

Sex mit offenen Augen verlangt uns einiges ab. Partnersex erfordert an sich schon mehr Multitasking als Autofahren. Ich muss so vieles gleichzeitig wahrnehmen und tun: auf die Signale des eigenen Körpers achten, die eigene Erregung lenken, Bewegungen mit meiner Partnerin koordinieren und mich dabei am besten der Lust hingeben. Wenn ich nun auch noch meiner Partnerin in die Augen sehen soll, kommt ein weiterer Schwierigkeitsgrad hinzu.

Sich beim Sex in die Augen sehen zu lassen ist sehr intim. Das erleben manche als sehr erregend, manchen ist es eine gruselige

Vorstellung. Sie befürchten, nicht geliebt zu werden, wenn sie sich in die Seele sehen lassen. Es ist deshalb ein Wagnis, sich beim Sex anzusehen.

David Schnarch führte in Deutschland eine Befragung durch, bei der die Befragten angeben sollten, ob sie beim Sex Augenkontakt eher suchen oder vermeiden. Von über 3000 Befragten gaben 53 Prozent an, dass sie manchmal Augenkontakt beim Sex hätten, 18 weitere Prozent hatten beim Orgasmus die Augen geöffnet. 6 Prozent öffneten ihre Augen, aber vermieden Augenkontakt und bei 16 Prozent der Paare hielten beide oder einer die Augen geschlossen.

Falls Sie Lust bekommen haben, gemeinsam weiter zu forschen, hier zwei von Schnarch entwickelte Übungen zum Augenkontakt, die Ihnen helfen können, Ihren Sex intimer zu machen.

DIESE UND WEITERE ÜBUNGEN FINDEN SIE AUF SEINER WEBSITE: HTTP://CRUCIBLE4POINTS.COM/SIX-TIPS-MORE-PASSION-GERMAN

SEX MIT OFFENEN AUGEN

Augenkontakt außerhalb des Bettes

Viele Paare brechen den emotionalen Kontakt zueinander ab, auch wenn sie noch miteinander schlafen. Doch es gibt eine schnelle und bedeutsame (wenn auch nicht einfache) Methode, um wieder Kontakt zueinander aufzubauen: Stimmen Sie sich mit Ihrem Partner ab, sich an einem ruhigen privaten Ort gegenseitig für mindestens fünf Minuten in die Augen zu sehen. Dabei sollte nicht gesprochen werden. Es geht bei dieser Übung nicht um einen Wettbewerb im Anstarren, sondern vielmehr darum, sich die Zeit zu nehmen, um wirklich in den anderen hineinzublicken und sich selber zu zeigen.

Bevor Sie anfangen, setzen Sie sich gemütlich hin, lassen Sie Ihren Blick weich werden und entspannen Sie Ihr Gesicht. Öffnen Sie sich Ihrem Partner gegenüber und lassen Sie zu, dass er oder sie sich mit Ihnen verbindet. Treffen Sie die Entscheidung, Ihre emotionalen Grenzen ein Stück zu öffnen. Rechnen Sie damit, auf innere Abwehr zu stoßen und nehmen Sie diese währenddessen wahr. Besprechen Sie später die Erfahrung mit Ihrem Partner. Machen Sie diese Übung mehrmals in der Woche, bis das ruhige, gegenseitige Betrachten herzlich und einladend ist.

Augenkontakt im Bett: Köpfe auf den Kissen
Die Übung »Köpfe auf den Kissen« kombiniert das Blicken in die Augen des Partners mit einer entspannten körperlichen Verbindung und verlagert das Geschehen ins Schlafzimmer.

Entscheiden Sie sich für eine Zeit, in der Sie nicht gestört werden. Legen Sie sich ins Bett (oder auf den Boden Ihres Wohnzimmers) entweder mit oder ohne Kleidung. Legen Sie sich auf die Seite mit dem Gesicht zum Partner. Legen Sie Ihren Kopf auf Ihr Kopfkissen, während Ihr Partner das Gleiche tut. Schieben Sie Ihre Kopfkissen weit genug auseinander, sodass Ihr Partner nicht wie ein Zyklop aussieht. Schauen Sie sich entspannt in die Augen, wie es in dem vorherigen Tipp beschrieben ist.

Wenn Sie das Bedürfnis haben, Ihren Partner zu berühren, berühren Sie sein Gesicht oder halten Sie seine Hand. Lassen Sie die Genitalien und den Hintern aus, bis beide eine entspannte, verlässliche Verbindung erreicht haben. Später können Sie diese Übung so ausdehnen, dass darin das Vorspiel und der Geschlechtsverkehr enthalten sind, aber es ist wichtiger, ein belastbares, gemeinschaftliches Bündnis zu entwickeln, als sich gegenseitig zu erregen. Letztlich können Sie hieraus einen Orgasmus mit tiefem Augenkontakt entstehen lassen.

OHNE STREIT KEIN SEX

Es gibt nach meiner Erfahrung eine Faustregel: Paare, die sich nie streiten, haben in der Regel langweiligen oder gar keinen Sex. Die Gründe dafür sind klar: Wenn ein Paar nicht über Instrumente verfügt, wie es seine unterschiedlichen Bedürfnisse immer wieder neu aushandeln kann, wird die Paarbeziehung nach einer Weile hohl und erstarrt. Die nicht ausgetragenen Konflikte steigern die innere Spannung und wir gehen innerlich auf Distanz zueinander. Da knistert nichts mehr. Vergessen wir nicht: Reibung erzeugt Wärme. Die gleiche Kraft, die den Streit hervorbringt, ist auch die, die die Erotik befeuert. Wir ärgern uns übereinander, weil wir uns wichtig sind.
Viele von uns hatten in ihrer eigenen Familie keine guten Vorbilder dafür, wie ein »guter Streit« aussieht. Bei manchen von uns flogen zu Hause die Fetzen und wir haben das als beängstigend

erlebt. Wir haben uns vielleicht vorgenommen, das später anders zu machen. Oder unsere Eltern gingen immer nett miteinander um und es gab nie ein böses Wort. Wenn sie keine Heiligen waren, heißt das: Sie haben etwas vermieden. Wie auch immer – wenn wir Streit nur als etwas Böses kennen, vermeiden wir ihn so lange, bis wir richtig in der Krise sind und möglicherweise die Trennung vor der Tür steht. Dann wird aus einem Paar, das sich nie streitet, eines, das das permanent und unfruchtbar tut.

Die schlimmste Zeit im Leben ist die Pubertät, die zweitschlimmste ist die Zeit danach.
HELGE SCHNEIDER

Nun streiten sich tatsächlich viele Paare auf ungute Weise: Wir schreien uns an, weil wir uns nicht zuhören, wir werden beleidigend und sarkastisch, wir ziehen uns schmollend zurück, verletzen den anderen gezielt an dessen wunden Punkten oder werden sogar körperlich gewalttätig.

Eine andere Variante, die nur vordergründig besser aussieht, ist das nüchterne, sachliche Gespräch. Bei dieser Form wird mitunter stundenlang analysiert, was passiert ist, doch am Ende sind wir uns keinen Millimeter nähergekommen. Viele Männer fühlen sich ihrer Partnerin überlegen, wenn sie sich im Gespräch sachlicher und nüchterner verhalten. Oft passiert das aus Angst vor der emotionalen Wucht, die ein Streit mit sich bringt. Die Emotionen sind es jedoch, die die Bedeutung transportieren, nicht die bloßen Worte. Genauso wie im Streit ein emotionales Überreagieren unfruchtbar ist, ist es auch das »Unterreagieren« – ich lasse mich hier nicht genügend innerlich berühren und zeige mich nicht.

Am besten mit Frauen kommen diejenigen Männer aus, die ebenso gut ohne die Frauen auskommen.
CHARLES BAUDELAIRE

Was ist nun ein »guter Streit« und wie lerne ich gutes Streiten?

In einem guten Streit kann es schon einmal emotional und laut werden, aber nicht verletzend und respektlos. In einem guten Streit können beide ihre eigenen Emotionen fühlen und dem anderen zur Verfügung stellen, die Emotionen bleiben aber jeweils ihr eigenes »Eigentum«. Ich bin selbst für meine Gefühle verantwortlich. Anders gesagt: Sie sind vielleicht ärgerlich, aber der Ärger hat nicht von Ihnen Besitz ergriffen, Sie haben vielleicht Angst, aber die Angst hat nicht Sie. Es gibt noch eine erwachsene Instanz in Ihnen, die beschreiben kann, was in Ihnen passiert.

Ein guter Streit ist wie ein reinigendes Sommergewitter, die Atmosphäre hat sich durch die Entladung geklärt und wir können wieder durchatmen. Beide Positionen haben ihren Platz bekommen, wir können nachvollziehen, was im anderen vorgeht, und am Ende fühlen wir uns einander näher.

Eine wesentliche Voraussetzung für gutes Streiten ist, sich selbst das Recht eingestehen zu können, Fehler machen und den anderen enttäuschen zu dürfen. Ich mag es beispielsweise bis heute nicht, wenn meine Frau von mir enttäuscht ist, und es werden alle möglichen unangenehmen Versagensgefühle in mir wachgekitzelt. Im Laufe der Zeit habe ich gelernt, dass das nicht das Ende der Beziehung ist und dass es sich manchmal nicht vermeiden lässt. Schön werde ich das nie finden, aber das ist kein Drama.

Die meisten Menschen ändern ihr Streitverhalten nicht freiwillig und ohne Not. Wenn wir sehr harmoniesüchtig sind, vermeiden wir Streit, weil er uns Angst macht. Erst wenn uns klar wird, dass wir mit Harmoniesucht auf lange Sicht einen großen Konflikt einladen und unsere Lust aufeinander abtöten, öffnen wir uns vielleicht für die Alternative und lernen uns besser auseinanderzusetzen.

Eine gute Methode, sich als Paar über schwierige Themen auseinanderzusetzen, ist die Methode der *Zwiegespräche*, die ich Ihnen als Nächstes vorstellen möchte.

WIR MÜSSEN REDEN – ZWIEGESPRÄCHE

Im Alltag eines Paares kann es leicht passieren, dass wir gar nicht mitbekommen, was wirklich beim anderen los ist. Wann haben wir die Möglichkeit, uns von den wesentlichen Dingen zu erzählen? Wie können wir auch über schwierige Themen miteinander reden, ohne in endlose Diskussionen und Streitgespräche zu verfallen?

Der Paartherapeut Michael Lukas Moeller hat eine einfache Methode der kommunikativen Selbsthilfe für Paare entwickelt, die er *Zwiegespräch* nannte. Im deutschen Sprachraum wird dieses Werkzeug von vielen Paaren genutzt. Ich habe schon von einigen Paaren gehört, die damit ihre Beziehung vor dem Scheitern gerettet haben. Das Zwiegespräch ist eine Art »emotionaler Hausputz« für die Beziehung, denn es kann den emotionalen Müll beiseiteräumen, der sich im Laufe der Zeit bei jedem Paar ansammelt. Ohne regelmäßige Reinigung liegen das Herz und die Liebe nach einer Weile unter einer dicken Schicht von emotionalem Müll begraben.

Moeller schlägt vor, dass sich ein Paar regelmäßig zu einem Zwiegespräch verabredet (schon wieder eine Verabredung!). Der Ablauf folgt einer einfachen Struktur: Sie treffen sich für 90 Minuten an einem geschützten Ort, an dem Sie ungestört von äußeren Ablenkungen (Handys aus!) reden können. Einer von beiden (A) fängt an, von sich zu erzählen. Der, der spricht, redet von sich und dem, was ihn gerade bewegt.

B hört erst mal nur mit ungeteilter Aufmerksamkeit zu, kommentiert nicht und fragt nicht nach (außer vielleicht: »Kannst du das bitte wiederholen, das habe ich akustisch nicht verstanden?«).

So redet A für bis zu 15 Minuten, dann signalisiert A, dass er fertig ist. Nun ist B dran und verfährt genauso. Wenn B Bezug auf das Gehörte nimmt, tut er das persönlich und gibt weder Interpretationen noch Ratschläge. B kann erforschen, was As Beitrag in ihm auslöst (Ärger, Berührung, Freude, Langeweile), und eigene Themen ansprechen.

Und so geht das im Wechsel weiter, bis die 90 Minuten rum sind. Die klare Struktur hilft, das ebenso beliebte wie unproduktive *Paar-Pingpong* zu vermeiden:

»Aber das stimmt doch gar nicht, ich habe dir schon tausendmal erklärt …«

»Stimmt doch! Das willst du nur nicht wahrhaben!«

Ein Gespräch auch über schwierige Themen kann so weniger leicht eskalieren und wir sind gezwungen, beim Zuhören unsere Gefühle erst einmal in uns zu halten und zu beruhigen. Alleine diese Verlangsamung hat einen positiven Effekt. Sie trainieren übrigens Ihre Fähigkeit zur *selbstbestätigten Intimität*, wenn Sie sich immer wieder auch unangenehmen Wahrheiten aussetzen

und dennoch in Verbindung mit sich und Ihrem Gegenüber bleiben können.
Die Gespräche funktionieren am besten, wenn Sie mit Ihrem Fokus bei dem bleiben, was in diesem Moment geschieht, und Sie nicht, um des lieben Friedens willen, Themen vermeiden (wenn Ihre Zwiegespräche langweilig sind, ist in der Regel das die Ursache). Im Zwiegespräch können sich Paare intim begegnen und wie Sie wissen, ist eine intime Begegnung nicht notwendigerweise angenehm und manchmal sogar beängstigend. Es kann passieren, dass im Zwiegespräch Themen auftauchen, die beiden vorher nicht bewusst waren. Wenn ein Paar den Mut aufbringt, sich gegenseitig in die Herzen schauen zu lassen, kann es eine sehr reinigende und oft erotisierende Wirkung haben.
Viele Paare nutzen ein (verkürztes) Zwiegespräch, um sich auf eine sexuelle Begegnung miteinander einzustimmen.

DIE EROTISIERUNG VON NÄHE UND DISTANZ

Wenn zwei eine Beziehung eingehen, nehmen sie oft in Bezug auf das Thema »Nähe« gegensätzliche Positionen ein: Der eine findet, es bräuchte mehr Nähe, die andere, es bräuchte mehr Raum für sich selbst (und andersherum). Wenn der Sex schwierig wird, ist die Ursache häufig hier zu finden.
In der Geschichte von Sven (»I can't get no …« Seite 205 ff) fühlte er sich zunächst von Nähe bedroht und er floh in Außenbeziehungen. Mit der neuen Partnerin wechselte er die Position und er bekam Angst, wenn seine Freundin etwas ohne ihn machte. In der Geschichte von Martina und Ulf (»Auf zu neuen Ufern« Seite 255 ff) war Ulf derjenige, der sich oft abgewiesen fühlte.
Wie ist Ihre eigene Haltung dazu? Finden Sie es gut, wenn Ihre Partnerin einmal weg ist? Fühlen Sie sich ihr dann näher, als wenn sie bei Ihnen ist? Oder fühlen Sie sich nur dann wohl, wenn Ihre Partnerin ganz nah ist, Sie möglichst viel zusammen machen und am liebsten immer zusammen einschlafen?

In unserer eigenen Geschichte gab es meist ein Zuviel oder ein Zuwenig an Kontakt mit der ersten Frau in unserem Leben, unserer Mutter. Wir haben unsere Mütter vielleicht als überbordend und grenzüberschreitend oder als zu wenig greifbar und emotional distanziert erlebt (manchmal auch beides gleichzeitig). Das führt meist dazu, dass wir später die jeweils entgegengesetzte Seite bevorzugen. Es gibt den Flüchter und den Verfolger.

Die Zauberflöte ist von Mozart und nicht von Beate Uhse.
HARALD SCHMIDT

Um die erotische Spannung in einer Beziehung immer wieder neu zu erzeugen, braucht es den Wechsel zwischen den Polen Nähe und Distanz und die Fähigkeit, beide Seiten erotisch besetzen zu können. Wie bei einem Dynamo kann keine Spannung erzeugt werden, wenn man immer nur auf einem Pol verharrt.

Das bedeutet, dass wir gut daran tun, wenn wir uns mit der jeweils anderen Seite vertraut machen, sodass wir sowohl gut für uns selbst sein können als auch intensive Nähe mit einem anderen Menschen eingehen können. Menschen, die nicht gut für sich sein können, ertragen auch wirkliche emotionale Nähe nicht.

Erotik bezieht ihre Spannung aus einer wellenartigen Bewegung, die mal schneller, mal langsamer wird, mal sanfter, mal kräftiger, in der wir uns mal annähern und dann wieder voneinander entfernen. Die Erotik des Tango besteht aus genau diesem Wechsel von Nähe und Distanzierung.

Ich möchte Ihnen eine spielerische Paar-Übung vorschlagen, mit der Sie diese Muster in Ihrer eigenen Beziehung erforschen und erweitern können.

DER NÄHE-UND-DIS-TANZ

Stellen Sie sich vorab eine kleine Playlist mit Musik zusammen, die zu Beginn eher ruhig sein sollte und später etwas rhythmischer werden kann. Unterschiedliche Musikstile mit unterschiedlichen Tempi können zusätzliche Impulse bieten.

Sie verabreden sich mit Ihrer Partnerin in einem Raum, in dem Sie genügend Platz haben, sich zu bewegen. Reden Sie während der Übung nicht über das, was gerade geschieht, und verkneifen Sie sich alle Kommentare. Erlauben Sie sich, damit zu spielen, die Übung darf Spaß machen.

1. Phase: Landen (ca. 5 Minuten)
Stellen Sie sich an unterschiedliche Enden des Raumes, schließen Sie die Augen und lenken Sie Ihre Aufmerksamkeit in Ihren Körper hinein. Fühlen Sie den Rhythmus Ihrer Atmung. Geht Ihre Atmung langsam oder schnell, flach oder tief? Lassen Sie sie etwas tiefer werden, ohne sie zu zwingen.

Halten Sie in Ihrem Körper etwas fest (z. B. Schultern, Po, Zwerchfell, Beckenboden)? Versuchen Sie die betreffende Körperregion über kleine Bewegungen, so weit es gerade geht, etwas flexibler werden zu lassen. Spüren Sie den Kontakt Ihrer Fußsohlen zum Boden. Halten Sie die Knie leicht flexibel, sodass sie beweglich bleiben. Wie fühlt sich Ihr Stand an? Solide und erdverbunden oder etwas wackelig? Finden Sie heraus, wie Sie Ihren Kontakt zum Boden vielleicht über kleine Bewegungen noch verbessern können.

Gehen Sie dann mit Ihrer Aufmerksamkeit zu Ihrer Körperoberfläche und dem Sie umgebenden Raum. Wie nehmen Sie Ihre Köpergrenze wahr? Fühlen Sie sich wohl und sicher oder eher alarmiert und ohne jeden Schutz? Die Wahrnehmung kann hier sehr unterschiedlich sein. Falls Sie sich ungeschützt fühlen sollten: Stellen Sie sich eine eiförmige Membran um sich herum vor wie einen »Energieschutzschild«. Sie können nun diesem Schutzschild mit jeder Ausatmung etwas mehr Stabilität einhauchen.

Wenn Sie für diesen Teil ein ruhiges Musikstück von vielleicht fünf Minuten Länge wählen, haben Sie beide mit dem Wechsel zum nächsten Stück das Signal, nun langsam Ihre Augen zu öffnen und zum nächsten Schritt überzugehen.

2. Phase: Kontaktaufnahme (ca. 5 Minuten)
Die Musik sollte auch hier eher ruhig sein.
Öffnen Sie die Augen und sehen Sie die andere Person. Was verändert sich in Ihnen? Sind Sie noch bei sich oder fühlen Sie Ihren Fokus augenblicklich zu Ihrem Gegenüber gewandert? Falls das geschieht, nehmen Sie Ihren Fokus wieder für einen Moment zu sich zurück, vielleicht auch, indem Sie wieder die Augen schließen. Es geht genau um dieses Erforschen von sich selbst im Kontakt mit Ihrer Partnerin.

Wenn Ihre Partnerin sich zwischenzeitlich auf sich selbst zurückziehen sollte, nehmen Sie einfach wahr, was in Ihnen passiert. Verunsichert es Sie, ärgern Sie sich oder fühlen Sie sich schuldig? Ganz egal, nehmen Sie es einfach zur Kenntnis, ohne es verändern zu wollen. Wenn Sie beide bereit sind, können Sie mit der dritten Phase beginnen.

3. Phase: Tanz (ca. 10 Minuten)

Hier passt am besten eine Musik im mittleren Tempo.
Sie beginnen sich durch den Raum zu bewegen. Schauen Sie, was passiert, wenn Sie sich aufeinander bezogen bewegen. Was passiert, wenn Sie sich annähern, was, wenn Sie sich entfernen? Wenn Sie sich ansehen oder Sie wegsehen? Welche Signale bekommen Sie von Ihrer Partnerin? Einladende, vorsichtige, abwehrende? Wie reagieren Sie auf diese Signale? Werden Sie ärgerlich, ungeduldig, verunsichert oder macht es Ihnen Lust?

Erlauben Sie sich, mit Nähe und Distanz herumzuexperimentieren. Es kann sein, dass Sie sich dabei körperlich berühren, es muss aber nicht sein. Geben Sie sich für diesen Teil vielleicht 10 Minuten, wenn es Ihnen Spaß macht, natürlich auch länger.

Ziel der Übung ist nicht, sich am Ende in den Armen zu liegen (was Sie selbstverständlich tun können, wenn Sie beide das wollen). Es geht hier eher darum, gemeinsam zu erforschen, wie es Ihnen beiden mit Nähe, Distanz, Tempo und Grenzen geht.
Nehmen Sie sich danach noch ein paar Minuten für die Auswertung.

Machen Sie es wie beim Zwiegespräch, sodass eine Person spricht und die andere hört nur zu. Wenn Sie sprechen, sprechen Sie nur von Ihren Erfahrungen in der Übung. Was gefiel Ihnen, was war für Sie neu, was vielleicht schwierig? Welche Gefühle lösten die jeweiligen Teile in Ihnen aus?
Versuchen Sie alle Interpretationen Ihres Gegenübers zu unterlassen.

Fühlte sich einer von Ihnen verfolgt oder abgewiesen? Wurden Signale fehlgedeutet? Wie gut gelang es Ihnen, bei sich zu bleiben? Glaubten Sie, auf ein wahrgenommenes Bedürfnis Ihres Gegenübers reagieren zu müssen?
Kennen Sie das, was hier passiert ist, aus Ihrer Beziehungsdynamik?

Diese Übung hilft, die nicht bewussten Muster in der Beziehung aufzudecken und aufzuweichen.
Das, was Sie hier übereinander erfahren, kann für Ihre sexuelle Begegnung sehr nützlich sein.

GRENZEN UND PRÄSENZ

Im Abschnitt über »Hingabe und Präsenz« (Seite 119) sprach ich von männlicher Präsenz als der Schlüsselqualifikation des liebenden Mannes. Der präsente Mann ist ganz bei dem, was er gerade tut. Er ist ganz bei seiner Partnerin, wenn er mit ihr ist, oder er ist ganz bei seiner Arbeit oder ganz bei dem, was er sonst macht. Auch wenn unsere Lebensweise dieser Qualität oft im Weg steht, können wir daran arbeiten, mehr Fokussierung in unsere Handlungen zu bringen. Der dänische Familientherapeut JESPER JUUL meint, dass es für einen Vater nicht notwendig ist, stundenlang mit seinen Kindern zu spielen. Wichtiger ist, dass er mit ganzem Herzen dabei ist, wenn er mit seinen Kindern spielt. Die Kinder bekommen das mit. Es ist nicht die Quantität, sondern die Qualität der verbrachten Zeit, die zählt.

In einer Liebesbeziehung verhält es sich ähnlich. Ihre Partnerin hat mehr von Ihnen, wenn Sie eine Stunde ganz bei ihr sind, als wenn Sie den ganzen Tag zur Hälfte mit der Aufmerksamkeit bei etwas anderem verbringen.

Wenn ein Paar zusammenlebt, verwischen die Grenzen sehr oft. Es ist nicht klar, ob wir gerade bewusst Zeit miteinander verbringen oder ob wir für uns sein wollen. Wenn beide den ganzen Tag zusammenkleben und dann abends gemeinsam vor dem Fernseher abhängen, ist das bestenfalls gemütlich, aber der Erotik sicher nicht förderlich. Es kann entlastend sein, wenn ein Paar, das zusammenwohnt, sich darauf einigt, zu bestimmten Zeiten nicht ansprechbar zu sein.

Wie sieht es mit Klarheit und Grenzen in ihrem Alltag als Paar aus? Erlauben Sie sich in Ihrer Beziehung klare Zeiten und Räume, in denen Sie alleine sind oder mit etwas anderem beschäftigt? Haben Sie ein Leben außerhalb Ihrer Beziehung? Pflegen Sie Ihre Freundschaften? Gehen Sie Ihren Interessen nach?

Die Spannung in einer Beziehung kann erhalten werden, wenn beide neben der Paarbeziehung auch ihr eigenes Leben pflegen.

Der libanesisch-amerikanische Maler, Philosoph und Dichter KHALIL GIBRAN bringt dieses Prinzip lyrisch so auf den Punkt:

Doch lasset Raum zwischen eurem Beieinandersein,
und lasset Wind und Himmel tanzen zwischen euch.
Liebet einander, doch macht die Liebe nicht zur Fessel:
Schaffet eher daraus ein webendes Meer
zwischen den Ufern eurer Seelen.
Füllet einander den Kelch, doch trinket nicht aus einem Kelche.
Gebet einander von eurem Brote,
doch esset nicht vom gleichen Laibe.
Singet und tanzet zusammen und seid fröhlich,
doch lasset jeden von euch allein sein.
Gleich wie die Saiten einer Laute allein sind, erbeben sie
auch von derselben Musik.
Gebet einander eure Herzen, doch nicht in des andern Verwahr.

VON DER EHE IN: KHALIL GIBRAN, *DER PROPHET*

UNTER MÄNNERN

Ein weiterer stärkender Aspekt dieses eigenen Lebens ist – besonders für Hetero-Männer – die Verankerung in der Welt der Männer (für Frauen gilt natürlich dasselbe mit der Welt der Frauen). Wenn wir heranwachsen, haben wir es in Erziehungsdingen meist mehr mit Frauen zu tun. Vielen Männern fällt es leichter, sich emotional gegenüber einer Frau zu öffnen. Andere Männer werden gerne als Konkurrenten gesehen. Doch da wir die Welt als Männer und Frauen unterschiedlich erleben, ist die Unterstützung durch andere Männer immens wichtig. Wenn wir andere Männer nur als Konkurrenten und nicht als unsere Weggefährten sehen können, schwächen wir uns und unser Mannsein.
Ich erlebe es immer wieder, wie erstaunt Männer sind, wenn sie erleben, dass es anderen ähnlich geht wie ihnen. Wenn sie sehen, dass auch andere Männer verunsichert sein können oder tiefe Gefühle haben, die sie normalerweise keinem zeigen. Es ist, als ob wir Männer eine seltsame Maskerade mitmachen, mit der wir helfen, ein Abziehbild vom Mannsein aufrechtzuerhalten.

Alle denken: Die anderen scheinen damit keine Probleme zu haben, also stimmt wohl mit mir was nicht!

Die Verankerung in der Welt der Männer hilft dabei, dass wir uns besser in der gemischten Welt der Liebesbeziehungen bewegen können. Es entlastet meine Beziehung, wenn meine Partnerin nicht für meine komplette emotionale Versorgung zuständig ist. Und dem Sex tut es auch gut. Denn, wie David Schnarch feststellt: »Niemand fickt sein Unterstützersystem.«

Haben Sie Freunde, mit denen Sie sich ehrlich austauschen können? Gibt es Themen, die Sie mit Ihren Freunden vermeiden? Wie können Sie die Beziehung zu Ihren Freunden vertiefen?

Für Männer kann es eine große Unterstützung sein, sich einer Männergruppe anzuschließen.

Wieso nicht sogar selbst eine gründen?

Frauen und Männer passen eigentlich nicht zusammen.
LORIOT

GUTE WEITERREISE

Mein Reiseführer durch die abenteuerliche Welt der Sexualität endet hier.

Ich würde mich freuen, wenn Sie für sich die eine oder andere Anregung und neue Perspektive gewinnen konnten.

Die menschliche Sexualität ist ein wunderbares und vielgestaltiges Geschenk. Sie ist ein Teil unserer Identität. Wir können es nicht vermeiden, dass es im Sex immer wieder mal schwierig werden kann, auch wenn wir versuchen, alles »richtig« zu machen. Wenn wir akzeptieren, dass unsere Sexualität lebendig ist und unser ganzes Leben hindurch mit uns mitwächst, kann sie uns zu glücklicheren und »ganzen« Männern machen.

Ein »ganzer Mann« ist für mich einer, der in seinem Körper präsent ist und der den Mut hat, seine Sexualität zu beseelen. Sein Selbstwert steht und fällt nicht mit seinen Erektionen. Er weiß, dass echte Intimität dann entsteht, wenn er sich so zeigt, wie er in der Tiefe ist – mit seinen starken ebenso wie mit seinen schwachen Seiten. Das macht ihn zu einem großherzigen, mutigen und entspannten Liebhaber, dem es beim Sex nicht um Leistung, sondern um Genuss und Verbindung geht.

Ein Mann, der dabei helfen kann, seine eigenen Wunden und die seiner Partnerinnen zu heilen. Ein solcher Mann kann ein Vorbild für andere Männer sein, die auf der Suche nach ihrer eigenen, mit Würde, Liebe und Leben erfüllten Männlichkeit sind. Er geht nicht nur respektvoller mit seinem Körper, seinem Herzen und seinen Beziehungspartnern um, er wird auch das Leben auf der Erde mit Respekt behandeln. Machen wir uns gemeinsam auf den Weg, diese Männer zu sein.

Anhang

DANKE

Meine Frau Michaela und meine beiden Söhne Adam und Jonas hatten es im letzten Jahr mit einem oft absorbierten Ehemann und Vater zu tun. Mit meiner männlichen und meiner väterlichen Präsenz war es häufig nicht weit her. Ich danke ihnen für ihre Geduld und ihre Unterstützung in dieser Zeit!

Meine Frau Michaela hat mit ihrer Kritik, ihren Anregungen, ihrer Unterstützung und ihrer unbeirrbaren Bereitschaft, mit mir eine Beziehung zu führen, dieses Buch erst möglich gemacht.

Dr. Golo Föllmer hat mit seinem kritischen Blick dafür gesorgt, dass die schiefsten Sprachbilder, die plattesten Kalauer, unverständliche oder langweilige Passagen und intellektuelle Kurzschlüsse zum größten Teil ausgesiebt wurden.

Bei einzelnen Kapiteln haben mit wertvollen Anregungen und Kommentaren geholfen: Peter Haeberlin, Thomas Harms, Annette Kühnlein, Dr. med. Hanspeter Schnaufer und Dirk Schwibbert. Vielen Dank! Dr. med. Peter Gehrig danke ich für seine Durchsicht des Kapitels über die vier Erregungsmodi.

Dr. David Schnarch danke ich für die Erlaubnis, zwei seiner Übungen zum Augenkontakt abdrucken zu dürfen.

Der Austausch mit meinen Kollegen, den beiden Körperpsychotherapeuten und Babytherapeuten Thomas Harms und Matthew Appleton, hat meine Sicht auf menschliche Entwicklung stark beeinflusst. Thomas und Matthew haben mir gezeigt, wie prägend unsere frühen und ganz frühen Erfahrungen für uns als Menschen sind und dass wir unser erwachsenes Sein und unseren Umgang mit Lust nicht vollständig verstehen können, wenn wir die Erfahrungswelt eines Babys nicht verstehen. Thomas verdanke ich (neben vielem anderen) den Hinweis auf die Polyvagal-Theorie von Stephen Porges und beiden die Hinweise auf die Forschungen zur Rolle des Herzens. Ich schätze mich glücklich, diese beiden wunderbaren Männer und begnadeten Therapeuten zu meinen Freunden zählen zu dürfen.

Meinen Freunden – und Mitgliedern meiner Männergruppe – Dirk, Golo und Hans danke ich sehr für ihre freundschaftliche Begleitung und männliche Unterstützung.

Besonderer Dank gilt meinen im Buch erwähnten ehemaligen

Klientinnen und Klienten – dafür, dass ich sie auf ihrem Weg begleiten durfte, und dafür, dass sie mir die Erlaubnis gegeben haben, ihre Geschichten als Grundlage für die in diesem Buch vorkommenden Fallbeispiele zu verwenden.
Schließlich herzlichen Dank meiner Lektorin Johanna von Rauch für ihren Glauben an dieses Buch und für ihre stets unterstützende Begleitung.

DER AUTOR

MARC RACKELMANN

Marc Rackelmann wurde 1964 geboren und hat weite Teile seines Lebens den Themen Sexualität und Liebesbeziehungen gewidmet.
Er schrieb seine Diplomarbeit in Politikwissenschaften über die Sexualreformbewegung in der Weimarer Republik und war u. a. in der Jungen- und Männerarbeit tätig, bevor er Körperpsychotherapeut wurde. Heute ist er verheiratet, hat zwei Söhne und arbeitet als Körperpsychotherapeut, Paartherapeut und Sexualtherapeut in eigener Praxis in Berlin.

STEFANIE MOSHAMMER

Die 1988 in Wien Geborene studierte Gestaltung und Fotografie in Linz und Fotojournalismus in Aarhus. Neben der Nominierung für ihr 2015 erschienenes Buch *Vegas and She* im Rahmen des Festivals Rencontres d'Arles wurde sie 2016 als Talent des FOAM Fotografiemuseums Amsterdam ausgezeichnet. Im Herbst 2017 erscheint ihr neues Buch *Land of Black Milk* bei Skinnerboox.

OLAF BLECKER

Der Berliner Fotograf porträtiert seit 25 Jahren Menschen für Zeitschriften, Werbung und freie Projekte. Für diese Serie hat Olaf Blecker seine Arbeitsweise neu erfunden: kein Blitz, keine Pose, keine Ansage.

MONIKA HÖFLER

Monika Höfler studierte Ende der 90er-Jahre an der Fachakademie für Fotodesign in München und assistierte Porträt-, Mode- und Reportagefotografen. Seit 2001 fotografiert sie für internationale Magazine, darunter *GEO*, *Stern*, oder *New York Times Magazine*. Ihr Fokus liegt auf Porträts und Reportagen, die sich mit Themen der Gesellschaft beschäftigen.

OLE HÄNTZSCHEL

Ole Häntzschel ist selbstständiger Grafikdesigner und Illustrator, spezialisiert auf die Gestaltung illustrativer Karten und Infografiken. Von ihm sind bereits zahlreiche Bücher erschienen. Seine Arbeit besteht darin, aus komplexen Daten Informationen zu ermitteln und komplizierte Sachverhalte anschaulich zu erklären.

VITALI GELWICH

Vitali Gelwich, 27, ist in Nowosibirsk geboren, in Brandenburg/Deutschland groß geworden und in Berlin erwachsen. Nachdem er 14 Jahre lang Klavier gespielt hat, wechselte er vor 6 Jahren zur Kamera.

LITERATUR

KAROLINE BISCHOF
Sexocorporel und die Förderung des sexuellen Lusterlebens, 2012.

ROBERT BLY
Eisenhans – ein Buch über Männer, 2005.

BERIT BROCKHAUSEN
(1) Guter Sex geht anders: So finden Sie Erfüllung zu zweit. Wege aus Langeweile, Frust und Unsicherheit, 2014.
(2) Schöner Streiten: Der kleine Paarberater, 2016.

ULRICH CLEMENT
(1) Systemische Sexualtherapie, 2016.
(2) Guter Sex – trotz Liebe: Wege aus der verkehrsberuhigten Zone, 2015.

ANTÓNIO DAMÁSIO
Descartes' Irrtum: Fühlen, Denken und das menschliche Gehirn, 2004.

DAVID DEIDA
Der Weg des wahren Mannes: Ein Leitfaden für Meisterschaft in Beziehungen, Beruf und Sexualität, 2006.

FRANK FIESS
Du bist der Mann deines Lebens!: Bewusstes Mannsein als Kraftquelle im Alltag, 2007.

ALAN FOGEL
Selbstwahrnehmung und Embodiment in der Körperpsychotherapie: Vom Körpergefühl zur Kognition, 2013.

THOMAS HARMS UND MANFRED THIELEN (HG.)
Körperpsychotherapie und Sexualität: Grundlagen, Perspektiven und Praxis, 2017.

ANN-MARLENE HENNING
Make More Love: Ein Aufklärungsbuch für Erwachsene, 2012.

ALEXANDER LOWEN
Liebe, Sex und dein Herz, 1993.

SUSANNE MARX
HerzIntelligenz kompakt: Gesund und gelassen, klar und kreativ, 2015.

MICHAEL MEADE
Die Männer und das Wasser des Lebens. Wege zur wahren Männlichkeit, 1996.

LAURA MÉRITT (HG.)
Frauenkörper neu gesehen: Ein illustriertes Handbuch, 2013.

MICHAEL LUKAS MOELLER
Die Wahrheit beginnt zu Zweit: Das Paar im Gespräch, 2010.

TOR NØRRETRANDERS
Hingabe. Über den Orgasmus des Mannes, 1983.

M. SCOTT PECK
Der wunderbare Weg: Eine neue spirituelle Psychologie, 2004.

MARKUS PETERS
Gesundmacher Herz: Wie es uns steuert, verbindet und heilt. Der geniale Impulsgeber für Körper und Seele, 2016.

STEPHEN PORGES
Die Polyvagal-Theorie: Neurophysiologische Grundlagen der Therapie. Emotionen, Bindung, Kommunikation & ihre Entstehung, 2010.

WILHELM REICH
Die Entdeckung des Orgons. Die Funktion des Orgasmus, 1987.

DIANA RICHARDSON
(1) Slow Sex: Zeit finden für die Liebe, 2011.
(2) Zeit für Liebe: Sex, Intimität und Ekstase in Beziehungen, 2003.

DAVID SCHNARCH
(1) Die Psychologie sexueller Leidenschaft, 2016.
(2) Intimität und Verlangen, 2016.

MAJA STORCH, BENITA CANTIENI, GERALD HÜTHER UND WOLFGANG TSCHACHER
Embodiment. Die Wechselwirkung von Körper und Psyche verstehen und nutzen, 2010.

SHERI WINSTON
Entfalte dein erotisches Potential. Landkarte zur Erkundung der weiblichen Sexualität, 2013.

BERNIE ZILBERGELD
Die neue Sexualität der Männer, 2000.

EVA-MARIA ZURHORST
Soulsex: Die körperliche Liebe neu entdecken, 2014.

INTERNET-ADRESSEN

DIE DEUTSCHE GESELLSCHAFT FÜR KÖRPERPSYCHOTHERAPIE
mit einer umfassenden Datenbank deutscher KörperpsychotherapeutInnen
HTTP://WWW.KOERPERPSYCHOTHERAPIE-DGK.DE

DIE EUROPÄISCHE VEREINIGUNG FÜR KÖRPERPSYCHOTHERAPIE
mit einer umfassenden Datenbank europäischer KörperpsychotherapeutInnen
HTTP://WWW.EABP.ORG/MEMBERS.PHP

NETZWERK SEXUALTHERAPIE
mit einer Suchfunktion für Sexualtherapie in Deutschland, Österreich und der Schweiz
HTTP://WWW.NETZWERK-SEXUALTHERAPIE.DE

Informative Sexualberatungswebsite
HTTPS://WWW.LILLI.CH

Die Sexualberatungsstellen von PRO FAMILIA
HTTPS://WWW.PROFAMILIA.DE

DAS ZÜRCHER INSTITUT FÜR KLINISCHE SEXOLOGIE & SEXUALTHERAPIE
Ausbildung im Sexocorporel-Ansatz
HTTP://ZISS.CH

Die englischsprachige Website des HEARTMATH-INSTITUTES
mit vielen Veröffentlichungen zur Herzforschung
HTTP://WWW.HEARTMATH.ORG

Angebote für Männer, Männergruppen
WWW.WEGDERMAENNER.EU
WWW.MAENNERTREFFEN.INFO
WWW.MANNSEIN-DUERFEN.DE
WWW.FRANKFIESS.DE

Workshops zu Slow Sex:
HTTP://PAARWEISE.INFO
HTTP://WWW.LOVEFORCOUPLES.COM/DE/US.HTML

QUELLEN-VERZEICHNIS

Zitate mit freundlicher Genehmigung von:

S. 52, 59, 134:
aus: Walter Moers, *Das kleine Arschloch.*

S. 318:
aus: Khalil Gibran, *Der Prophet.*
Übersetzt von Karin Graf

Infografiken:

DER PHALLUS IN DER GESCHICHTE
Urgeschichtliches Museum von Blaubeuren, Österreichische Akademie der Wissenschaften, Institut für Kultur- und Geistesgeschichte Asiens; Wikipedia, Claude Cueni *Illustrierte Geschichte des Phallus*, usw.

SEXTING MIT EMOJIS
eigene Recherche

DIE GESCHICHTE DER PORNOGRAFIE
Quarks & Co., *Welt Online*, *Spiegel Online*, PornHub, Wikipedia, usw.

SEXSPIELZEUGE FÜR MÄNNER
diverse deutsche Online-Sexshops (Beate Uhse, Dildoking, Amorelie, …) sowie www.realdoll.com und www.sinthetics.biz

DIE ANGST UMS GEMÄCHT
Harper's Magazine: ›A Mind Dismembered. In search of the magical penis thieves‹ von Frank Bures, *Hexenhammer*, *Wikipedia*, usw.

PORNO INTERNATIONAL
PornHub

SCHÖNHEIT, MODE, KÖRPERIDEALE
Körper: University of Newcastle, lammily.com
Bärte: *Spiegel Online*, *Zeit Online*, *Tagesspiegel*, Wikipedia, www.was-war-wann.de/mode/bartmode.html
Schönheitschirurgie: Deutsche Gesellschaft für Ästhetisch Plastische Chirurgie: DGÄPC-Statistik 2016

REGISTER

REGISTER